高等院校小学教育专业系列教材

GAODENG YUANXIAO XIAOXUE JIAOYU
ZHUANYE XILIE JIAOCAI

XIAOXUE JIAOYU XINLIXUE

小学教育心理学

张红梅 朱 丹 主 编

北京师范大学出版集团
BEIJING NORMAL UNIVERSITY PUBLISHING GROUP
北京师范大学出版社

图书在版编目(CIP)数据

小学教育心理学/张红梅,朱丹主编;陈红艳副主编.—北京:
北京师范大学出版社,2013.8(2024.8 重印)
(高等院校小学教育专业系列教材)
ISBN 978-7-303-16912-2

Ⅰ.①小… Ⅱ.①张… ②朱… ③陈… Ⅲ.①小学—教育心理
学—高等学校—教材 Ⅳ.①G44

中国版本图书馆 CIP 数据核字(2013)第 176417 号

图书意见反馈:gaozhifk@bnupg.com 010-58806364
营销中心电话:010-58802755 58800035
北师大出版社教师教育分社微信公众号 京师教师教育

出版发行:北京师范大学出版社 www.bnup.com
　　　　　北京市西城区新街口外大街 12-3 号
　　　　　邮政编码:100088
印　　刷:北京天泽润科贸有限公司
经　　销:全国新华书店
开　　本:730 mm×980 mm　1/16
印　　张:18
字　　数:320 千字
版　　次:2013 年 8 月第 1 版
印　　次:2024 年 8 月第 16 次印刷
定　　价:35.00 元

策划编辑:陈红艳 王剑虹　　　责任编辑:陈红艳
美术编辑:李向昕　　　　　　　装帧设计:纪　潇
责任校对:李　菡　　　　　　　责任印制:马　洁

前　言

　　小学教育心理学是一门研究小学生认知与发展的心理规律的科学，是小学教育专业和小学教师培训的必修课程。通过小学教育心理学的学习，可以帮助未来的小学教师了解小学儿童心理特点、学习过程、学习规律、个体差异、影响成长的种种因素，探索促进小学儿童成长的策略和措施，加强自身素质修炼，从而提高学习者的教学素质和技能，为成为一个优秀的小学教师打下良好基础。

　　本书在编写过程中吸收了古今中外一些教育家、心理学家的理论思想和我国教育心理工作者的研究成果，全书共分为六部分：

　　第一部分绪论，即第一章。主要论述了小学教育心理学研究的对象、任务与方法、教育心理学发展和小学教育心理学的演进、学习小学教育心理学的意义。

　　第二部分讲学习心理，由第二章至第六章组成。分别论述了小学儿童学习心理、学习动机、学习迁移、知识的学习、技能学习。学习心理是教育心理学最核心的内容，这一部分不仅仅进行了深入浅出的理论阐述，而且深入探讨了小学实际教学实践的问题。希望一方面提高学习者的理论水平，另一方面帮助学习者学会解决教学中的实际问题，把理论和实际联系起来。

　　第三部分讲品德心理，即第七章。介绍了品德的概念、心理成分、主要的理论观点，小学儿童品德的形成及小学生过错行为的矫正。教师是一名教育者，作为教育者既要教书也要育人，我们在关注小学生知识学习的同时，也要重视小学生良好品德的形成。因此从小学生心理特点出发，从品德的知、情、意、行四个心理成分着手，采用合理的方法，才会促进小学儿童良好品德的形成。本书在论述品德培养的同时，也重视过错行为的矫正，提出了矫正教育的心理依据。

　　第四部分讲教学心理，即第八章。教学有其规律性，本章从设计教学目标，组织教学过程、选择教学策略、实施教学评价四个方面论述了教学设计的完整过程，来帮助未来的小学教师充分了解教学过程的特点和策略。

　　第五部分为心理辅导。现代教育对教师提出了更高要求，教师承担的角色更多，其中包括心理卫生工作者。培养小学儿童健康心理也是教师教学实际中的需要。本章从小学儿童的特点出发阐述了班级心理辅导的原则、途径、方法和操作要领，具有较强的实用性。

第六部分是教师心理。教师是一个职业，它有着专门的职业需求，作为小学教师只有了解小学教师的心理素质需求，认识到自己承担的角色，才知道从哪些方面训练自己，提升自己。因此培养教师素质，提高自身威信，促进专业成长永远是教师职业生涯中不断努力的过程。

本书每章初，明确了每章学习的重点，教师可参考每章重点，安排和组织本章的教学内容和教学活动；学生可据此了解本章教学的主要内容，合理分配自己的学习时间。在每章中穿插补充了一些阅读专栏，推荐了阅读书目，目的是开阔学生的眼界，加深学习内容。每章内容结束时，都给学生提出了一些复习思考题，以便巩固和强化所学的知识。本书在编写体例上既注重了基础知识的阐述，心理学家理论研究的介绍，更强调了在小学教学中的应用，力求做到理论联系实际，给学习者行之有效的指导。本书可作为高等院校小学教育专业本、专科教材，也可作为小学教师进修培训和自学教材或参考用书。

本书是集体智慧的结晶。各章执笔如下：华中师范大学王辰（第一章）；湖北第二师范学院张红梅（第二章，第七章）；许昌学院刘晋红（第三章、第五章）；许昌学院李松（第四章、第六章），华中师范大学李德江（第八章），湖北第二师范学院张颖（第九章、第十章）。全书主要由湖北第二师范学院张红梅制订框架，最后由张红梅与湖南第一师范学校朱丹统稿、修改并定稿，湖北第二师范学院张颖老师参与了一些章节的统稿工作，北京师范大学出版社陈红艳老师对本书结构提出了很好的修改意见。在此，对所有参与此书工作的同仁和朋友表示诚挚的谢意！

本教材在编写过程中，作者广泛参考并引用了国内外的有关文献和资料，在此对原作者表示最衷心的感谢！

由于时间仓促，水平有限，尽管我们付出了很大努力，但错误和不足在所难免，敬请同行和读者批评指正。

编　著
2013 年 7 月

目 录

第一章　小学教育心理学概述

本章重点
- 小学教育心理学的研究对象和任务
- 小学教育心理学的研究原则、研究类型
- 小学教育心理学研究的方法分类及优缺点
- 小学教师学习小学教育心理学的意义

　　小学教师要有效地完成培养小学生的任务，必须了解并掌握小学生的心理发展规律和年龄特征。只有这样，才能科学地进行教育和教学，促进小学生的全面发展。

第一节　小学教育心理学的研究对象与任务

　　小学教育心理学作为教育心理学的一个分支，是将教育心理学的理论和观点应用到实际教学中的产物，因此，要研究小学教育心理学的对象与任务，必须先了解教育心理学的学科性质。

一、教育心理学学科性质

(一)教育心理学的定义

　　对于每一门学科的界定，会随着其自身的发展和所处社会背景的不同而发生变化，教育心理学亦是如此。教育心理学的奠基者桑代克提出，教育心理学主要研究人类的本性，这种本性是如何通过后天的学习与教育发展变化的，从而产生个体差异。现在，学者们更倾向于把教育心理学定义为对学校教学情境中所表现出的心理和行为的研究。我国学者张大均总结国内外相关研究，对教育心理学的定义进行了梳理。国外较流行的观点有：①教育心理学是研究教育过程中的行为的学科；②教育心理学是研究教与学的心理学问题的学科；③教育心理学是研究教育教学的心理规律的学科；④教育心理学是对教与学的技能的理解和发展。国内较流行的观点有：①教育心理学是研究整个教育过程中的

1

种种心理现象变化和发展的规律的学科；②教育心理学是研究学校情境中教与学的基本心理规律的学科；③教育心理学是促成教育目的之实现的学科；④教育心理学是研究学校教与学情境中人的各种心理活动及其交互作用的运行机制和基本规律的学科。[①]

（二）教育心理学的学科特点

教育心理学是一门交叉科学，具有区别于其他学科的独特的学科特点。从学科范畴来看，教育心理学既具有心理学的特点和规范，又具有教育学的理论特征；从学科任务来看，教育心理学既是一门研究教育学和心理学理论的基础学科，但同时教育心理学的目的在于研究现实教育环境中教与学情境中主体的心理与行为，因此它又是一门应用性比较强的学科，具有指导教学实践中教学主体心理行为的任务；从学科属性来看，教育心理学既具有自然科学的某些特征，要运用自然科学的某些方法和手段进行心理行为研究，如实验法、计算机法等，又具有明显的人文社会科学的色彩，它的主要研究对象是教学情境中的人，因此在研究人的发展问题上离不开社会科学的特点。综上所述，教育心理学是一门交叉学科，主要表现为心理学与教育学的交叉、基础科学与应用科学的交叉、自然科学和社会科学的交叉，因此在研究教育心理学时要注意其独有的学科特点，注重从范畴、任务和属性方面对某些心理行为进行研究，从而更好地了解教育情境下的心理行为。

二、小学教育心理学的研究对象与研究任务

教育心理学的研究对象在于探讨教学情境下主体的心理发展规律以及促进个体心理发展的有效策略，研究任务在于揭示个体心理发展的机制和规律以及进行合理的教学设计为教学活动服务。小学教育心理学是教育心理学的一个分支，因此小学教育心理学的研究对象是在教育心理学的基础上研究小学教育过程中种种心理现象及其变化规律。

（一）小学教育心理学的研究对象

（1）探讨小学教育心理学的学科性质、研究对象、研究任务、发展脉络以及研究方法等问题。学习一门学科首先要了解该学科的性质，把握该学科的研究领域，明确该学科的研究对象和任务，只有了解这些才能明确学习该学科的目的，才能有所启发以及获得有价值的结论。对该门学科研究方法的认识有助于研究者采用合理并且有效的方式进行科学问题的研究，从而真实地记录该领

---

① 张大均．教育心理学．北京：人民教育出版社，2011.

域的研究现实。

（2）探讨小学生的学习心理。小学教育心理学研究的主体是小学生，因此最主要的研究点应该是小学生，要掌握小学生的身心发展特点。对小学生的学习动机与知识技能的掌握，对其学习迁移与知识的应用、学习策略进行探讨，全面地揭示小学生的学习心理，进而更好地制定有效的教学策略指导学生学习。

（3）探讨小学生的品德。小学阶段是道德品质发展的关键时期，良好的道德品质有助于学生将来人格的形成以及良好行为习惯的养成。小学生的思想品德的形成和发展需要教师的正确引导和培养，其中主要包括道德认识、道德情感、道德意志和道德行为的形成与发展。

（4）探讨教学活动中的教学心理。教学心理包括教学任务的分析、教学目标的制定与达成、教学策略的选择以及班级管理等。在实际的教学活动中，教师是整个教学的主导，要制订教学计划、选择教学内容、实施教学策略、引导学生学习、管理学生在教学中的行为。

（5）探讨教学情境下的教师心理。作为教学活动的主导，教师不仅要传授知识、制订教学计划以及提高教学水平，还应该积极地寻求角色满足，认识到自己角色的重要性，在学生中树立威信，并与学生搞好关系，关心学生的成长，关注自身素质的提高以及自我价值的实现。[①]

综上所述，小学教育心理学不仅要关注教学活动中教师与学生的心理发展规律，同时也要重视教学活动本身。

（二）小学教育心理学的研究任务

小学教育心理学主要研究教学活动情境中教与学的问题，以及教与学过程中活动主体的心理发展规律和机制。因此，小学教育心理学最基本的任务在于揭示小学教育教学的基本规律，为小学儿童教育提供理论依据和具体指导。其任务主要表现在两个方面。

（1）研究小学教育过程中各方面的心理现象，为发展与完善学与教的理论提供心理学依据，同时也为促进整个心理科学理论发展提供事实材料与科学的概括。作为一门独立的学科，小学教育心理学在发展的过程中，出现了许多不同的理论：有的理论过分重视心理学的科学取向，视心理学为一门纯粹的自然科学，只重视从人性变化中探求普遍性的原理原则，却在一定程度上偏离了改变人性的教育目的；有的理论观点是从动物学习实验研究中得来，用以解释与

---

① 刘国权．小学教育心理学．北京：人民教育出版社，2003．

指导人类学习时，其适切性常常受到怀疑；有的理论只重视对学生知识学习规律的探讨，而对于以情意为基础的人格教育问题缺少研究。因此，以小学儿童教育过程中各种心理现象为研究对象，以学生健全人格发展为目的，不断发展与完善学与教的理论，用以对小学生的发展与教育作出客观的描述、科学的说明、正确的预测与有效的控制，是小学教育心理学研究的基本任务。

(2)揭示小学生的品德形成和发展规律，了解小学生的学习心理和学习策略，培养学生对知识进行主动建构的习惯，把握学生创造性思维的形成和培养以及知识技能的形成规律等，只有这样才能有效指导并解决小学儿童教育实际中的各种心理学问题。学校教育面临着很多实际的问题，如学生良好心理素质的培养问题、新形势下学校德育工作的成效问题、父母离异子女的社会性发展与教育问题、学习困难学生的转化问题、学生心理障碍与心理辅导问题等，教育心理学工作者应该运用本学科中的相关原理，开展应用性研究，并在此基础上提出有益的观点和建议，为教育实际服务。

第二节　教育心理学的产生与发展

一、教育心理学的产生

与心理学一样，现代教育心理学确立的时间较晚，但在漫长的历史发展过程中有其深厚的渊源。西方教育心理学思想可以追溯到古希腊、古罗马时代，伟大的思想家柏拉图、亚里士多德以及17世纪欧洲教育家夸美纽斯，19世纪初期的裴斯泰洛齐、赫尔巴特等都具有教育心理学思想。[①] 而早在我国儒家思想中，有关学习过程的博学、审问、慎思，以及关于教师能力和了解学生、启发诱导、因材施教等思想，也都蕴含了教育心理学的理念。

19世纪下半叶，随着工业革命的结束，世界各主要的资本主义国家进入垄断资本主义阶段，各国政治经济发生巨大变化，文化教育也得到飞速发展，因而客观上推动了心理科学和教育科学向前发展，为心理科学和教育科学的相互结合提供了可能。除此之外，心理科学的发展也为教育心理学的产生创造了条件：从赫尔姆霍兹反应时间的测定与视觉听觉研究，韦伯、费希纳心理物理学的研究，高尔顿进行的自由联想实验和心理测验的心理学研究，直到冯特科

---

① 　阴山燕．教育心理学的两次发展契机与启示．廊坊师范学院学报，2003(4)．

学心理学的创立。他们的研究既是普通心理学实验研究的开端，也为以后实证教育心理学提供了重要的研究范式。①

与此同时，试图以心理学的观点来论证教育过程的著作不断增多。1806年，赫尔巴特出版了《普通教育学》一书，试图从心理学的角度来阐述教育的一些重要问题，特别是教学的理论问题。全书共三部分：第一部分为"教育心理学的一般目的"，第二部分为"多方面的兴趣"，第三部分为"性格的道德力量"。分别从教育的目的、兴趣教育及性格形成等方面阐述教育问题。此后，赫尔巴特又写了《教育学讲授纲要》，对上述一系列教育心理学思想作了补充与发挥。随后，关于学习问题的心理学实验也逐渐开展起来，在实验基础上编辑出版的著作也越来越多：1886年霍普金斯的《教育心理学》，1887年鲍尔文的《心理学初步与教育》，1898年赫黎斯的《教育心理学基础》，1897年亚当斯的《在教育上应用的赫尔巴特的心理学》，1886年贺长雄的《实用教育心理学》，1885年艾宾诺斯的《记忆》、卡特尔的《智力测验》，1877年勃朗的《电报密码的生理学与心理学的研究》等。② 这些著作，为科学理念的建构作出了突出贡献。1903年，美国教育心理学创始人桑代克出版了《教育心理学》一书，标志着传统教育心理学内容的确立。至此，教育心理学作为一门独立学科得到公认。桑代克也因此被认为是美国教育心理学的奠基人。在1913—1914年桑代克又把它扩充了三大卷，西方教育心理学的体系由此确立，以后30年间美国出版的同类著作，几乎都师承桑代克的体系。

二、教育心理学的发展

教育心理学在19世纪末才成为一门独立的学科，在其发展过程中出现了两次发展高潮。第一次是在20世纪初从历史悠久的教育心理学思想发展成为一门独立的学科，教育心理学诞生；第二次是在20世纪五六十年代教育心理学走出发展的低谷，逐步走向成熟和完善。③

（一）西方教育心理学的发展

19世纪末，美国社会涌入了大量移民，青少年儿童也随之增多，但各地的学校因规模有限，一时间无法接收所有的入学儿童，大部分学龄儿童游荡在社会上，加上美国童工法的限制，亦不能在社会上就业，给社会的稳定和发展带来了严重的隐忧。为缓解这一社会矛盾，美国政府扩建公立学校，并制定入

---

① 赵兴奎，王映学．教育心理学发展的五阶段．心理教育研究，2006(9).
② 赵兴奎，王映学．教育心理学发展的五阶段．心理教育研究，2006(9).
③ 阴山燕．教育心理学的两次发展契机与启示．廊坊师范学院学报，2003(4).

学法，使这些学龄少年回归到学校。虽然社会矛盾得以缓解，但学校教育体系却因此问题频发，运用心理学方法解决青少年问题成为当时社会的迫切需要。1896年，威特默在宾夕法尼亚州建立了世界上第一家心理诊所，向学习行为有问题的少年提供心理服务，以此开创了学校心理学的先河。[①] 1915年，康涅狄格州聘请格塞尔为学校的心理学家，格塞尔成为世界上第一位学校心理学家。之后，心理学在学校的运用如雨后春笋般地发展起来。1946年，美国心理学会第54届年会成立了学校心理分会，从此，心理学在学校的运用成为一门独立的学科被社会认可，并有了全国性的专门机构。

20世纪20—50年代是教育心理学的重要发展时期，教育心理学吸收了发展心理学、学科心理学的研究成果，对人的社会适应能力、心理卫生展开研究，提出了程序教学和机器教学，推动了教育教学改革。到60年代中期，随着托尔曼的符号定形论与格式塔认知学派的兴起，教育心理学逐渐开始从行为主义到认知学派的转变。其中行为主义的心理学思想影响教育心理学的理论主要有桑代克的试误说，巴甫洛夫的经典条件反应说，斯金纳的操作条件反应说，格思里的接近条件说，赫尔的内驱力降低理论等。格式塔认知心理学思想影响教育心理学主要理论有托尔曼的认知符号理论，班杜拉的观察学习理论，苛勒的顿悟说，皮亚杰的认知建构与发展理论，布鲁纳的认知发现说，奥苏贝尔的认知同化说，加涅的学习条件论，海德和韦纳的归因理论等。[②] 所有的这些推动了整个西方教育心理学的发展，教学方法和教学手段的改进引发了人们学习心理学的兴趣，这也为心理学的进一步完善奠定了基础。20世纪60年代，人本主义教育思想逐渐渗透到教育心理学中，形成了著名的教育心理学流派——人本主义流派，代表人物有马斯洛、罗杰斯等，其主要教育思想为重视人的自尊、人的价值观。罗杰斯"以人为中心"的理论是人本主义心理学教育观的核心和基础，该理论冲破了传统教育模式和美国现存教育制度的束缚，把尊重人、理解人、相信人提到了教育的首位，促进了当代西方教育改革运动的发展。

十月革命后，苏联教育心理学界尝试用马列主义观点来改造教育心理学，但是直到20世纪30年代，苏联的教育心理学主要是用普通心理学研究中获得的材料去解释学校生活中的实际问题。20世纪30年代以后，苏联教育心理学的发展主要体现在对理论观点的探索方面。20世纪40—50年代末，苏联教育心理学的显著特点是重视结合教育教学实际的研究，广泛采用自然实验法和教育经验总

---

① 马新胜. 浅谈教育心理学的发展历程. 人文论坛，2004(2).
② 赵兴奎，王映学. 教育心理学发展的五阶段. 心理教育研究，2006(9).

结法，综合性的研究占主导地位。主要的贡献是研究了学科心理和知识的掌握。苏联的教育心理学家们虽然把马列主义作为指导教育心理学的理论基础，反对机械地把动物学习理论运用到人类的教育情境中，但是由于过分强调马列主义的作用，没有表现出一定的灵活性和创造性，因而导致对西方的教育心理学存在着矫枉过正的倾向，甚至对整个教育心理学理论问题的研究也有所忽视。[①]

(二)中国教育心理学的发展

教育心理学是由西方引入中国的，但我国早在春秋战国时期就有了教育心理的思想，比如论述环境与教育对儿童成长的作用的："性相近也，习相远也"(《论语·阳货》)；"壁犹炼丝，染之蓝，则青；染之丹，则赤……夫人之性，犹蓬纱也，在所渐染而善恶变也"(王充《论衡·率性篇》)。论述被动学习的："业精于勤，荒于嬉；行成于思，毁于随"(韩愈《进学解》)。论述学习的重要性的："不学自知，不问自晓，古今行事未之有也"(王充《论衡·实知篇》)。论述学习动机作用的："为学须先立志，志即立则学问可以次第者力"(朱熹《朱子全书》)。论述学习目的的："学至于行而止矣"(《荀子·儒效》)。论述学习循序渐进原则的："学者读书先于易晓处沈函，然后切已致思，则其他难晓者，涣然冰释也，若先看难处，终不得达"(陆九渊《语录》)。论述因材施教的："与人论学，亦须随人分限所及""如草木之始萌芽，舒畅之则条达，摧扰之则衰废"(王阳明《传习录》)。其中以孔子的思想最为著名，他提出的诸如发展论、差异论和知学论，均是实践与思想相结合的产物。孔子认为，学习有七个阶段——立志、博学、审问、慎思、明辨、时习与笃行，这与现代学习的五个过程相对应，即动机、感知、理解、巩固与应用。除孔子外，孟子也提出了这方面的独特见解，如循序渐进、专心致志、持之以恒。韩愈在教育心理方面的见解，有些在今天看来也是可取的，他认为学习有三个阶段：打基础，深造及大成阶段。朱熹认为学习的意义在于可以"穷理"，可以"变化气质"。中国古代的教育心理思想虽有一定的合理性，但缺乏相关的科学依据，主观性较强。

新中国成立后，我国的教育心理学发生了明显的转变，即由原来的几乎完全倾向于西方教育心理学转变为几乎完全照搬苏联的教育心理学，并根据马列主义的原理和方法对以前的教育心理学进行了清理和改造，进而建立起了我国的教育心理学体系；同时我国的教育心理学工作者努力地以辩证唯物主义为指导，结合我国的教育教学实际，开展了许多研究。随着从事教育心理学研究的人员的不断增加以及对教育心理学研究的不断深入和成果的不断涌现，1962

---

① 王小新.教育心理学的发展历史和趋势.辽宁师范大学学报(社会科学版)，2002(5).

年中国心理学会成立了教育心理学专业委员会。1963年潘菽主编了新中国成立后的第一本《教育心理学》，我国的师范院校运用此教材相继开设了教育心理学课程。"文化大革命"期间我国教育心理学的教学和研究工作被迫中断，基本上处于停滞阶段。之后，我国的师范院校相继恢复开设了教育心理学课程，教育心理学的研究机构、队伍和领域都得到了空前的发展，并由原来的"一边倒"（即向苏联照搬）过渡为既向苏联学习也向西方学习。改革开放以来，国外许多著名的教育心理学家的主要论著都被翻译成中文，我国学者在批判吸收其研究成果的基础上，结合我国的教育教学实际，开展了独立的教育心理学研究，编写了一大批有中国特色的教育心理学专著。

三、小学教育心理学的演进

小学教育心理学是心理学与小学教育相结合的产物。小学教育心理学作为一门独立的心理学分支学科，诞生于19世纪末20世纪初。19世纪末实验心理学的兴起，极大地推动了儿童教育问题的研究，当时欧洲一些教育家和心理学家开始用实验、统计以及测量的方法研究儿童身心发展以及一些教育问题。在对小学儿童的身心发展过程和特点进行研究后，他们提出教材和教法应心理化，教学活动应个性化；他们在开展智力测验的基础上，提出运用测验法来了解学生的智力水平，把测验广泛应用于班级教学的组织、课程的制定、教材的编制以及教学方法的改革。

20世纪20—50年代末是小学教育心理学的发展时期。发展的总趋势是，广泛汲取心理学各领域的理论观点、方法和成果，并将其纳入小学教育心理学自身的结构体系之中。约在60年代，小学教育心理学进入了建立其系统的理论体系的时期，致力于阐明如何有效地教和如何有效地学的问题；各派兼收并蓄，不再因彼此的明显分歧而坚持理论之争；和小学教育实践联系密切，切实解决各种实际问题。

第三节　小学教育心理学的研究方法

小学教育心理学是教育心理学领域的一个重要分支，也是教育心理学在小学教学实践中的具体应用。因此小学教育心理学首先要遵循教育心理学研究的原则，并结合小学生的身心发展特点以及小学教育实践成果，采用适宜的方法进行研究。

一、小学教育心理学研究的原则

(一)客观性原则

客观性原则指教育心理学研究要坚持实事求是的态度，按照事物发展的本来面目探索其本质、机制和规律，充分尊重事实。客观性原则要求按照事物本来的面目反映事物，它是进行任何科学研究的前提条件。坚持客观性原则就是在进行教育研究时要避免个人主观臆断、虚构和夸张等，要从科学问题出发，采用科学的方法探索某一教育现象产生的原因，观测其内部过程及其产生的变化，用事实阐明教育教学问题，从而揭示教育教学规律。

在小学教育心理学研究中，要根据小学生的社会生活和教育条件以及小学生的机体状态进行研究，通过对客观刺激、心理过程以及行为反应的探索揭示各种心理现象的本质规律。研究者在实际的研究过程应注意以下几点。

1. 研究计划制订的客观性

在制订研究计划时，研究者要从客观实际出发，坚持实事求是的态度。具体表现为一方面要对小学生目前的身心状况以及社会教育条件进行全面的分析，抓准小学生的心理发展规律，找准研究问题，有针对性地解决小学生所面临的问题与困惑。另一方面，在制订研究计划时要清楚地认识到现阶段研究所具备的条件，如在采用实验法或调查法时，首先要考虑是否拥有进行实验的资源、实验室器材是否精准、研究人员是否专业以及研究经费是否充足、被试如何选择、是否有相关人员支持等。这些都是实际研究过程中会面临的问题，只有充分考虑这些因素，从客观实际出发，才能准确地制订研究计划，为下一步的研究做准备。

2. 资料收集与数据采集的客观性

在收集资料过程中，研究人员要根据实际的研究内容、步骤以及预期的结果如实而详尽地记录作用于被试身上的各种刺激以及被试的外显行为，不能用主观经验去推测被试会出现什么样的行为反应，也不能主观篡改被试出现的行为反应，研究者只能如实地记录观察到的事实。此外，数据的采集过程应尽量做到客观准确，通过被试的口头报告、教师的判断以及档案资料等途径，确保收集到的第一手资料是客观、准确和全面的。资料收集和数据采集阶段尽量做到客观，有助于研究者数据处理和行为分析更精准，这样研究者才能真正了解教师和学生的心理规律。

3. 结果处理与行为分析的客观性

对资料的处理与行为分析应该尽可能地根据客观标准来进行，如采用客观的数据资料分析软件，或者请多位专家对结果进行分析，尽量做到全面、客观，坚决杜绝通过自己主观臆断而肆意得出不符合事实的结论，这不仅会给被试带来身心伤害，这也是对科学研究的亵渎。当所得的结果与研究预期设想相违背或不一致，更应该小心谨慎地处理，不能为了验证自己的假设或预期而肆意篡改数据或胡乱得出结论。要做到对所获得的全部事实，包括矛盾的事实进行分析和讨论，始终做到有理有据，符合实际。

（二）教育性原则

教育性原则指在小学教育心理学的研究过程中所采用的研究方法和研究手段应以促进学生心理健康发展为目标，一切教育研究都必须符合教育的要求，不能做出违背学生身心发展规律、伤害学生心理健康的事情。

教育心理学研究的目的不仅在于得到研究结果，更重要的目的在于揭示学生的心理发展规律，从而为学生的身心健康发展提供帮助和指导。在进行研究时，研究者需要采用一些手段以获得真实数据，但始终要谨记学生的身心健康发展应该放在首位，不能以伤害学生的正常心理发展为代价。具体而言，要贯彻教育心理学研究的教育性原则，研究者应在以下工作中做出努力。

（1）研究课题和方案的选择与设计不仅要重视教育教学质量的提高，同时要重视学生良好的品德行为习惯和人格培养。因此，教育心理学的研究课题始终要紧扣教学和学生这两大内容，研究选题如果不能反映教学实践或者脱离教学实践，则会违背研究的初衷，那么此研究的意义和价值也会受到质疑。

（2）在研究实施过程中，要重视各研究环节不能损害学生的身心健康，并且应该根据学生的年龄特征选择符合该年龄阶段学生个性特点的研究主题，重视学生的身心发展需要，尽量使学生从研究中能获得有意义的教育，而坚决避免给学生的健康成长与发展带来不必要的伤害。[1]

（三）系统性原则

人的心理过程是一个统一的、复杂的、动态的、发展的以及有层次的系统。系统论强调研究心理学问题要从实际教学情境出发考察个体的心理与行为，通过探讨各心理成分之间的关系从而认识整个心理结构。因此，小学教育心理学应该从教育系统整体出发，全面探讨个体的心理发生发展规律，避免片面、静止以及孤立地理解这些心理现象，对人的心理进行分层探讨，揭示出支配人的心理层次的规律，对教育中出现的心理现象做出动态分析，以探明心理现象产生的原因、过程及作用机制。贯彻系统性原则，研究者应做到以下几点。

1. 理论与实践相结合

小学教育心理学的研究应当从我国小学教育事业所面临的实际问题出发，

---

① 朱智贤.儿童心理学.北京：人民教育出版社，2003.

充分考虑学生的实际需要，解决教育教学中出现的各种问题。同时，研究者要充分利用已有的教育教学理论基础，使其为教育实践服务，用理论指导实践，用实践获得的资料进一步丰富理论基础，这种相互促进的方式更有利于小学教育心理学的发展。

2. 一般与个别相结合

小学生心理发展是普遍性与特殊性的结合，他们既具有儿童所具备的心理特点，如小学是思想品德、创新能力和学习活动发展的关键时期，但在这些能力的培养过程中各自又具有不同的发展速度和发展规律，有着各自的先后顺序。因此，在小学教育心理学的研究过程中，要看到学生的共性，更要关注他们的个性，系统而全面地把握学生心理。

3. 内因与外因结合

人的心理发展是由内外因相结合而决定的，内因是心理发展最根本的原因，而外因是次要因素，内因决定外因，外因通过内因起作用。小学教育心理学的研究要求研究者既要看到外部宏观因素对心理变化产生的影响，又要研究内部的生理和心理因素对教育行为的影响，用整体、系统的观点加以综合分析，才能全面、准确地探索教师和学生的心理发展规律。

4. 纵向与横向研究相统一

系统性原则还要求研究者在研究中把纵向研究和横向研究统一起来，不仅要揭示个体心理发展各年龄阶段的特征，包括学习、记忆、想象和思维等，探讨学生在纵向发展上各自具有的共性，还应该从横向研究探讨学生的个体差异，对比他们各自心理发展的差异性。从横向和纵向来研究个体的心理发展，既看到不同阶段的年龄特征，又看到各年龄特征的个体差异，全面而细致地研究学生的教育心理问题。[1]

（四）实践性原则

实践性原则指一切从实际出发，从客观现实情境出发，探讨教育教学过程中学生的心理活动。学生的心理活动不是对客观存在的机械反应，而是在实践活动中的能动反应。因此，在探讨小学生的心理行为活动时，要从学生的行动和活动中去研究，从教育实践的需要出发。研究的课题要来源于实践，研究过程要紧密结合实践，研究成果要接受实践检验、服务于实践。

教育心理学理论对教育实践有着依赖性和指导性。其一，教育实践的需要是推动教育心理学研究和理论产生的直接动力。其二，教育实践为教育心理学

[1]　朱智贤. 儿童心理学. 北京：人民教育出版社，2003.

理论的形成和发展提供了可能。其三，教育实践决定了教育心理学研究的方向、速度与水平。其四，教育理论也具有一定的独立性，教育心理学的科学理论和研究全面地反映了客观实际，对教育实践具有普遍的指导作用。

二、小学教育心理学研究的方法

在对学生心理进行具体研究之前，常常会因为时间、地点、研究人员以及被试等条件的不同而出现不同的研究类型。因此，在进行具体详细的研究之前，有必要根据研究需要选择不同的研究类型。在现有研究中，研究类型主要分为两类，第一类为横断研究和纵向研究；第二类分为整体研究和分析研究。

（一）研究类型

1. 横断研究、纵向研究和聚合交叉研究

（1）横断研究。横断研究和纵向研究是根据研究的时间来划分的，横断研究是在同一时间内对某个年龄段或某几个年龄段的小学儿童的心理发展水平进行研究比较。现有的大量研究都是采用这种类型，例如要研究小学四年级学生的阅读理解能力，可以给一组 10 岁儿童一段阅读材料，让他们进行阅读，之后回答问题，找出这一年龄阶段学生的不同层次的阅读水平。又例如，要了解小学儿童的数学运算能力，可以给 7 岁的儿童 0～100 的数字运算，让他们进行计算，最后得出这一年龄阶段的运算水平。横断研究的优点在于能在同一时间内对大量的研究对象进行考察，能收集到大量的研究资料，并且可以在较短的时间内找出同一年龄或不同年龄心理发展水平的特点，并从中分析出各阶段学生的心理发展规律，获得的信息量大，经济且费时短。横断研究也存在一些不足，主要是只能探讨学生某一阶段的心理发展规律，无法获得个体发展趋势或发展变化的数据资料。

（2）纵向研究。纵向研究是对一个研究对象或一些研究对象的心理发展进行较长时间的追踪研究，以考察研究对象连续的心理发展过程，从而揭示研究对象心理发展规律。例如，要研究小学生注意力发展过程，可以从一年级开始，对其进行长期、系统的观察，直到小学阶段结束，通过观察研究总结出小学生注意力的特点和规律，提出提高小学生注意力的有效措施。纵向研究能系统、详尽地考察学生的某一心理发展的连续过程以及量变质变的规律。然而，纵向研究也具有一定的局限：一是纵向研究的时间较长，不易同时进行大量的研究，并且纵向研究的花费较大；二是纵向研究需要对某一或某些研究对象进行长期调查，所以研究对象容易流失，并且其心理特征会随时间而发生某些不易控制的变化；三是反复测查可能影响初试的发展，影响补试的情绪，从而影响数据的可靠性；四是纵向研究中影响被试的各种条件不易被查明，因而不易对被试进行前后比较。

（3）聚合交叉研究。聚合交叉研究是将横断研究和纵向研究结合在一起的研究方法。例如，林崇德教授对小学儿童数概念与运算能力发展的研究就是采用这种研究方法进行的。选取了450名一年级至三年级的小学生，运用课堂测验或数学竞赛的方式，对研究对象进行观察和问卷测查。然后利用三年时间进行纵向追踪，在三年时间内完成了对一年级至五年级小学儿童的全部追踪研究，不仅缩短了时间，还获得了有关小学儿童数概念和运算能力变化的数据。

聚合交叉研究弥补了横断研究和纵向研究的不足，吸取了它们各自的长处，既能够进行大面积测查，克服了纵向研究样本少、受时间限制等问题，又能掌握心理发展的连续过程及其特点，使发展研究充分考虑到发展过程的复杂性，同时兼顾到教育与发展的关系。

2. 整体研究和分析研究

（1）整体研究。整体研究也叫作系统研究，是把儿童心理作为一个整体结构来研究，从整体上把握儿童身心发展的特点与规律。例如，要对小学儿童的智力发展水平进行考察，就可以对他们的注意能力、记忆能力、想象能力、思维水平等进行全面的考察。整体研究的方法可以从整体上了解小学儿童的身心发展全貌，便于找出心理发展规律，为教育者提供指导。然而，这种类型的研究比较复杂，需要从理论和设计上做足准备才行。否则容易顾此失彼，无法充分而深刻地看到发展的全貌。

（2）分析研究。分析研究是对小学儿童心理发展中某一个别的、局部的、比较小的问题进行比较深入的研究，这种类型的研究能比较细化地探讨学生的心理特征，是现有研究中比较常用的方法。例如，在整体分析中，研究者想要考察学生的智力发展情况，可以从各方面入手进行考察；而分析研究中只需要关注其中的一方面，如可以研究小学儿童的创新思维发展能力，或者对他们的记忆能力进行考察。分析研究便于对某一心理机能进行比较深入的考察，能详细地发现学生这一机能的特点和规律。然而，这种类型的研究容易忽视整体的作用，会把学生的心理发展特征片面化，而不能看到整体与局部的关系。

在心理研究中，整体研究和分析研究都是必要的。一方面，人的心理发展是一个整体，各心理机能之间是相互影响相互制约的，从整体上把握心理发展过程能更好地从宏观上了解心理发展的规律与本质；而另一方面，各心理发展机能又是相互独立的，各自分属不同的研究范畴，只有对各部分进行深入研究才能更好地把握整体。所以，在研究小学教育心理学过程中，要重视整体与局部的相互结合，并在正确方法论的指导基础上正确地处理整体与局部的关系，全面、细致和深入地研究小学儿童的身心发展特征。

（二）具体研究方法

研究小学教育心理学不仅要遵循研究的基本原则，还要根据小学生的身心发展特点采取符合他们心理发展规律的方法。目前，运用较多的研究方法主要有观察法、调查法和实验法。

1. 观察法

观察法指在一定环境下有目的、有计划地对被试言行举止进行系统的观察、记录和分析，以此来判断被试的心理活动的方法。观察法是心理学研究中最重要的研究方法之一，适用范围非常广泛。

（1）观察法的分类。由于观察的目的不同，现阶段对观察法的分类各异，主要有以下几种分类。

①根据观察者是否参与被观察者的活动，分为参与观察法与非参与观察法。

参与观察法指观察者和被观察者一起生活、学习和工作，在密切的相互接触和直接体验中观察他们的言行。但观察者要避免让被观察者觉察到自己正在被观察，并且在记录观察者的资料和数据时要非常谨慎。而非参与观察法则不要求研究者直接进入到被研究者的日常生活，即观察者通常置身于被观察的世界之外，作为旁观者了解事物的发展动态。这种方法能及时记录被观察者的行为表现，客观地分析观察者的行为特征，是一种使用较为普遍的方法。

②根据观察内容，分为全面观察法和重点观察法。

全面观察法指观察儿童在一定时期内的全部心理表现。全面观察法由于要观察学生较多的心理行为表现，因此观察的时间比较长。如：学校要了解学生的创造能力而对学生的日常学习活动各方面进行观察，这就是全面观察法。而重点观察法是指有重点地观察儿童在一定时期内某一活动过程的心理行为表现。例如，教师要了解学生在课堂上主动回答问题的行为表现，就会在上课期间有意识地对学生的举手行为进行观察记录，这种方法可以重点考察学生的行为。全面观察法和重点观察法是根据不同研究目的来划分的，因此在实际的教育研究中要根据不同的研究课题和研究目的来进行选择。

③根据观察的时间，分为长期观察法和定期观察法。

长期观察法是指在较长的一段时期内对研究对象进行系统的观察，观察时间可以长到几天、几周、几个月甚至若干年，相当于一种纵向研究，这种观察法有时也称为日记法。长期观察历时较长，耗费的人力、物力、财力较大，但得到的研究结果也更具有说服力。定期观察法指针对研究个体的某种心理特点而进行定期的观察,如为研究四年级学生的同伴交往能力,可以每周观察一次,每次观察一个小时,观察若干次,并把所有的观察材料加以记录分析。定期观察法能在较少耗费的基础上考察个体的某种心理活动,具有一定的实用性和可操作性,目前的许多研究都采用这种方式来研究儿童的心理发展。

④根据观察的方式,分为直接观察法和间接观察法。

直接观察法指对所发生的事或人的行为的直接观察和记录。在观察过程中,调查人员所处的地位是被动的,对所观察的事件或行为不加以控制或干涉。例如,研究者要考察不同年级小学生的品德发展水平,在课堂上对不同年级学生的表现进行观察记录。而间接观察法是指在教育心理学中研究者借助仪器对学生的心理行为表现进行观察。这种观察法可能是由于实验目的,或者实验条件不允许观察者进行直接或现场观察等而需要借助一定的仪器,如录音笔、摄像机等。这种方法较少受观察者个人因素影响,能比较客观地总结被观察者的行为表现。

(2)观察法的优缺点。观察法是通过观察被试行为表现而探讨个体的心理活动规律,在小学研究中使用得较为普遍。观察法有一定的优缺点。

观察法的优点主要体现在:一是观察法是在自然环境下对被观察者的言语行为进行观察,能观察到被试在自然状态下的行为表现,因此能直接获得比较真实的材料。二是观察法可以同时对多个年龄阶段的被试进行观察,并且被试没有受到其他外界因素的干扰,因此获得的资料信息比较丰富,被试的表现更自然,研究结果不会受到污染。三是观察法为观察者对被试当前的行为进行的观察,具有及时性,能够捕捉到正在发生的现象,同时也能搜集到一些无法言表的材料。四是观察法的适用面非常广,不仅能用于不同年龄阶段的学生,而且也可以对学生的各个心理特征和心理活动的行为表现进行观察,可广泛用于小学教育心理学的研究中。

观察法虽然在研究小学生心理活动上能给研究者带来一定方便,但其在许多方面也具有缺点:一是研究者只能被动地观察被试的行为表现,往往难以观察到自己想要的资料,并且被试的反应并不一定是普遍的反应,而有可能只是偶发的。二是观察法难以控制其他无关因素的影响,这需要研究者具备一定的分析过滤信息的能力,并且研究者比较难以搜集材料,这在一定程度上为研究带来了很大的困难。三是观察法观察到的只是学生的外部行为,并没有直接测到学生的心理活动过程,因此观察法带来的只是相关性的结论,而不能得出因果结论,这也是许多实证研究选择实验法而非观察法的原因。

　　(3)使用观察法的注意事项。观察法是一种较为简单的心理学研究方法，但是该种方法受到许多因素的影响，如实验者的期望效应、被试的实验者效应等。因此，在具体的实施过程中研究者应该从以下几方面加以注意：首先，研究者要选择特定的观察内容，观察面不宜太广，选择具有代表性的对象即可。其次，观察时最好选择合适的观察仪器，随时记录被试的行为变化，最好使用一些录音、录像器材。再者，观察的时间不宜过长，可以采用时间抽样的方法，对同一种行为可以进行重复的观察验证。最后，在实施观察法时最好不让被试知道他们在被人观察，以免影响他们的真实行为。如果条件成熟，可以使用单盲实验，即采用单向玻璃进行观察，以此减少被试的觉知。

　　2. 调查法

　　调查法是指为了达到设想目的，通过多种方法对研究对象的某一心理行为进行数据收集，并作出分析、综合从而得到某一结论。调查法的方法和途径非常多，如采用问卷法来调查学生的学习状况，或者采用面对面交谈的方式来搜集信息。现有调查法中主要有访谈调查法、电话或网络调查法和问卷调查法。

　　(1)访谈调查法。访谈调查法指研究人员通过与被调查者直接交谈，来了解被调查者的心理状态的研究方法。在访谈调查中，研究者与被调查对象进行面对面的交流，研究者采用结构化或者半结构化的问题对被调查者进行询问，以此获得想要的资料。此种方法针对性强，灵活方便，并且真实可靠，便于深入了解人或事件的多种内部和外部原因。访谈法也具有一些缺点，如需要花费较大的人力、物力以及时间；访谈法需要研究人员具有较为丰富的访谈经验，能根据访谈对象的回答灵活应变；此外，访谈法的调查范围比较窄，一次只能对几个对象进行访谈。

　　(2)电话或网络调查法。电话或网络调查法指研究者通过电话或网络的方式向被调查者进行调查询问，了解所需情况的一种调查方法。此调查法中调查者与被调查之间不直接接触，而是借助于电话或网络这一中介工具进行，因而是一种间接的调查方法。此调查法的优点在于方便省事，能节约调查时间，并且能调查较多的人；此方法能减少被调查者对调查者的防御，因而获得的资料较为真实可靠。其缺点是不像访谈法那样可以采用多种方式详细询问和解释问题；同时，调查者不能及时觉察到被调查者的情绪变化，因而不能根据被调查者的变化而调整问题；此外，这种方法仅适用于使用电话的人或熟悉网络的人，调查对象有一定限制。

　　(3)问卷调查法。问卷法是用书面问题让学生填写，从而调查学生的某一种心理和行为活动的方法。例如，要考察小学生的阅读兴趣或阅读能力，可以采用问卷的形式进行调查，然后对收集的资料进行分析并得出结论。

问卷法的优势体现在：一方面，问卷法简单方便，能在同一时间收集到大量的样本数据，使得研究对象具有广泛性和代表性，能够克服小样本不具有推广性的缺点；另一方面，问卷法能获得第一手的资料，比较直接，针对性强，同时能测试出被试的心理状况，同质被试可以进行反复测量。问卷法也存在以下不足：首先，被试的主观性过强，需要被试对调查研究真诚作答，有些被试容易受自卫心理的影响而不愿意根据自己的真实情况填写，从而影响研究结果的真实性；其次，问卷调查的社会称许性过强，被试可能会根据社会期望作答，导致研究结果失真；再次，问卷法需要被试具备一定的自我意识能力和文字能力，如在对低年级的小学生进行问卷调查时存在一定的阅读困难；最后，问卷法的设计比较复杂，相对于观察法更加困难，因为问卷法在信度和效度上都存疑，并不一定能准确反映被试内心真实的状态。

对小学生使用问卷调查法，在编制问卷时应该注意许多问题。首先，针对小学生的问卷题目不宜过多，否则会给小学生带来认知负担，降低可信度；其次，在编制问卷题目过程中，要求文字浅显易懂，表述清晰明确，符合小学生的年龄特征；再者，在编制问卷时要采用一定数量的检测项目用于检测被试作答时是否是真实的，并且要尽量避免社会称许性问题；最后，问卷编制好以后要进行一定范围内的施测，检验问卷的信效度，在保证信效度的前提下才能进行正式的施测。[①]

3. 实验法

实验法是指实验者在严格控制实验条件的情况下，操纵教育情境中的一些变量，并借助专门的实验仪器设备来研究被试的某种心理现象的方法。

(1)实验法的分类。实验法通常分为自然实验法和实验室实验法。[②]

①自然实验法。自然实验法是指在日常教育学习环境中，按照研究目的，控制某些条件，以观察被试心理活动表现的研究方法。例如，为了探讨小学各年级儿童的口头言语能力和书面言语能力发展的水平，可以结合教学实践为不同年级的学生编制一系列的阅读材料，学习完这些阅读材料以后要完成相应的背诵和书写作业。对学生背诵和书写作业情况进行整理和分析，可以看出不同年级儿童的口头表达能力以及书面语言表达能力的发展，以及应采取什么样的策略才能更好地促进口头和书面言语能力的进步。自然实验法的优点包括：首

---

① 张大均．教育心理学．北京：人民教育出版社，2011.
② 朱智贤．儿童心理学．北京：人民教育出版社，2003.

先它所得到的结果与实验室实验法相比，更加接近教育实际情况，能比较好地反映教育过程中心理现象的真实情况并解决其中的心理问题。其次同观察法相比，具有较强的主动性和较高的严密性。虽然它是在尽量保持真实的教育情境下进行的，但它通过控制和变更某些变量而给被试心理活动以必要的影响，使之发生预期的变化，所以有利于研究者得到所需要的实验资料。因此，自然实验法在教育心理学研究中应用颇广。

②实验室实验法。实验室实验法指在特定的实验室环境下，借助专门的实验仪器来探讨某些心理学现象的方法。实验室实验法严格控制实验条件，尤其是对无关因素的控制甚为严密，对被试的某些心理行为采用精密的仪器，如眼动仪、测谎仪、脑电等来进行记录。实验室实验最主要的优点在于严格控制实验条件，所获得的实验数据更加真实可靠。同时，实验室实验能得出因果性的结论，这比观察法和调查法具有更强的说服力。然而，实验室实验法是在实验室进行的，脱离了实际的生活环境，人为操作性较强，其得出的结论缺乏生态性，也难以推广到其他的情境中去。此外，这种实验方法也难以全面真实地考察被试的心理现象。所以，在教育心理学研究中，实验室实验法常常同其他研究方法结合应用。

(2)实验法的优缺点。实验法通过控制实验条件，操纵某些心理变量来探讨某种因素对于被试心理行为的影响。与其他研究方法相比，实验法具有以下优点：首先，实验法严格控制实验环境，避免了无关因素对实验结果的影响，获得的资料是研究者真正想要的结果，因此实验法的针对性更强；其次，实验法是研究者按照实验目的严格设计的，因此实验可以随时进行重复验证，并且还可能获得新的结果和信息；最后，实验法控制了其他无关因素的影响，因此可以得出的结论因果关系明确。同样，实验法也存在一定的局限性：一方面，实验法缺乏一定的生态效度，人为性过强，导致实验结果的外部效度低下。实验法研究的环境是人为设置的，这些人为设置的环境增强了研究者对于研究的控制力，有利于确立明确的因果关系，但同时意味着研究离现实比较远，实验室中模拟的社会过程不能代替现实世界中的社会过程。另一方面，实验法容易受主观因素的影响，受试者的期望可能导致受试者向别人所期望的方向改变。在实验研究中，研究人员可能会有意无意地给受试者以某种暗示，某些受试者因此会有意去迎合研究者的期望，可能出现实验对象的行为受到研究者影响的情况，造成一种虚假的因果关系。

4. 其他的研究方法

个案研究是对一个人或一组人的问题进行研究的方法，针对某些教育心理问题产生和发展的原因进行剖析，并提出相应的解决措施。个案研究与纵向的追踪研究相结合，能够系统地记载被试某些心理活动的发展状况。个案研究比较适用于对特殊的案例的研究，如探讨学生的特殊能力、学习困难儿童的发展特点，关注超常儿童以及具有问题行为的儿童等。研究中要求研究者对个案的材料收集齐全详细，并有针对性地了解个案的问题状况，提出有用的意见。在个案研究过程中，研究者除了了解个案的各种情况，还应该多与这些个案进行交流与沟通，与他们建立良好的关系，使他们能充分相信研究者，这样才能获得真实的资料，进而使得研究更加顺利。

作品分析法是通过学生的作品来分析学生心理活动的一种方法。学生的作品包括许多，如作文、日记、绘画、手工艺品、学科作业等，研究者可以通过分析其中一种作品来了解学生的心理特征，例如要了解小学生言语和思维发展水平，则可以通过对学生的作文和日记进行分析；如要分析学生的理想和道德水平，则可以通过分析他们的绘画作品来得以实现。作品分析在现有的研究中应用较少，因为该种方法需要研究者具有较高的作品分析专业能力，同时作品分析方法主观性较强，难以真正地反映出学生的学习心理特征。①

在进行小学教育心理学研究中，通常使用的方法并不是单一的，而是要根据研究需要和研究目的进行方法的选用，一般都是综合采用多种方法，以某种方法为主，以其他方法为辅，或者交错地使用多种方法。多种方法的配合使用能更有效地了解学生的心理与行为。

第四节 学习小学教育心理学的意义

一、丰富教育心理学理论

小学教育心理学是教育心理学一个重要的分支，它是把教育心理学的理论知识应用到小学教育中而形成的，其中包含了学生的学习动机、学习策略、知识技能、创造能力、思想品德以及班级群体等内容，并采用教育心理学所倡导的方法与过程来进行探讨。同时，在对小学生心理行为现象进行考察的过程中，教育心理学理论得到了充分的运用，并且小学阶段独特的年龄特征也为教育心理学提

---

① 朱智贤. 儿童心理学. 北京：人民教育出版社，2003.

供了新的研究重点与研究问题，这必将进一步丰富教育心理学理论。①

二、为了解学生心理提供理论支持

小学教育心理学重点在于探讨小学阶段学生的各种心理和行为规律，包括这一年龄阶段所共有的个性特征，即小学生的身体与心理发展问题，小学生的学习问题，如学习动机、学习策略、学习迁移等，小学生的品德发展问题以及小学生在群体活动，如班集体活动中的行为表现。对这些问题的深入研究，可以为教育实践者了解学生心理发展规律，进而制定相应的教学目的、教学内容、教学方法和教学计划提供理论支持。此外，研究和学习小学教育心理学也能为教师了解学生的差异性提供依据。例如，教师在分析学生阅读能力不足的原因时，不会单单认为是学生不努力而导致阅读能力下降，而是从学生的学习策略和学习动机方面进行分析，从而找到真正的原因，并采取相应的引导和训练策略加强学生阅读能力训练。因此，学习小学教育心理学不仅能为教师教学实践提供一定的指导，同时能对学生的学习问题提供有针对性的建议，达到因材施教的目的。

三、促进教师自身发展

教师是教育教学活动中的主导，不仅为学生传授知识，也为学生的成长提供指导。现阶段，随着我国对教育事业的日益重视，教师的角色发生了重大变化，教师不只承担传道授业解惑的任务，而且在开发学生学习潜能、培养学生创新思维和创新能力以及掌握有效的学习策略上都应该发挥重要的引导作用。现代教学对教师教学水平提出了更高的要求，教师不仅要进一步巩固加深对科学知识的掌握，引导学生培养学科思维和学科意识，不断改进和创新自己的教学方法，努力加强自身建设，并根据教学需求和时代特点与时俱进，提升教学能力、教学水平和教学素质，对学生做到毫无保留，不遗余力。同时，教师还要不断地提升自身修养，教师的道德素质和教学形象不仅关系到整个教育事业的未来发展，还会影响学生的道德发展，尤其是小学阶段的学生，正处于品德发展的关键时期，教师良好的言行举止能为学生提供好的榜样，而道德素质低下的教师只会使学生误入歧途，最终不利于学生的发展。所以，学习小学教育心理学为教师规范自身言行举止提供了一定的指导，只有具备良好知识储备和道德修养的教师才有助于学生的良性发展，也才能为教育事业的蒸蒸日上提供保障。②

---

① 刘国权.小学教育心理学.北京：人民教育出版社，2003.
② 刘国权.小学教育心理学.北京：人民教育出版社，2003.

教育心理学中所揭示的学习规律，原则上也适用于教师自己的学习。教师的知识更新、道德修养、人格完善都是通过学习而实现的。教师如能够自觉地运用教育心理学有关原理，可以大大提高学习的成效。例如教师可以运用动机原理来进行自我激励，增强学习积极性；运用认知过程的有关知识，提高信息加工与储存的能力，完善个人的认知结构；运用心理卫生知识和心理辅导技术，增进个人的心理健康等。

四、促进小学教育改革

教育改革是当代教育事业的头等大事。当前小学教育存在各种问题，例如教学手段仍然单一落后、教学计划与教学内容与学生的实际学习状况并不匹配、教学模式相对滞后，不能有针对性地组织教学环节等。学习小学教育心理学有助于解决小学教育中存在的问题，促进教育改革取得更大成效。因为小学教育心理学不仅概括了学生在小学时期的年龄特征，包括他们的动机、能力、思维和性格等，而且反映了小学阶段学生的学习状况，包括学习动机、学习策略、知识技能掌握、创新心理和品德心理等。这些小学生的身心特征和学习特征能为教育者进行教育改革提供一定的参考，避免盲目性。此外，小学教育心理学还涵盖了小学教学设计和小学教师心理等内容，这些内容较为全面地阐述了教师在实际教学活动中应该如何组织教学内容，以及如何控制自己的行为和正确认识自己的角色，这在一定程度上为教育改革的进一步发展提供了基础。

复习与思考

1. 什么是教育心理学？教育心理学的研究对象是什么？
2. 小学教育心理学的研究原则有哪些？
3. 小学教育心理学的研究方法有哪些？各自的优缺点是什么？

推荐阅读

1. 章志光. 小学教育心理学. 北京：科学出版社，2006.
2. 闫江涛. 小学教育心理学教程. 郑州：郑州大学出版社，2007.
3. 蒋艳菊. 小学教育心理学. 北京：光明日报出版社，2005.
4. 刘国权. 小学教育心理学. 北京：人民教育出版社，2003.
5. 张大均. 教育心理学. 北京：人民教育出版社，2011.
6. 朱智贤. 儿童心理学. 北京：人民教育出版社，2003.

第二章 小学儿童的学习心理

本章重点

- 心理学家对学习的分类
- 学习的理论
- 对学习困难学生的干预

学习是教育心理学的核心问题，教育的前提是人能够学习。从这一角度看，教育的途径和方法，只有符合学生学习的客观规律，才能有效促进学生学习。因此探讨学生学习的实质，了解学生学习的共同规律，才能为提升学生学习效果服务。

第一节 学习的一般概述

一、学习的定义

学习可以说是一个众所周知的术语，也是一项人们毕生都在从事的活动。学习的概念有广义和狭义之分。广义的学习指人和动物在生活过程中通过实践或训练而获得，由经验而引起的比较持久的心理和行为变化的过程。在理解此概念时我们应注意一方面要用行为的变化来定义学习，便于对学习行为进行观察和测量，但有时这种变化也不一定立即见诸行为，可能要经过好长时间才能看得到，因此有的心理学家认为是行为潜能的变化；另一方面不能简单地认为凡是行为的变化都意味着学习，个体由适应、疲劳或药物引起的变化往往是暂时的，随着条件的变化或适当的休息，这种变化也就逐渐消失了，因此这些变化不属于学习。

狭义的学习指学生在学校里的学习，是按照教育目标改变学生心理和行为的过程。可以定义为：学生在教师指导下，有目的、有计划、有系统地掌握知识技能和行为规范的活动①。

二、学习的分类

学习是很复杂的心理现象，对学习进行适当的分类，可以掌握不同类型学习的特殊性，从而能更有效地指导学生进行学习。由于心理学家的观点或实验方法不同，因此对学习的分类也很不一致。下面列举几种较有代表性的学习分类。

(一)加涅的学习分类

美国心理学家加涅按照不同标准对学习进行了两种分类，一种是根据学习的水平，将学习活动分为了八类；另一种是根据学习的结果，将学习分为了五类。

1. 加涅的学习水平分类

1965年加涅在《学习的条件》一书中将学习分成八类。加涅认为学习是一个积累的过程，可以分为八个层次，由简到繁，构成了一个完整的学习层级结构。这八类学习依次是：

(1)信号学习。学习对某一刺激或信号作出反应。主要属于经典条件反射的学习，如狗听见食盘搁地的声音，就会往喂食的地方跑。

(2)刺激—反应学习。由机体的运动刺激及其反应相结合而产生的学习。操作条件反射即是此种学习，个体学习了一个正确的反应，由此而满足了自己的需要，在此过程中强化起到了关键作用。

(3)连锁学习。学习者学会将两个以上的刺激—反应相联结，形成一连串的行为。

(4)语言的联合。个体学会以语言作为单位的连锁。如小学生学会说出一个东西的名称这是一个刺激—反应单位，学会用词组成句子就是多个语言单位的联合。

(5)辨别学习。学习者学会对相似但又不相同的刺激作出不同的反应。

(6)概念学习。学习者学会认识一类事物的共同属性，并对同类事物作出相同的反应。如平行四边形、正方形等概念的学习。

(7)规则或原理学习。原理、规则是一些概念的结合，对此种结合的学习称为规则或原理的学习，如小学生学习乘法交换定律、结合定律等。

(8)解决问题学习。学习者学会用学到的规则或原理，解决相应的问题。

---

① 林崇德．发展心理学．北京：人民教育出版社，2004.

2. 加涅的学习结果分类

加涅在 1977 年提出根据学习结果对学习进行分类，即在其八类学习的基础上，概括出五种学习结果：

(1)言语信息。指陈述观念的能力。如陈述一个事实、一种思想或一种知识体系。这种学习就是我们通常讲的知识的学习，主要帮助学生解决"是什么"的问题。

(2)智力技能。指概念或规则的获得及其在新情境中运用的能力。也就是人们应用概念或规则办事的能力。如小学生的读、写、算，就是智力技能的早期形式。这种学习帮助学生解决"如何做"的问题。

(3)认知策略。指学习者推动和控制自己学习、记忆、思维等内部过程的能力。认知策略的掌握对于学生学会如何思维、如何学习非常重要，教师应该引起足够重视，加强对学生此种能力的培养。

(4)动作技能。指平稳、流畅、精确的操作能力。动作技能的学习主要是通过长期不断的练习而完成的。

(5)态度。态度是一种获得的内部状态，它影响着一个人对某种人、物体、事件的选择倾向。态度学习仅凭言语说教很难起到作用，可以通过榜样示范促使学生习得良好的态度。

(二)奥苏伯尔的学习分类

美国心理学家奥苏伯尔从学校教育的条件出发，按照两个维度对认知领域学习进行分类。一个维度是依据学习活动进行的方式，把学习分为接受学习与发现学习；另一个维度是依据学习的材料与学习者原有知识之间的关系，把学习分为机械学习和有意义学习。

接受学习是指讲授者以定论的形式，把学习的内容传授给学习者。学习者在学习过程中不需要去发现，只是把学习的内容内化为自身的知识，在适当的时候能够再现或应用。发现学习是指讲授者不直接把学习内容教给学生，而是让学生自己去发现这些内容，然后将其内化为自己的知识。从学生的学习看，两种学习都是必要的。如学生了解鸟的习性，他可以到大自然去观察，看不同鸟的表现，总结出鸟的共同特征，也可以通过教师讲授掌握鸟的习性。

机械学习是指学习过程中，学习者没有理解学习内容的真实含义，只是在学习内容和已有的知识结构之间建立一种无实质性的联系。如有的学生死记硬背，虽然知识记得很牢固，但没有真正地理解其含义。有意义学习是指用符号、文字代表的新知识与学习者原有的知识结构之间建立一种"实质性"和"非人为"的联系。"实质性"指不拘泥于字面，虽然可以用不同的符号来表达知识，但是它代表的意义是不变的。如等边三角形，可说成"三条边相等的三角形"，也可说成"三个内角相等的三角形"等。"非人为"指联系是内在的，而不是任意的。如掌握了边、角概念之后，再学会了等边三角形概念，就会知道等边三角形的三个角是相等的。这种联系是必然的，不是人为的。

奥苏伯尔认为，在课堂教学中，运用更多的是接受学习，而不是发现学习，但为了让学生更好掌握和运用知识，最好是让学生能理解知识，而不是机械地把知识记下来，因此他主张有意义接受学习。

(三)我国学者的分类

我国学者从教育实际出发，根据学习的不同内容和结果一般把学习划分为四种类型：

(1)知识的学习。对知识的感知的理解，在学生学习中占有主要地位。所要解决的是客观事物是什么、为什么、怎么样等一类问题。

(2)动作技能的学习。动作技能指通过练习巩固下来的、自动化的、完善的动作活动方式。如学习写字、做广播体操、打球等。

(3)智慧技能的学习。智慧技能是一种智力活动方式，是借助内部言语在头脑中进行的认知活动方式。如学习口算和作文构思等。

(4)道德品质和行为习惯的学习。这种分类以学生为对象，较完整地概括了学生在学校中学习的内容和任务，便于教师组织教学和指导学生学习。但在具体操作过程中要认识到，这四种类型的学习是相互渗透、密切联系的，没有必要划清界限，应该系统整合地教给学生。

三、影响小学生学习的条件

小学生的学习主要依靠教师安排和父母的督促得以完成，他们在学习中有明显的依赖性和被动性。了解影响小学生学习的条件，可以很好地利用它们，促进小学生学习取得更好成效。

(一)学习的内部条件

1.认知因素

(1)学生的知识经验。在学习新知识时，需要运用相关的旧知识去理解，如果前面的知识掌握不准确不全面，后面的学习就会受到很大影响。如若学生没有理解乘法法则，就很难理解除法法则。教师一定要根据学生原有知识基础进行教学，在讲授新知识时能把它和学生已掌握的旧知识联系起来，并且要进行区分，避免新旧知识之间的干扰。

(2)智力发展水平。主要指学生在注意力、观察力、记忆力、思维力、想象力等方面所具有的水平。智力发展水平直接影响着学生学习的可接受水平、学习的深度和广度，因此是有效学习的基本条件。

（3）智力活动方式。主要指学生在面临一个问题时如何灵活而有效地控制、指挥自己的思维活动，也被称作"认知策略"。

2. 非认知因素

（1）学习动机。动机在小学生学习中的作用是很重要的。具有正确动机的学生，其学习态度端正积极，会对学习产生浓厚的兴趣，在提高学习效果的同时，也会促进智力的开发。

（2）学习习惯。良好的学习习惯可以节省学习时间，提高学习效率，而且可以减少差错。事实上，在小学阶段养成良好的学习习惯比取得骄人的学习成绩更重要。在小学阶段主要应该培养小学生养成勤于思考、敢于攻关、在规定时间内完成学习任务、复习旧课和预习新课、做完作业细心检查等良好的习惯。

（3）人格特征。人格特征对学习有着多方面的、持久而深刻的影响。例如，有的学生做事认真负责，有的敷衍塞责，有的细心，有的粗心，有的意志坚定知难而进，有的意志薄弱遇难而退，这些都会影响学习的质量和效果。

（4）心理健康状况。健康的心态是促进有效学习的条件。如对自己有正确的认识，较高的自信心，应对学习压力和挫折的耐受性等。

（二）学习的外部条件

1. 教师

教师在学生的成长中起着重要作用，教师的素质不仅影响学生的学习效果，而且直接影响学生的健康成长。教师的素质包含教学素质和心理素质两个方面，教学素质主要包含教师的知识结构、组织教学的能力、言语表达能力、了解学生的能力、适应新情境的能力等，教师的心理素质包含教师的教育机智、情感素质、意志品质、人格特点等。

阅读专栏 2-1

在经历了若干年的教师工作之后，我得到一个令人惶恐的结论，教学的成功和失败，"我"是决定性的因素。我个人采用的方法和每天的情绪，是造成学习气氛和情境的主因。身为教师，我具有极大的力量，能够让孩子们活得愉快或悲惨。我可能是制造痛苦的工具，也可能是启发灵感的媒介；我能让人丢脸，也能叫人开心；我能伤人，也可以救人。无论在何种情况下，一场危机之恶化或解除，儿童是否受到感化，全部决定在我。

——美国教育心理学家吉诺特博士

2. 教学的媒介与方法

教学媒介指一切用来传播知识的手段，包括教材、教学参考资料、实物、模型、图片、计算机网络、多媒体技术等。随着当今科学技术的发展，计算机网络、多媒体技术已广泛用于现代教育，不仅推动了教学方法、教学手段的改革，还带来学习方式和学习理念的变革。因此在教学中，教师应根据教学的要求和内容、学生的特点和需要、学习情境等灵活地利用教学媒介，选择合适的教学模式，使学生成为学习的主动者。

3. 集体因素

学生的学习活动主要是在班集体中进行的，课堂气氛、班级风气、集体的舆论和评价、同学间的合作与竞争等都会影响自己对学习、集体的责任感，从而影响学习质量和行为品质。

第二节　学习理论

从教育心理学独立成为一门学科至今的 100 多年时间里，教育心理学家们对学习问题做了大量的实验研究，提出了不同的学习理论，从不同角度、不同层次揭示了学习活动的本质和规律。在诸多学习理论中，较具代表性的理论有行为学派的学习理论、认知学派的学习理论、人本主义的学习理论和建构主义的学习理论，下面对这些理论作简要介绍。

一、行为学派的学习理论

（一）桑代克的联结学习理论

美国心理学家桑代克是联结理论的创始人，他通过猫学习逃出迷笼的实验，提出了联结学习理论的观点。

1. 学习的实质

桑代克认为学习的实质即形成刺激—反应（S—R）的联结。这种联结是通过不断的尝试，逐渐减少错误，最后习得正确的反应过程，其中不需要任何中介作用。因此桑代克的联结说又称为"试误说"。

桑代克的这一理论是在动物实验的基础上提出来的。19 世纪末桑代克就开始进行大量的动物学习的实验研究，其中最著名的实验是饿猫学习如何逃出迷笼获得食物的实验（1898）。一只饥饿的猫被关在如图 2-1 所示的迷笼内，将食物放在笼外猫看得见却够不着的地方。起初饿猫在笼内乱咬、乱抓，试图逃出笼外，最终偶尔碰到了门钮，笼门自动打开，饿猫逃出笼子，取得食物。如此反复实验多次，猫打开笼门的时间逐渐缩短，无效动作逐渐减少，最后猫一被关入笼内，就会转动门钮，逃出迷笼，取得食物。在猫学习打开迷笼的情境中，猫通过多次尝试与错误，在复杂的刺激情境中辨别出门钮(S)与开门反应(R)之间的联系并不断巩固，这就是一种学习。

图 2-1　桑代克的迷笼

2. 学习的规律

桑代克根据大量的动物实验结果，总结出刺激—反应是否得以建立，主要遵循三条学习规律。

(1)效果律。如果其他条件相等，在学习者对刺激情境作出反应的过程中，当得到满意的结果时，其联结会增强；得到烦恼的结果时，其联结就会减弱。换言之，刺激—反应之间联结的加强或减弱受到反应结果的影响。

(2)练习律。是指刺激—反应的联结的强度与使用联结的频率有关。练习率由用率和废律两部分组成。一个已形成的刺激—反应联结，若不断运用，这种联结的力量会加强，称之为用律。一个已形成的刺激—反应联结，若练习中断或不再应用，这种联结的力量会减弱甚至消失，称之为废律。

(3)准备律。是指当刺激与反应之间的联结处于准备状态时，实现则感到满意，否则会感到烦恼；反之，当学习者不准备行动时，强迫其行动，则会产生烦恼的结果。所以学习者是否对某一刺激作出反应，同他是否做好准备有关。

(二)巴甫洛夫的经典条件反射学习理论

1. 学习的实质

学习即形成条件反射。一个原是中性的刺激与一个原本就能引起某种反应的刺激相结合，而使动物学会对那个中性刺激做出反应，即中性刺激变成条件刺激。这就是经典性条件反射的基本内容。此观点是巴甫洛夫通过实验总结出来的。他的实验方法是，把食物放在狗面前，狗会有唾液分泌，即对食物产生反应。如果提供一个与狗流唾液无关的中性刺激，如铃响，狗不会流唾液。但是在这个过程中，如果随同食物反复给铃响这个中性刺激，狗便逐渐"学会"在只有铃响但没有食物的情况下分泌唾液。

2. 行为法则

(1)习得。将条件刺激与无条件刺激多次结合呈现，可以获得条件反应。

如将声音刺激与喂食结合呈现，狗便会对声音产生唾液分泌反应。但是条件刺激和无条件刺激配对呈现时，必须同时呈现或在间隔很短的时间内呈现，如果间隔时间太长则难以建立联系。

（2）消退。在条件刺激多次重复出现时不给予无条件刺激，已形成的条件反射就会逐渐减弱直至消失。如学会对铃声产生唾液分泌的狗，只给铃声而不再喂食，反复多次后，狗就会对铃声不再产生唾液分泌反应。

（3）泛化。条件反射形成后，其他与之类似的刺激也能产生相同的条件反应，如狗对铃声产生唾液分泌反应后，对近似铃声的声音也会产生反应。泛化条件反应的强度，与两个条件刺激的相似程度有关，相似程度越高，则反应强度越高。

（4）分化。对有关的但又不完全一样的刺激给予不同反应的能力。如狗已经建立了对铃响的条件反应，并产生了对类似声音如电蜂鸣器的泛化反应。如果对铃响产生反应则给予食物强化，对电蜂鸣器产生反应则不给予食物强化，就会发现狗对电蜂鸣器的反应逐渐消退。

（5）高级条件作用律。已经形成的条件反射，所采用的条件刺激可以充当无条件刺激，与另一个刺激配对，形成新的条件反射。这称为二级条件反射。依此类推，可能会形成更多更高级的条件反射。如狗已经对铃响建立了条件反射，再把铃响和闪光结合一起配对呈现，多次反复后，狗见到闪光也会流唾液。这说明狗已经建立了更高一级的条件反射。

（三）斯金纳的操作条件反射学习理论

1. 操作条件作用

美国心理学家斯金纳把行为分成两类：一类是应答行为，这是由已知的刺激引起的反应。如学生听到上课铃声后迅速安静坐好的行为；另一类是操作行为，不需要与已知的刺激物相联系，是有机体自发产生的反应，是一种主动行为，如书写、开车、演讲等。与这两类行为相应，斯金纳把条件反射也分为两类。与应答性行为相应的是应答性反射，称为刺激（S）型；与操作性行为相应的是操作性反射，称为反应（R）型。

斯金纳认为操作条件反应形成的过程是，如果一个操作发生后，接着给予一个强化刺激，得到强化后，那么其原来的操作再次发生的可能性增加。他的观点是根据"斯金纳箱"经典实验提出来的（如图 2-2 所示）。箱内装上一操纵杆，操纵杆与另一提供食丸的装置连接。把饥饿的白鼠置于箱内，白鼠偶然踏上操纵杆，供丸装置就落下一粒食丸，白鼠经过几次尝试，会不断按压操纵杆，直到吃饱为止，这说明白鼠学会了按压操纵杆以取得食物。因按压操纵杆变成了取得食物的手段或工具，所以操作条件反射又称为工具条件反射。

2. 强化理论

斯金纳认为行为之所以发生变化，是由于强化的作用。他认为，凡能增加反应发生概率的刺激，都叫强化物。他把强化分为了两种，一种是正强化物，它指跟随在一个操作反应之后，能提高这个反应概率的刺激物。一种是负强化物。一

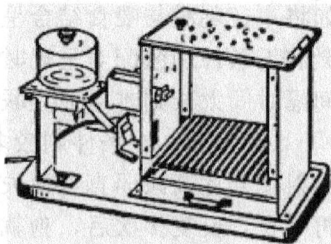

图 2-2　斯金纳箱

个刺激物当它被排除后，如果由此加强了某一操作反应的概率，它就是负强化物。斯金纳的强化理论对教育心理学有极大贡献，其研究成果已被广泛应用于教育、商业事务中。

3. 程序教学

斯金纳的程序教学思想，其目的是通过使用机器装置来提高学习效率，希望机器能做教师所不及的事情。程序教学的要点是把教材分成具有逻辑联系的小步子；要求学生做出积极的反应；对学生的反应及时地反馈及强化；学生在学习中可以根据自己的情况自定步调，学习进度不要求一致；使学生有可能每次都做出正确的反应，使错误率降低到最小限度。

二、认知学派的学习理论

(一)格式塔学习理论

格式塔心理学也可译为完形心理学，诞生于德国。格式塔学派主要代表人物有魏特海墨、考夫卡、苛勒，其学习理论强调经验和行为的整体性。

1. 学习是构造一种完形

学习过程中问题的解决是由于对情境中的事物关系的理解，构成一种完形而实现的，而不是刺激与反应之间的联结。这种完形倾向具有一种组织的功能，能填补"缺口"或"未知"，使有机体不断发生组织或再组织，不断出现一个又一个完形。

2. 学习是一个顿悟的过程

学习的顿悟是德国心理学家苛勒根据其对黑猩猩解决问题的过程进行长期实验研究的结果而提出来的。苛勒认为学习过程不是盲目的试误，而是个体利用本身的智慧与理解力对情境与自身关系的突然领悟。在实验中，苛勒在笼内放两根空心的大小不同的竹竿，把香蕉放在笼外猩猩无法用一根竹竿够得到的地方。最初，猩猩一会儿用小竹竿、一会儿用大竹竿来回试着拨香蕉，但都未

能成功。在猩猩把两根竹竿都拿在手上把玩时，突然，无意间把小竹竿插入了大竹竿中，使两根竹竿连成了一根长竹竿，然后用它够到了香蕉。苛勒认为猩猩解决这个问题，是通过重新组织知觉情境并领悟其中关系而发生的学习，这种学习是突然出现的。

（二）托尔曼的认知—目的说

托尔曼是美国心理学家，新行为主义代表人物之一，目的行为主义的创始人，他力图客观了解行为的目的性。其学习观点有：

1. 学习是有目的的

托尔曼接受了格式塔的学习观念，他认为，学习的结果不是 S 与 R 的直接联结。他主张把 S－R 公式改为 S－O－R 公式，O 代表有机体的内部变化。

托尔曼认为行为总是指向一定的目的，总是设法趋向或离开某物。动物学习目的就是获得食物。他不同意桑代克等人认为学习是盲目的试误的观点。动物在迷津中的试误行为受目标指引，是指向食物的，不达目的不罢休。他认为学习就是期望的获得。个体通过对当前的刺激情境的观察和已有的过去经验而建立起对目标的期望。

2. 对环境条件的认知是达到目的的手段和途径

托尔曼认为有机体在达到目的的过程中，会遇到各种各样的环境条件，他必须认知这些条件，才能克服困难，达到目的。所以，对环境条件的认知是达到目的的手段或途径。学习不是简单地、机械地形成运动反映，而是学习达到目的的符号，形成"认知地图"。所谓认知地图是动物在头脑中形成的对环境的综合表象，包括路线、方向、距离，甚至时间关系等信息。为了探索动物在学习过程中的认知变化，托尔曼设计了位置学习实验。图 2-3 是白鼠学习方位的迷宫。迷宫中有到达食物箱的三条通道，其长短和号码顺序相对应。实验时将白鼠置于箱内的出发点，然后

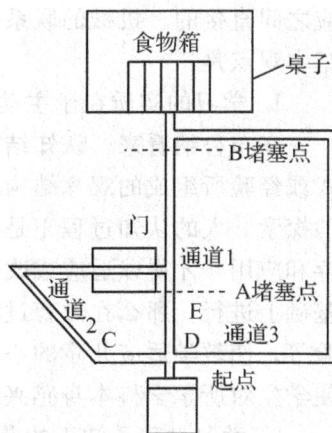

图 2-3 托尔曼的迷宫

让它们自由地在迷宫中探索，当白鼠在迷宫内经过一段时间的探索后，被置于箱的出发点，研究者观察它们的行为，检验它们的学习结果。结果是：若三条通道畅通，白鼠选择通道1到达食物箱；若 A 处堵塞，白鼠选择走通道2；若 B 处堵塞，则它们选择走通道3。这说明白鼠不是按盲目的习惯去行动，而是按情境的"地图"去行动，因而学习是一种有目的的行为，它们学习出现的原因

31

是对环境整体形成了认知地图。

3. 学习出现的原因在于形成了认知地图

所谓认知地图指有机体在头脑中产生的一种对环境等学习对象的心智图。有机体根据所形成的认知地图来采取行动，如小白鼠是根据它们在预备实验或实验的先期阶段形成的对迷宫环境的认知地图而作出准确快捷的反应。

托尔曼实验还发现，在没有食物奖赏的情况下，动物在迷宫中到处探索，也有学习行为，因为在用食物等作为奖赏时，有过探索的动物比没有探索的动物能取得更好的成绩。托尔曼认为，强化虽然有助于学习，但并非学习的必要条件，学习也可以在没有强化的条件下进行，只不过其结果不甚明显，是"潜伏"着的。一旦受到强化，这种结果可通过操作明显地表现出来。因此托尔曼提出了潜伏学习的概念。潜伏学习是已经学习，只不过未曾表现出来，直到在适当的条件下用到它时，这种学习才能转变为现实，在行为中表现出来。[①] 这也说明，强化确实能够促进符号学习，但却不是符号学习的必要条件。

（三）结构主义学习理论

布鲁纳是美国教育心理学家和教育家，是当代认知心理学派和结构主义教育思想的代表人物之一。他继承了完形说对联结说的批判观点，否认刺激与反应之间直接的、机械的联系，认为学习中存在着一个认知过程。其学习理论的基本观点是：

1. 学习的实质在于主动地形成认知结构。

在布鲁纳看来，认知结构是由人过去对外界世界进行感知、概括的一般方式或经验所组成的观念结构，布鲁纳强调人的学习不是被动的接受，而是主动的探索。人的认知过程正是通过主动地把进入感官的事物进行选择、转换、储存和应用，才得以适应或改造环境。布鲁纳认为，学习需要在原有知识经验的基础上进行，那么在教育过程中，教师必须知道儿童的心理特点和已有知识经验等，使教学适应儿童的心理发展水平。教师还应重视学生学习的内部动机，使学生对所学学科本身感兴趣，而不要过分强调奖励等外部刺激。

2. 学习过程是知识的获得、转换和评价过程

布鲁纳认为学习包括三种"几乎同时发生的过程"，即知识的获得、转换和评价。知识的获得指人们在学习过程中所获得的新知识往往同他以前已有的知识相违背，或者是它的替代，或者是已有知识的重新提炼。知识的转换指学习者处理知识，使它们适合要解决的新任务的过程。知识的评价指审核处理知识

---

① 刘华山，郭永玉．学校教育心理学．武汉：湖北人民出版社，1997.

的方法是否适合新任务。任何一门课程的学习都包含一连串情节，涉及知识的获得、转换和评价三个过程，运用得好时，可以反映以前学过的知识，而且超过前面的学习。

3. 发现学习

发现学习是布鲁纳提出的一种学习方法，它指让学生自己去发现教材的结构、结论和规律的学习。他认为发现学习有助于开发、利用学习者的智慧潜力，有利于调动学习者的内部动机，有利于记忆的保持。

布鲁纳强调学习过程。布鲁纳认为，在教学过程中，学生是一个积极的探究者。教师的作用是要形成一种学生能够独立探究的情境，而不是提供现成的知识；不是要建造一个小型藏书室，而是要让学生自己去思考，参与知识获得的过程。学生不是被动的、消极的知识的接受者，而是主动的、积极的知识的探究者。除了注重学习过程之外，布鲁纳的发现法还强调学生直觉思维在学习上的重要性。他认为，直觉思维与分析思维不同，它不根据仔细规定好了的步骤，而是采取跃进、越级和"走捷径"的方式来思维。不论在正规的学科领域还是在日常生活中，不论是科学家还是小学生，都可以使用直觉思维，所不同的只是程度问题，其性质是一样的。教师在学生的探究活动中要帮助学生形成丰富的想象，防止过早语言化。与其指示学生如何做，不如让学生自己试着做，边做边想。

布鲁纳还提出了学习应注重各门学科的基本结构，即学科的基本知识、基本态度和方法。他认为良好的教材知识结构，有利于学生认知结构的建立，有助于解决学生在课外或者在日后训练中所遇到的问题和事件。

(四)奥苏伯尔的有意义接受学习理论

奥苏伯尔是美国教育心理学家，是认知派的代表人物之一。他从20世纪50年代中期开始，致力于有意义言语材料的学习与保持的研究。其理论受到中小学教师的欢迎。

1. 学生的学习主要是有意义的接受学习

前面我们已经讲过奥苏伯尔从两个维度对学习做了区分：根据学生学习的方式，将学习分为接受学习与发现学习；根据学习内容与学习者认知结构的关系，将学习分为有意义学习和机械学习。

奥苏伯尔认为学生的学习主要是接受学习，而不是发现学习。自实行班级授课制以来，接受学习一直是课堂学习的主要形式，有些人把接受学习和机械学习画等号，是因为一些教师讲授知识时"满堂灌"，要求学生死记硬背，所以才使接受学习被认为是机械的。而奥苏伯尔认为接受学习和发现学习既可以是有意义的，又可以是机械的，那种要求学生死记硬背知识的接受学习，那种只发现点滴的事实，而不理解其中的规律的发现学习都是机械学习。

怎样才是有意义学习呢？奥苏伯尔认为，有意义学习的实质是以符号代表的新观念与学习者认知结构中原有的适当观念建立起非人为的和实质性联系的过程。有意义学习的过程是新观念被认知结构中原有的观念同化、储存并相互作用，从而使原有的观念发生变化，新知识纳入到原有的认知结构中，从而获得意义的过程。

奥苏伯尔认为学校中的学习应该是有意义的接受学习和有意义的发现学习，他更强调有意义的接受学习，认为它可以在短时间内使学生获得大量的系统知识，这正是教学的首要目标。

2. 有意义学习的条件

奥苏伯尔认为有意义学习必须具备以下两个前提条件：

第一，学习者必须具备有意义学习的心向。即学习者积极主动地把新知识与认知结构中原有的适当知识联系起来的倾向性。不管一个知识含有多少潜在的意义，如果学习者只是把它作为一连串任意的、逐字逐句的文字加以内化，那么这样的学习就是机械学习。

第二，学习材料本身必须具备逻辑意义。所谓逻辑意义是指学习材料可以和学习者认知结构中的适当观念建立起非人为的和实质性的联系。

要想达成有意义学习，学习者必须积极主动地使具有逻辑意义的新知识与其原有认知结构中的有关的旧知识发生相互作用，旧知识得到改造，新知识获得实际意义。

奥苏伯尔认为在有意义学习中，影响新知识学习的最重要的条件是学习者原有的认知结构。良好的认知结构应具备三个条件：一是可利用性。当学习者面对新的学习任务时，他的认知结构中应具有吸收并巩固新观念的原有观念。二是辨别性。学习者面对新任务时，能区分辨别原有观念与新观念之间的差异。三是稳定性。学习者面对新任务时，他认知结构中原有起固定作用的观念应十分巩固稳定。

3. 有意义学习的心理机制——同化

有意义学习的过程即学习者认知结构中原有观念对新观念加以同化的过程，奥苏伯尔称自己的学习理论为"同化论"。

原有观念一般通过三种方式对新观念进行同化，即类属学习、总括学习、并列结合学习。

（1）类属学习是把新观念归入认知结构中原有观念的适当部分，并使之相互联系的过程。类属学习过程中，原有观念是总观念，新学习的观念是从属观念，因而这种学习被称为下位学习。类属学习有两种形式：一种是派生类属学习。认知结构中原有观念是一个总观念，所学的新观念只是它的一个特征或一个例证。例如，小学生知道"动物"，而"动物"的观念是通过概括小猫、小狗、鸭子等从属观念而构成的。现在要学的新观念是小燕子。小燕子纳入原有的动物概念之中，既扩充了"动物"的概念，又使"小燕子"这一概念获得了意义。派生类属学习中，新观念只是使原有总观念扩张，并不能使原有观念的本质发生改变。另一种是相关类属学习。认知结构中原有观念是一个总的观念，所学的新观念是原有观念的加深、修饰或限定，通过同化，总观念的本质发生了变化。例如，学习者学习了四边形的概念及性质后，了解平行四边形、矩形、菱形都属于四边形，再接着学习长方形、正方形的性质。原有的四边形概念被深化，新的学习内容也获得了意义。

（2）总括学习指在若干已有的从属观念的基础上归纳出一个总观念。例如，掌握了火车、轮船、飞机等观念之后，再学习更高一级的总观念"交通工具"。总括学习所形成的新观念在概括和包摄程度上高于原有的一些观念，所以称为上位学习。

（3）并列结合学习指新观念与认知结构中原有观念既非从属关系，也非总括关系，新观念和原有认知产生并列结合关系。

奥苏伯尔非常强调类属学习，认为多数有意义学习都具有自上而下渐进分化的特征。总括学习通常在进行归纳、推理或综合部分与整体的关系时需要；而在并列结合学习中，由于缺乏最适当的起固定作用的观念，学习时一般比较困难，而且不易保持。

三、人本主义的学习理论

人本主义心理学是 20 世纪五六十年代在美国兴起的一种心理学思潮，其主要代表人物是马斯洛和罗杰斯。人本主义的学习观与教学观深刻地影响了世界范围的教育改革。

（一）学习的实质

联结派认为学习的实质是形成刺激与反应之间的"联结"；认知派主张学习的实质是形成"认知结构"或"认知地图"；人本主义心理学则指出学习的实质是形成与获得经验，甚至学习的过程就是经验的过程。罗杰斯认为，个人的学习是一个心理过程，是个人对知觉的解释。人本主义的学习观把学生看作是一个有目的、能够选择和塑造自己行为并从中得到满足的人。因此，教学的任务是创设一种有利于学生学习潜能得以充分发挥的情境。罗杰斯强调教学要以学生为中心，教师的任务是帮助学生增强对变化的环境和自我的理解，而不应该像行为主义学习理论所主张的那样，用安排好的各种强化去控制或塑造学生的行为。人本主义特别强调对学习方法的学习和掌握，最好的学习是学会如何进行学习。学习的内容应该是学习者认为有价值、有意义的知识或经验。只有当学生正确地了解了所学内容的用处，学习才能成为最好的、最有效的学习。人本主义学习观启发我们，教师要尊重学生的兴趣和爱好，尊重学生自我实现的需要，在课程内容的设置上给学生以充分的自由，允许学生根据自己的兴趣和爱好以及自我理想来选择有关学习内容，而不应把学生不喜欢的东西强行地灌输给学生。

（二）有意义的自由学习观

人本主义强调教学的目标在于促进学习，因此学习并非教师以"填鸭式"强迫学生无助地、顺从地学习教材，而是在好奇心的驱使下学生主动吸收他认为有趣和需要的知识。同奥苏伯尔一样，罗杰斯认为学习分为两类：无意义学习和有意义学习。

1. 无意义学习

无意义学习类似于无意义音节的学习。学习者要记住这些无意义音节比较困难，是因为它们没有意义、枯燥乏味，既难以学习，又容易遗忘。在罗杰斯看来，学生在课堂里学习的内容，许多对学生而言缺乏个人意义，是无意义学习，它只涉及心智，而不涉及个体情感、态度、意志，是一种"在颈部以上"发生的学习，与完整的人无关。

2. 有意义学习

有意义学习不仅仅是一种增长知识的学习，还是一种与每个人各部分经验都融合在一起的学习，不仅涉及事实累积的学习，还是一种受个体行为、态度、个性影响很大的学习。例如，如果一个五岁小孩迁居到另一个国家，让他每天与新的小伙伴们一起自由地玩耍，完全不进行任何语言教学，他在几个月内就会掌握一种新的语言，而且还会习得当地的口音。因为他是以一种对自己有意义的方式来学习的，所以学习速度极快，倘若请一个教师去教他，在教学中使用教师认为有意义的材料，那么学习速度将会很慢，甚至没有效果。

为什么让儿童自己去学习时，速度很快且不易遗忘，而用只涉及理智的方式"教"他们时，结果就不行了呢？罗杰斯认为，关键在于后者不涉及个人意义，只是与学习者的某个部分（如大脑）有关，而与完整的人无关，因而他不会全身心地投入这种学习。由此可见，罗杰斯的有意义学习，与奥苏伯尔的有意义学习是不同的，罗杰斯关注学习内容与个人之间的关系，而奥苏伯尔强调新旧知识之间的联系。按照罗杰斯的观点，奥苏伯尔的有意义学习是在"颈部以上发生的学习"。

罗杰斯认为，有意义学习包括四个特征：①全神贯注。即整个人的认知和情感均投入到学习活动中。②自动自发。学习者出于内在的愿望主动去探索、发现和了解事件的意义。③全面发展。学习者的行为、态度、人格等获得全面发展。④自我评估。学习者自己评估自己的学习需求、学习目标是否完成等。因此，学习能对学习者产生意义，并能纳入学习者的经验系统之中。[①]

总之，有意义的学习结合了逻辑和直觉、理智和情感、概念和经验、观念和意义。若以这种方式来学习，便会变成统整的人。

（三）学生中心的教学观

"以学生为中心"可以说是人本主义心理学家的核心教育原则。罗杰斯认为，由于学生具有学习潜能并具备自我实现的学习动机，因此，教师不是教学生怎样学，而是提供学习手段，由学生自己决定怎样学。在教学中，教师只是顾问，而非指导者，更非操纵者。为了确立"以学生为中心"的教育原则，人本主义心理学家提出了三点意见。

1. 学生自己决定学习内容和发动学习动机

自发的学习是最持久的，也是最深入的。如果学生不能自己发动学习动机，就不会真正学到什么东西。教师在组织教学内容时，一定要重视学生的需要。学生的学习活动可以在教师引导下由学生自己安排，教师提供有用的知识和必要的条件。好的教育，应该关心孩子的成长和发展，而不只是为了大人的方便来管束他、压制他。

2. 学生自己掌握学习方法

教师不要把学生的头脑当作储藏室，把很多知识塞进去，而要把它看作是一个加工厂，指导学生获得掌握知识的有效途径，教给学生掌握知识的方法。学校里各门学科的性质不同，教材内容也不同，学习方法有共同之处也有其自身特点。因此，学生既要掌握一般的学习方法，又要掌握适合于某一门学科的特殊的学习方法。

3. 学生自己评价

学生自己评价是培养学习独立性的先决条件。教师用分数或奖励等手段评价学生的学习，是对学生的干预。常常用评分的方法来衡量学生的成绩，会使

---

① 冯忠良，伍新春，姚梅林，王健敏．教育心理学．北京：人民教育出版社，2010。

学生认为学习是为了分数，而不是满足自己的需要。学生自己评价不是和别人比较，而是对照自己，检查自己的学习情况，它可以使学生真正明白自己的学习状况，有没有达到预定的目标，应该怎样努力以求上进。因此，教师不仅要经常和学生在一起制订学习计划，还要讨论和制定评价学习的标准，使学生掌握自我评价的方法。

四、建构主义的学习理论

建构主义学习观是一种新的学习理论，它是在汲取了多种学习理论的基础上发展和形成的。建构主义认为，世界是客观存在的，但是对世界的理解和意义赋予却是由每个人自己决定的。我们是以自己的经验为基础来建构现实的。由于个体的经验以及对经验的信念不同，于是对外部世界的理解也各异，所以建构主义者更关注如何以原有的经验、心理结构和信念为主来建构知识，强调学习的主动性、社会性和情境性。

(一)知识观

知识不是对客观现实的精确表征，而是人们对客观世界的一种解释、假设或假说，它不是问题的最终答案，将随着人们认识程度的深入而不断地变革，出现新的解释和假设。知识并不能绝对准确无误地概括世界的法则，提供对任何活动或问题解决都适用的方法。在具体的问题解决中，知识是不可能"一用就准，一用就灵"的，而是需要针对具体问题的情境对原有知识进行再加工和再创造。对知识的真正理解只能由学习者基于自己的经验背景而建构起来，否则，就不叫理解，而是死记硬背，是机械学习。

建构主义的知识观是对传统课程和教学理论的巨大挑战。照建构主义看来，课本知识只是关于某种现象的较为可靠的解释或假设，固然具有科学性，但并不是终极答案，随着社会的发展，肯定还会有其他更真实的解释。而且任何知识在个体接收之前，对个体来说是没有什么意义的，也无权威性可言。所以，教学不能把知识作为预先决定了的东西教给学生，不要凭借知识的正确性去要求学生接受知识，不要用权威去压服学生。学生对知识的理解和掌握，只能由他自己来建构完成，以自身经验为背景来分析知识的合理性。

(二)学习观

建构主义认为，我们是以自己的经验为基础来建构现实、解释现实的。由于每个人的经验以及对经验的信念不同，所以每个人对外部世界的理解也不同。因此，学习不是由教师把知识简单地传递给学生，而是由学生自己建构知识的过程。学生不是简单被动地接收信息，而是主动地建构知识的意义，这种建构不可能由其他人代替。

学习者对任何学科的学习和理解，都不是在白纸上画画，而是以其自身的经验来理解和建构新的知识和信息。即学习不是被动接收信息刺激，而是主动地建构意义。学习者根据自己的经验背景，对外部信息进行主动的选择、加工和处理，通过新旧知识经验间的反复的、双向的相互作用过程，从而获得自己的意义。因此，建构主义反对行为主义的"刺激—反应"观点，认为学习意义的获得，是每个学习者以自己原有的知识经验为基础，对新信息重新认识和编码，建构自己的理解。在这一过程中，学习者原有的知识经验因为新知识经验的进入而发生调整和改变。所以，建构主义者关注如何以原有的经验、心理结构和信念为基础来建构知识。

（三）教学观

建构主义者强调学习的主动性、社会性和情境性，对学习和教学提出了许多新的见解，主要有：

（1）重视合作学习。学习者以自己的方式建构对于事物的理解，不同的人看到的是事物的不同方面，不存在唯一的标准的理解，教学就是要增进学生之间的合作，使学生看到那些与他不同的观点，通过合作学习使每位学习者的理解更加丰富和全面。

（2）重视学生原有的知识经验。教学不能无视学习者的已有知识经验，从外部对学习者实施知识的"填灌"，而应当把学习者原有的知识经验作为新知识的生长点，引导学习者从原有的知识经验中生长出新的知识经验。

（3）教学应在教师指导下以学习者为中心。学生是学习信息加工的主体，是意义建构的主动者，而不是知识的被动接收者和被灌输的对象。教师是意义建构的帮助者、促进者，而不是知识的灌输者。教师的作用从传统的传递知识的权威转变为学生学习的辅导者，成为学生学习的高级伙伴或合作者。教师不是知识权威的象征，而应该重视学生自己对各种现象的理解，倾听他们的看法，思考他们这些想法的由来，并以此为据，引导学生丰富或调整自己的解释。

第三节　小学儿童学习困难及矫正

在学生中，有一定数量的学生存在学习困难，而且随着社会的变迁和时代的发展，社会环境、学校教育、家庭教育等诸多因素导致的学习困难问题越来越多，并且呈现数量上升和成因复杂的趋势。

一、学习困难的界定

由于学习困难问题本身的复杂性，关于到底什么是"学习困难"，多年来有诸多争论。有的学者称之为"学习不良""学习障碍""学习失能""学习缺陷"等，至今未能统一。过去我国研究者更多称之为"差生"、"后进生"，20世纪80年代以来更多称之为"学业不良""学习困难""学习障碍"，其中以"学习困难"使用最广。

阅读专栏 2-2
学习困难的定义

学习困难指在理解与使用口头语言和书面语言的基本心理过程中，显示出一种或多种障碍。这种障碍可能在听、说、读、写、拼写或计算等某方面表现出不完善的能力。其中包括诸如直觉障碍、脑损伤、轻微的脑机能失调、诵读困难和发展性失语症等症状。但这一术语不包括那些主要有视、听或运动障碍、智力落后或因环境、文化、经济不利而造成有学习困难的儿童。

——1977年，美国教育办公室

学习困难是指在听、说、读、写、推理和算术能力的获得和运用上有明显的困难或障碍。一般认为这些障碍是由中枢神经系统失调这种个人因素造成的。伴随学习困难，人可能会在自我调节、社会认知以及社会交往中出现问题，但这些问题本身不构成学习困难。尽管学习困难可能还伴随其他的障碍，如感觉损伤、智力落后、情绪紊乱，或者同时受某些外部因素的影响，如文化差异、教育的不充分或不适当等，但学习困难并不是由这些障碍和影响因素造成的。

——1989年，美国学习困难联邦委员会

通过多年来学者对学习困难的界定和现状分析，一般判定学生是否存在学习困难有以下几个标准：

第一，形成学习困难一定有一些原因，但这些原因不包括智力迟钝、视听受损、情绪障碍、环境文化或经济不利等因素；

第二，智力正常，但在某门或几门课程学习上有困难；

第三，学业成就与潜在能力之间存在不一致性；

第四，学习困难学生无法从学校一般教学中获益，要达到及格及以上学习水平或达到教育大纲所要求的水平，需要额外的督促与辅导，有的甚至需要特殊的教育与帮助。

根据上面的标准，从教师容易操作和判断的角度，我们把学习困难定义为：学生智力正常，没有生理或身体原发性障碍，但学习水平长时期达不到教学大纲要求。具体来说指那些学习成绩差且不遵守纪律的学生，他们缺乏正确的学习态度和良好的学习习惯，对学习不感兴趣，上课不注意听讲，自由散漫、懒惰贪玩，自卑，不服管教，情绪不稳定，对教师家长抱着怀疑和不信任的态度，对自我学习缺乏有效计划和监控，学习没有明确的目标等。

二、学习困难学生的心理特征

(一)注意力缺陷

学习困难学生往往注意稳定性差，注意时间短，不能集中注意，容易分心，抗干扰的能力差，学习中一些细微的异常声音都会分散他们的注意力，过分注意不重要的细枝末节而忽略了重要信息，有的学生注意有明显的情绪性，容易转移，有的学生常常只能专做一件事，不能根据新的要求来转移自己的注意。

(二)记忆能力差

学习困难学生的记忆广度、记忆速度、记忆精确度、记忆持久性、意义记忆等诸多方面都相对较差，常表现为"记得快，忘得快"，或"记得慢、忘得快"，会出现学前忘后、顾此失彼的现象，而且在记忆过程中记忆方法单一、多用机械记忆，不会运用记忆的策略对记忆材料进行加工。

(三)意志品质缺失

学习困难学生在意志方面主要表现为：一是缺乏自觉性，做事被动，依赖教师和家长的督促，在活动中遇到困难和障碍时，容易表现出急躁、动摇、退缩；二是缺乏自制性，不能控制、约束、协调自己的情感和行为，忍耐性较差；三是缺乏坚韧性，缺乏为实现目标而坚持到底的毅力，对待活动往往虎头蛇尾，遇到困难容易放弃。

(四)自我效能感偏低

学习困难学生听不懂教师讲的内容，回答不出教师提的问题，作业出错多，考试不及格，经常受到教师和家长的批评指责，在与同学的比较中渐渐地就会对自己的智力和能力产生怀疑，形成自己就是比别人笨的认识，心态消极，自暴自弃，自惭自卑。

(五)社会情感问题

学习困难学生往往在班级中的地位较低，可能常受到家长、教师的训斥或惩罚，受到同伴的轻视或挖苦，因此一般来说他们对现实态度冷漠，对教师、家长采取封闭、疏远、对立的防范心态，在课堂或课下，故意捣乱，搞恶作剧、搞小报复，甚至破坏。而且学习困难学生的情绪易变、冲动，对挫折、焦虑的承受力低，情绪调节能力差，这一切都使得学习困难学生难以完成正常的学业活动。

三、学习困难的成因分析

学习困难形成的原因是多方面的，而且因人而异，一个学习困难学生身上往往有几种原因错综复杂地交织在一起。对学习困难的原因作全面的分析，有利于教师有针对性地根据不同学生情况选择干预学习困难的策略。

(一)社会环境的不良影响

社会环境的影响主要表现在两个方面：一是物理环境，随着工业化的进程加快，污染问题日益严重，比如铅、重金属、化学制剂这些长期暴露在外的慢性的毒物对儿童的智力有一定的影响，有专家研究证明了学习困难的高危险地区与曾经有过铅毒性和空气污染机构有关。此外，学习困难还与儿童生活环境的贫穷、缺乏足够的信息刺激有关系，尤其是学校周边环境对学生有着明显的影响。二是人文环境，近年来传统的价值观念改变，社会功利思想和享乐之风的诱惑、社会不良群体的骚扰和低级庸俗意识形态的侵蚀、不良成人群体的影响、传播媒介的消极作用，都对儿童学习困难的形成起了促进作用。一些不法经营者向未成年人兜售黄色、暴力等严重影响未成年人成长的书刊、音像等；电影、电视上出现的武打、侦探、恋情等剧情的描写；一些网吧、游戏厅的老板们无视《预防未成年人犯罪法》，任由未成年人自由出入其中，甚至无视法律规定，容留未成年人过夜，并为打游戏的未成年人提供住宿等"一条龙服务"，严重地影响了学生的学习，导致学习困难学生增多，且对其矫正改进更加困难。

(二)学校教育的不当

儿童进入学校后，学校环境对其影响逐渐加强。我国教育在教学观念、教学内容、教学方式、学习方式、教学评价等方面的某些弊端，造成了相当一部分学习困难学生的存在。在应试教育体制中，教学观念落后，片面追求升学率，教师在这种压力下，只重视学习优秀的学生，忽视甚至歧视学习困难学生，对成绩好的学生抱很高期望，对学习困难的学生则期望很低。教师对学习困难学生的消极期望势必会影响到学生的自我概念、成就动机，长期下去，会使他们逐步失去学习的兴趣、信心和动力。在教学方式上，教师教法陈旧单一，"题海战术"、频繁考试使学生产生厌学情绪，对学习失去信心，使学习困难的发生率增加。且缺乏针对学习困难学生的特殊性进行因材施教的具体措施，学习困难随着年级的增高愈来愈难改变。在教学管理上，不少学校将学生分为重点班和普通班，实行区别对待和淘汰制，这种做法加剧了学习困难学生的失落感，使其丧失积极进取的动力，甚至产生了习得性无能感。在教学评价上，不重过程只重结果，教师唯学习成绩的好坏来评价学生，导致学习困难学生总是产生失败者的自我认识，自我概念降低，变得消极自卑。此外，师生关系和伙伴关系不良也对学习困难学生有显著影响。大多数学习困难学生在班级中缺少温暖，他们总是处于被冷落和孤立的境地，与教师、同学的关系往往不好，这些都会挫伤学生的自尊心与求知欲，致使学习困难的发生。

（三）家庭教育的不良

家长对教育的无知，无论是对子女的过度保护和溺爱，还是过于严苛的要求和期望，都会给孩子的成长带来消极影响，这是导致儿童产生学习困难的原因之一。主要表现为：一是家庭结构缺陷。单亲家庭的孩子缺少家庭的温暖、完整的关爱，性格往往比较孤独、冷漠；或者是隔代抚养，容易溺爱，祖孙之间存在着心理代沟。二是教育方式不当。专制型父母对孩子很严厉，常打骂孩子，望子成龙、盼女成凤心切，给孩子造成严重的精神负担，导致孩子视学习为畏途，对学习恐惧或焦虑，甚至反抗，致使学习成绩越来越差。放任型父母对孩子的行为与学习漠不关心，任其自由发展，或过分溺爱，对孩子的错误包庇袒护，孩子出现问题得不到及时的纠正。三是家庭学习环境较差。有的家庭夫妻感情破裂，经常吵架或冷漠敌对，给孩子带来情感及学习上的不良影响；有的家庭环境拥挤嘈杂，如父母经常打麻将玩乐，孩子缺乏安静的良好学习环境，他们在校学习的内容在家得不到及时复习消化，疑问得不到及时解答，虽然学习很刻苦，可是因时间欠缺而导致堆积下来的问题成为进一步学习的障碍。

（四）学生自身原因

学生的智力水平、认知能力、学习动机、兴趣、情绪、意志行为活动和个性特征都会影响儿童的学习成绩。研究表明，学习困难学生的神经心理功能发展有一定的不平衡性，感觉统合失常、注意发展障碍、学习策略不良和学习动机水平都偏低。在注意力、组织能力、反应能力及社会适应能力上不如其他儿童；在学习方式上，欠缺学习策略和方法，自觉性较差，意志薄弱，缺乏坚持，容易被困难吓倒；也有的学习困难学生因为身体素质较差，体弱多病，经常缺课，使得学习内容联系不起来，自然会导致学习困难；还有的学生智力、身体发育虽然正常，但心理发育迟缓，影响了学习效果。

四、对学习困难学生的干预

学习困难学生在很多方面都存在一些问题，需要教师和家长给予关注，并采用一定的策略帮助其改正和提高，下面我们从注意力、记忆力、思维力和自我效能感四个方面谈一些干预策略。

（一）学习困难学生注意力缺陷的干预策略

小学时期是注意力品质发展的关键时期，对学习困难学生的注意力进行培养和训练是十分重要的，做好这步工作，对困难学生的转化将会起到事半功倍的效果。

1. 利用注意规律

在进行学习任务之前明确告知学生学习的目的。比如在讲授新课前告知学生学习目标和意义，并在上课过程中适时地重复学习目标，检验其落实情况。训练学生制订计划和实施计划的技能，教给他们自我监控的能力，使他们在执行学习任务时学会自我提醒，"我必须集中注意""我是否在走神""这个时间我要开始做作业了"等。注意力能否集中，关键在于兴趣。教师要善于挖掘学习困难学生其他方面的才能，先让他们在感兴趣的事情上集中注意，使其注意稳定性加强，再逐渐将这种品质迁移到其他学习活动中。

2. 给予明确的正面的指示

注意力和控制力差的学生，他们很难长时间地坚持某一个目标，因此要及时地给予他们反馈。当其行为偏离期望的时候，要及时地指出并告诉他应该做什么，而且最好给学生明确的和正面的指示，用清楚简洁的语言告诉学生"做什么"，而不是"不做什么"。比如当学生做作业拖沓时，可以说"赶快做作业"，而不要说"别磨磨蹭蹭了"。当他做出教师希望的行为或者是改正不良行为以后，教师要及时地给予奖励。对于一个复杂的任务，要分解成几个部分，一次只给学生一个命令和要求。

3. 给予示范和积极反馈

如果学生不能够集中注意是因为不知道如何解决问题，可以请人示范或教会他解决问题的步骤。在实施过程中要对学生的行为进行及时反馈，当学生出现注意力分散或冲动行为时，教师要有耐心，给予更细致的指导，找寻进步给予表扬，用鼓励的语言给予期待。学生感受到教师对自己的关心和爱护后会用自己不断的进步回报教师。在教学生解决问题过程中，教师要注意引导学生对问题的解决过程进行总结，教会学生逐步学会独立自主地分析问题和解决问题。

4.采用心理方法训练注意力

①想象训练法。每天花 2—3 分钟，闭目凝神，想象在空中描绘一个点，此刻心中只有这个点，听不见任何声响。达到此种要求后，再慢慢将此点延伸为一条直线，随着时间推移，不断将直线变幻为星形、多边形等其他复杂的图形。在集中注意力进行想象时要尽量避免受到外界声音的干扰，持之以恒，视觉和听觉就能自如配合，注意力集中程度将会大为提高。

②行为训练法。集中注意力，完成某种行为。如把 200 枚硬币叠起来；把一个盘子的花生米用筷子夹到另一个盘子；做拼图游戏等。

③发现训练法。让学生对大量信息进行跟踪，集中注意力完成一件简单的事情。如在一定时间内数路上走过多少行人或小孩子。最开始可以时间短一些，慢慢增加时间，通过这样的训练提高学习困难学生注意力的稳定性。

④强制学习训练法。同学生说明理由，规定在一定的时间内要求完成一定的作业量。并适时作些必要的检查，以便督促学生保质保量地完成作业，并及时发现问题。在这种情况下，学生比较容易集中注意，努力完成任务。

5.家校联合以养成良好的注意习惯

为了培养学生的注意力，教师还要请家长配合，一起帮助孩子形成良好的注意习惯。首先，和孩子商定固定的学习时间，制订学习的时间表并严格执行。但不要把时间排得太满，要给学生充分的娱乐和休息的时间。切忌一天到晚强迫学生坐着不动，越是这样，学生越不能够集中注意力。通过制订时间表让学生养成"到时就做"的习惯，做到"该学就学，该玩就玩"。其次，给孩子提供固定、安静的学习环境。有条件的家庭应该让学生有个固定做作业的地方，学习环境要光线好、安静，桌椅高度适当，桌面简洁、干净，周围不要摆放造成学生分心的玩具、摆设。要求孩子不能边做作业边听音乐，或边看电视边学习。这样会使孩子养成对情境的依赖，一旦没有了这些依赖情境，就会显得烦躁，注意力难以集中。最后，切记不要在孩子学习时打扰他。如果成人常在儿童集中注意做某事时，和他进行与该活动无关的谈话，如询问学校情况，或让孩子从事其他活动，如帮拿东西等，这样多次重复可能使儿童形成易分散注意的不良习惯。

(二)学习困难学生记忆力干预策略

1.精细加工策略

精细加工策略是一种将新学材料与头脑中已有知识联系起来，从而增加新信息的意义的深层加工策略。学习困难学生在认知过程中的精细加工能力比学习优秀生差，学习困难生掌握精细加工策略可以大幅度提高他们的认知能力，从而提高认知策略水平。常用的精细加工策略：①记忆术。如小学生学了"人"和"本"后，可以用"人之本是身体"帮助儿童记住"体"。②利用背景知识。某一事物我们到底学会多少，决定于我们是否有相关知识来同化新知识。学习困难的学生欠缺旧知识，则需要教师讲授新知识之前提供相关背景知识；也不会使用先前的知识来帮助学习新的内容，教师要注意引导他们把新学习的内容和已有的背景知识联系起来。③联系实际生活记忆。学习困难学生常常也是"死读书"的学生，所学的知识不能应用于生活中解决相应问题。教师不仅要帮助学生理解知识，而且还要帮助学生认识到这些知识的用处，学会把知识和其他知识联系起来，在课堂以外的环境中应用它们，在应用过程中强化对知识的理解和记忆。

2. 合理的复述策略

复述是一种主要的记忆手段，许多新信息只有经过多次复述才有可能记住。学习困难学生往往缺乏自发的复述且复述的水平效率低。所以教师一方面要引导学生对所学知识进行自发自主的复述；另一方面也要教学生学会合理的复述。

(1)进行有意识记。识记分为无意识记和有意识记。无意识记是指没有预定的目的，不需经过意志努力的识记。有意识记是指有目的、有意识的识记。一次上课时，教师有意提出这样一个问题：2元的人民币正面是什么图案？全班几十人瞠目结舌，没有一个回答出来。这并不是因为这些学生记忆力太差，而是提问的内容根本没有进入他们的记忆之中。因此，在记忆中，首先要有一个明确的记忆目的，给自己提出要求，并时时检查，这样才能记得牢。

(2)多种感官参与。在进行识记时，通过用眼睛看、用耳朵听、用嘴巴说、用手写、用脑思考等多种感觉器官的参与，可以有效增强记忆。特别是学习困难学生注意力集中时间短，如果光听或光看，容易分心，可以让学习困难学生一边自己复习一边用笔记下来。在记忆的时候要动脑思考，和原有的知识联系起来，尽量理解，这样可以提高记忆的效果，也可以促进知识有效的运用。

(3)及时复习。心理学家艾宾浩斯研究发现，遗忘是记忆中不可避免的过程，遗忘规律是先快后慢。实验表明，在记住1个小时后，能记住的内容只剩下44.2%，几天后就忘得差不多了。如果过了很长时间，等到考试再复习，几乎等于重新学习。所以对付遗忘最有效的办法就是在遗忘大量发生之前进行复习。俄罗斯著名教育家乌申斯基曾经说，我们应当"巩固建筑物"，而不要等待去"修补已经崩溃的建筑物"。所以教师可以根据学习困难学生的学习状况，与其商量制订复习计划表，规定每天复习的时间，要求其在复习前期所学内容基础上复习当天所讲内容，尽量当天学当天消化和吸收，从养成及时复习的习惯开始来提高记忆力。

（4）过度学习。学习困难学生由于学习动机低，学习比较被动或欠缺学习的方法，记忆材料时往往在记住后就停止背诵。但心理学家发现，如果在完全能够背诵后，再增加一定时间和背诵次数，记忆效果会大大改善。这种做法在心理学中被称为过度学习。一般来说，过度学习越多，保持效果越好，而且保持的时间越长。当然过度学习也要讲究效率，研究发现50％的过度学习效率最高。因此，在记住了材料之后再进行适当的学习可以大大提升记忆的效果。这是一个省力又高效的办法。

（5）整体识记和分段识记。篇幅短小或者内容联系很紧的材料，适合用整体识记，整篇复述直到记牢为止。篇幅较长、较难、内在联系不强的材料，适宜分段识记，先将每个部分内容分别记住，然后再将这些内容按照原来的顺序整篇识记。

（6）分散复习和集中复习。教师在帮助学生制订学习计划时除了规定每天复习时间外，还要帮助学生学会根据自己的情况合理分散安排复习时间。如果计划每天用60分钟来复习某方面的内容，怎么安排这1个小时呢？可能有的同学觉得早上记忆效果好，就在早上安排1小时集中进行记忆。其实这样的方式效果并不好。心理学实验证明，对大多数学习来说，分散时间复习更有益于长期保持。每天布置定量的家庭作业即出于此目的。因此，学习困难学生要注意利用分散复习，经常复习，按时完成家庭作业，巩固当天所学知识，这对提高学习成绩会大有帮助。

（7）反复阅读和尝试背诵相结合。学习困难学生复习时习惯一遍又一遍反复地读，有口无心，时间花了但效率很低。教师可以教会学习困难学生在复习时采取反复阅读和尝试背诵相结合的方式。即记忆一篇材料时，阅读几遍就把书合上试图回忆，看自己记住了多少，如果没记住再打开书读。这样有针对性的复习，避开不必要的重复，减轻识记的负担，容易记住要记的材料，而且保持的时间长，错误少。

（三）学习困难学生思维力干预策略

1. 鼓励学生提问思考

儿童天生好奇、好问，对世界形形色色的现象十分好奇，在他们脑袋里有着无数个"为什么"，教师要有意识地鼓励孩子提问、思考，引导他们自己去观察、发现、查找资料、寻求答案，并在此过程中获得成功和快乐的体验。教师也可以提些孩子通过努力可以解决的问题，让学生独立思考、探索，寻求多种途径和方法，开拓思路。当学生通过种种努力仍然解决不了问题时，教师不要急于将答案告诉学生，而是给予引导或者提供思考和解决的方法。

2. 重视小组活动

"手是脑的教师"，重视动手操作是发展学生思维，培养学习困难学生学习能力最有效的途径之一。学生通过亲自的动手操作，协同大脑的主动思考，会将所学知识记得更牢，达到理解掌握。但是学习困难学生由于学习能力低，独自活动有时无法完成相应的学习任务，因此教师可以采取小组合作学习方式，通过其他同学的示范和帮助，小组成员之间的互相补充、互相提示、互相激励，思维之间产生碰撞，激发学习困难学生对所学内容的深化理解，扩展思维。

3. 通过语言训练促进思维发展

语言是思维的工具，人们只有借助语言才能对事物进行抽象概括，思维的结果和认识活动的发展又是通过语言表达出来的。所以，必须相应地培养和发展学习困难学生的语言表达能力，以促使其思维更加完善、精确。课堂上教师要提供机会鼓励学习困难学生发表自己的观点，并引导他们有条理地讲述自己的思维过程。教师不能仅关注他们说的结果，更要重视他们说的过程，给予示范和耐心的引导，坚持下去，学习困难学生的逻辑思维能力、表达水平和学习积极性都会得以提高。

4. 帮助学习困难学生克服消极的思维定势

消极的思维定势，会抑制学生创造性思维的活动，扼杀学生的解题灵感，妨碍学生去发现新的东西，既不利于学习，更不利于创造。而学习困难学生由于思维能力欠佳，容易陷入思维定势中。因此引导学习困难学生突破定势思维的约束，打破老框框，激发他们开拓解题思路，从多角度变换思维方向，努力探索新的解题途径，从多种方法中寻求最佳方法，对培养思维的流畅性和创造性是大有必要的。如"已知等腰三角形底边长为10cm，一腰上的高与另一腰的夹角为30°，求这条高的长"。学习困难学生惯于画出锐角三角形，而忽视了钝角三角形的情形。这就需要教师一方面用语言引导学生展开思维，想出更多方法；另一方面，对比较易混淆的知识进行重点讲授，提高学习困难学生思维的严密性和批判性，完善学生头脑中原有的认知结构。

（四）学习困难学生学习效能感干预策略

学习困难学生由于经常遭遇学习上的失败，因此学习效能感很低。教师要想帮助改善学习困难学生学习状况，还需重视对自我效能感进行干预。

1. 制定合理目标，树立学习自信心

事先设立学习目标可以使个体在目标达成时，体验到成功，从而提高自信。教师首先要指导学习困难学生自主地建立适合自己的学习目标，目标设置

要尽可能地具体和有可操作性,避免模糊。指导他们用"我将学会……""我能够……"等术语表达学习目标,设置目标可以由低到高、由小到大、分层推进,根据学生的具体情况提供难度适中的操作任务,让学习困难学生同样有机会获得成功的体验,并在一步一步的成功体验基础上提高自我效能感。

2. 指导科学归因,消除习得性无助感

人们对工作或学习中的成功或失败作出的解释或推论,心理学上称之为归因。美国心理学家韦纳认为人们倾向把成功或失败归于四个原因:能力大小、努力程度、任务难易、运气好坏。这四个原因分为能自控的和不能自控的,如努力程度是可由自己控制的,能力大小、任务难易、运气好坏是不能由自己控制的。归因倾向不同会直接影响对待以后活动的态度和干劲。

学习困难学生一般都有不正确的学习归因。有的总是把考试失败归咎于外部的、不可控的原因,比如题目太难、运气不好等,于是埋怨客观,把今后学习成绩的提高寄希望于下次的任务容易一些、运气好一些,这类学生属于外控型。外控型的学生会在学习失败中丧失信心,不愿努力,产生投机取巧心理。还有的学生把自己学习失败归因于能力不行,他们认为自己注定是要失败的,即使有机会控制自己的生活并做出改变,他们也不会太努力,因为他们相信"自己不是读书的料",努力也不会改变失败的结果,产生习得性无助感,因此放弃努力。

阅读专栏 2-3

习得性无助

赛里格曼以狗为被试,将其分为实验组与控制组。实验组的实验分为两个阶段:①将狗置于一个无法逃脱的笼子中,施予电击,电流强度能引起狗的痛苦,但不会伤害其身体,电击引起狗的惊叫与挣扎,但它无法摆脱电击。②将狗置于中间立有隔板的房间中,隔板的一边有电击,另一边则无电击。隔板的高度是狗可以轻易跳过去的。将经过第一阶段实验的狗放在有电击的一边,它们除了在头半分钟内惊恐一阵外,一直卧倒在地板上接受电击的痛苦,那么容易逃脱的条件,它们连试都不试。控制组的狗,没有经过第一阶段的实验,直接从第二个阶段开始,结果全部能逃脱电击之苦,从有电击的一边跳到没有电击的一边。

第一组的狗的行为就是习得性无助。习得性无助是指因一系列失败经验而造成的无能为力的绝望心境。

(资料来源:刘华山,郭永玉. 学校教育心理学. 武汉:湖北人民出版社,1997.)

在教学过程中，教师可以采用说服、讨论、示范、强化矫正等方法对学生进行归因训练，通过认知领悟、反省巩固、自我调节等心理过程，让学生形成合理、有利的归因，从而激发学习困难学生后续的学习动机和效果。

3. 增加成功体验，增强学习困难学生的学习效能感

学生对自身学习能力的认识主要是通过自身学习经历获得的，成功的经验能够提高学习困难学生的学习效能感，增强对自己能力的信心；反复的失败则会降低其学习效能感。因此，要提高学生从事学习或其他活动时对自己能力的自信心，建立起通过努力可以提高自己的能力、学习成绩和行为表现的信念，从根本上提高其学习成绩和心理健康水平。

学习困难学生很少有机会成功。教师要善于创设机会帮助他们体验成功。在教学中，通过分解目标，降低难度，使其获得成功的体验。分解目标是为了不使他们知难而退，把终极目标分解为若干个阶段、若干个层次的目标。被分解的目标变小，它给人造成的压力减轻，并且容易实现，而这些近期目标的实现又使人产生自我效能感，进而可以产生征服更多目标的气势和欲望。降低难度是指对某一方面知识进行分层次掌握。比如，对某学科的某个知识点、原理的掌握，不要求学习困难学生一步到位，而是经历识记—理解—运用的逐步深化。降低评价标尺后，学习困难学生凭自己的能力，首次体验到成功的满足并期待下一次更成功。此外，大多数学习困难学生并不是门门学科成绩都差，他们往往有偏爱和学得较好的科目，或某项较为突出的能力。教师应多了解学生的特点，尽可能让他们在胜任的学科和活动中充分体验和认识自己的能力。

4. 对学习困难学生进行学习策略训练

自我效能感与学习策略间的关系很复杂：一方面，自我效能感会影响学生对学习策略的运用；另一方面，教师在教学中有意识地向学生传授学习策略，可以有效地提高其自我效能水平。例如在学习中，如果学生知觉到任务很难，以自己已有的知识和技能应对起来很困难，就会产生消极的自我效能感。在这种情况下，如果学生具有使这些消极的知觉转化为积极动机的策略和技能，那么持续探究问题的兴趣和努力程度就不会降低。因此，教师在教学中应结合具体学科教学，教会学生掌握一些基本的学习策略，如阅读策略、复述策略、精加工策略、组织策略、问题表征策略和监控策略等，清晰地展示给学生如何运用有效的方法成功地解决一类问题，使其学习效果更佳，从而增强自我效能感。

复习与思考

1. 什么是学习？心理学家对学习进行了哪些分类？

2. 影响学习的条件主要有哪些？

3. 学习的理论主要有哪些？不同学派有什么观点？

4. 什么是学习困难？如何对学习困难学生进行干预？

推荐阅读

1. 刘华山，郭永玉. 学校教育心理学. 武汉：湖北人民出版社，1997.

2. 李红. 教育心理学. 武汉：武汉大学出版社，2007.

3. 刘国权. 小学教育心理学. 北京：人民教育出版社，2003.

4. 张红梅，刘亚. 教师如何做好学困生转优. 天津：天津教育出版社，2009.

第三章　小学儿童的学习动机

本章重点
- 学习动机的概念及结构
- 学习动机的分类
- 以行为主义、人本主义以及认知理论为基础的学习动机理论
- 激发小学儿童学习动机的具体策略

学生的学习是一个复杂的过程，多种因素都会对学生的学习过程产生影响。最受人关注的是认知方面的因素，诸如智力、学习策略等。然而认知因素并不是影响学习的唯一因素，大量的实证研究证明，学习动机也会对学生的学习产生十分重要的作用。特别是在小学阶段，学习动机与学业成绩之间存在明显的相关性。因此，注重对小学生学习动机的了解、培养和激发是我们教学工作成功的重要保障。

第一节　学习动机概述

一、学习动机的含义

要了解学习动机，我们应该首先明确心理学中"动机"的含义。

（一）动机及其结构

动机是由目标或对象引导、激发和维持个体活动的一种内在心理过程或内部动力。即动机是引起人或动物产生各种行为的内部动力或原因。因此，动机是无法直接观察的，只能根据动机所引起的行为以及行为表现方式去推论。[①]

动机是以需要和诱因存在为前提，即动机是由需要与诱因共同组成的。需要是人体组织系统中的一种缺乏、不平衡状态。动机是在需要的基础上产生的。当某种需要没有得到满足时，它就会推动人们去寻找满足需要的对象，从

---

① 皮连生．教育心理学．上海：上海教育出版社，2004.

而产生活动的动机。在这种情况下，需要推动着人们去活动，并把活动引向某一目标，这时，需要就转变为人们活动的动机了。例如，饥饿时寻找食物，口渴时寻找水源。需要作为人的积极性的重要源泉，它是激发人们进行各种活动的内部动力。

动机的产生除了由于有机体的某种需要外，诱因的存在也是一个重要的条件。所谓诱因是指能够激发起有机体的定向行为，并能够满足某种需要的物体、情境、活动，是有机体趋向或回避的目标。如食物、水、奖品、名誉、教师的批评等。

在动机中，需要与诱因是紧密联系着的。需要比较内在、隐蔽，是支配有机体行动的内部原因；诱因是与需要相联系的外界刺激物，它吸引学生的活动，并使需要有可能得到满足。没有需要，就不会有行为的目标；相反，没有行为的目标或诱因，也不会诱发某种特定的需要。在实际生活中，人的行为往往取决于需要与诱因的相互作用。

（二）学习动机及其实质

学生的学习行为同样受到动机的支配与调节。学习动机是指激发个体进行学习活动，维持已引起的学习活动并使学习行为朝向一定的学习目标的一种内在过程或内部心理状态。学习动机经常可以通过外在的学习行为反映出来。学习积极性是学习动机的一种直接的外在表现，是在学习活动中表现出来的认真、主动、顽强和投入的状态。学习积极性的三个外在表现指标分别是注意状态、情绪状态和意志状态。学习动机主要表现为学生喜欢学，想学，要求学，有一个迫切的学习愿望。

二、学习动机的分类与结构

（一）学习动机的分类

1. 正确的或高尚的学习动机与错误的或低下的学习动机

这是从学习动机的社会意义这一角度来划分的。判断学习动机的正误或高尚与低下主要是看它是否有利于社会集体。正确的或高尚的学习动机，往往把学习看成是对社会多做贡献和尽义务，如人民总理周恩来 12 岁时曾说过"为中华之崛起而读书"。错误的或低下的学习动机，往往把学习看成是猎取个人名利的手段。值得注意的是，学生难以准确把握这种划分标准。对于许多低年级学生而言，他们可能并不理解什么是高尚的学习动机，仅仅为了好分数或者奖学金而学习，因此对这种划分需持谨慎态度。

2. 近景性学习动机和远景性学习动机

按照学习动机起作用时间的长短来划分，分为近景性学习动机和远景性学习动机。近景性学习动机是由学习活动的直接结果所引起的对该学习活动的动机。例如一个儿童喜欢绘画是由于受到了教师的表扬。近景性学习动机作用的效果比较明显，但稳定性比较差，容易受到环境或一些偶然因素的影响。如某小学生喜欢上英语课是因为英语教师长得漂亮，课讲得生动。他上课认真听讲，课后及时复习，因此取得了好成绩。但这位同学并没有形成稳定的英语学习兴趣，由于任课教师的离任，他学习不再那么用心，成绩一落千丈。远景性学习动机是与学习的间接结果相联系的动机，是社会要求在学生学习上的反映。例如，小学生意识到学习是学生的责任，为不辜负父母的期望，为争取自己在班集体中的地位和荣誉等，都属于这类学习动机。远景性学习动机反映了社会和家庭的要求，又与学生对学习意义的认识、人生理想及价值观相关。这类学习动机一旦形成，就具有较高的稳定性和持久性，不易被情境中的偶然因素所改变，能在较长时间里起作用。

3. 主导性学习动机和从属性学习动机

根据学习动机作用的主次不同，学习动机可划分为主导性学习动机与从属性学习动机。主导性学习动机，是指在学生的学习活动中居于支配地位、发挥主导作用的学习动机。一般来讲，在同一时间内，主导性学习动机只有一个，与其他学习动机相比，主导性学习动机对学习活动的影响最为强烈、最为稳定。从属性学习动机是指在学生的学习活动中处于从属地位、发挥辅助作用的学习动机。在同一时间内，辅助性学习动机可能有几个，其强度和稳定性也各不相同。例如，学习计算机应用技能，主导动机可能是找工作，从属动机可能是娱乐、学习、交流等，总之必有一个起主导作用的动机，但是同时可能有几种从属的学习动机。

4. 内部学习动机与外部学习动机

这是从学习动机的内外维度来划分的。内部学习动机是指由人们对学习本身的兴趣所引起的动机。学习活动本身能使其得到满足，学习成绩就是一种强化，无需外力的作用，不必施加外部的奖赏而使他产生某种荣誉感。内部学习动机是由已有知识与希望掌握但尚未掌握的知识之间存在距离所引发的，是主体的好奇动机。例如有的学生喜欢数学，他便在课上认真听课，课下刻苦钻研。外部学习动机是指在学习活动以外的，由外部的诱因所引起的学习动机。它是由外部的一些刺激人为地影响学生产生的一种学习动力。外部动机的满足不在活动之内，而在活动之外。这时人们不是对学习本身感兴趣，而是对学习所带来的结果感兴趣。如有的学习是为了得到奖励、避免惩罚、取悦教师等。

学生的学习是由内部动机和外部动机共同发生作用而促成的。一般来说，外部的学习动机的作用较弱而短暂，内部的学习动机能持久、强烈地推动学习。具有内部动机的学生能在学习活动中得到满足，他们积极地参与学习过程，而且在教师评估之前能对自己的学业表现有所了解；他们具有好奇心，喜欢挑战，在解决问题时具有独立性。而具有外部动机的学生一旦达到了目的，学习动机便会下降；此外，为了达到目标，他们往往采取避免失败的做法，如选择没有挑战性的任务，或是一旦失败，便一蹶不振。因此教师在教学中更注重激发和维持学生的内部动机。不过外部的学习动机与内部的学习动机是可以相互转化的。例如，当一个学生在获得某种奖励、表扬时，便会对学习产生兴趣、热情，这推动他更加积极、主动地进行学习。这就由外部学习动机转化为内部学习动机。当一个学生在学习兴趣、学习热情或学习责任感的推动下进行学习，取得了优异的成绩，而获得奖励时，这种奖励又使他进一步增长了学习的劲头。这样，内部的学习动机又引发外部学习动机。内部动机和外部动机决定着学生们是否会持续探究知识。

（二）学习动机的结构

1. 学习需要及内驱力

和动机的组成结构相同，学习动机也是由两部分构成的，即学习需要和学习期待。学习需要是指个体在学习活动中感到有某种欠缺而力求满足的心理状态。它的主观体验形式是学习者的学习愿望或学习意向，这种愿望或意向是驱使个体进行学习的根本动力，它包括学习的兴趣、爱好和学习的信念。从学习需要的作用来看，学习需要即为学习的内驱力。

奥苏伯尔认为学校情境中的成就动机，应包括三方面的内驱力成分，即认知内驱力、自我提高的内驱力以及附属内驱力。学生所有指向学业的行为都可以用这三方面的内驱力加以解释。且随着儿童年龄的增长，这三种成分在个体身上的比重会有改变。

①认知内驱力，即一种要求了解和理解的需要，要求掌握知识的需要，以及系统地阐述问题并解决问题的需要。这种内驱力，一般来说，多半是从好奇的倾向中派生出来的。但个体的这种好奇倾向，最初只是潜在的而非真实的动机，还没有特定的内容和方向。因此学生对于某学科的认知内驱力不是天生的，而是主要通过后天获得，有赖于特定的学习经验。这种动机以求知作为目标，指向学习任务本身(为了获得知识和能力)，满足这种动机的奖励是由学习

本身提供的，因而也被称为内部动机。研究发现，具有内部动机的学生比那些仅仅是由外部动机驱动的学生，更容易达到较高的发展水平，因此，教育心理学家越来越重视内部动机的作用。应该让学生对获得的知识本身发生兴趣，而不是为各种外来奖励所左右。

②自我提高的内驱力，是个体因自己的胜任能力或工作学习能力而赢得相应地位的需要。这种需要从儿童入学开始，日益显得重要。自我提高的内驱力与认知内驱力不一样，它并非直接指向学习任务本身。自我提高的内驱力把成就看作是赢得地位与自尊心的根源，它显然是一种外部动机。另外，失败对个体自尊是一种威胁，因而也能促使学生在学业上做出长期而艰巨的努力。对学生而言，自我提高内驱力，既是学生在求学期间力图用学业成绩取得名次或等级的一种手段，又是他们在未来的职业生涯中谋求做出贡献、取得地位的一种手段。

③附属内驱力，是一个人为了保持长者们（如家长、教师）的赞许或认可而表现出来的把工作学习做好的一种需要。这是一种典型的外部动机。它具有三个条件：第一，学生与长者在感情上具有依附性。第二，学生从长者赞许或认可中会获得一种派生的地位。所谓派生地位，不是由他本身的成就水平决定的，而是从他所自居和效法的某个人不断给予的赞许或认可中引申出来的。第三，享受到这种派生地位乐趣的人，会有意识地使自己的行为符合长者的标准和期望，借以获得并保持长者的赞许，这种赞许往往使一个人的地位更稳固。

在成就动机中表现出来的认知的内驱力、自我提高的内驱力与附属内驱力这三个组成的比重，通常由年龄、性别、社会阶层的成员地位、种族以及人格结构等因素而定。学生的学习动机既有内部动机，又有外部动机，虽然教师的主要目的是使学生对学习活动本身产生兴趣，使之产生内部动机，但显然外部动机的作用亦不容忽视。

2. 学习期待

单有学习需要，并不能立即推动个体行动产生相应的学习活动，还需另外一个因素，即学习期待。学习期待是学习动机的另外一个构成要素，是指个体对学习活动所要达到目标的主观估计。学习期待与学习目标密切相关，但二者不能完全等同。学习期待是学习目标在个体头脑中的反映。学习期待是在个体完成学习活动之前，在头脑中存在的对学习活动的结果即学习目标的观念。

学习需要和学习期待是学习动机的两个基本要素，二者密切相关。学习需要和学习期待是构成学习动机必不可少的两种力量。学习需要是个体从事学习活动的根本动力，学习期待是个体从事学习活动的促进力量。学习需要是产生学习期待的前提之一，学习期待则指向学习需要的满足，使个体主动去达成学习目标。

三、学习动机与学习的关系

学习动机与学习的关系是辩证的，学习动机可以强化行为促进学习，而所学到的知识反过来又可以增强学习的动机。因此，教师在强调动机在学习中的重要作用的同时，也应看到学习本身就是进一步学习的动机。因此，教师不是要着意地去"传递"或"灌输"学习动机，而是安排适当的学习条件，使学习本身起强化作用。

（一）学习动机对学习的影响

学习动机一经产生，就会对学习过程和学习结果产生影响。

1. 学习动机对学习过程的影响

学习动机可以加速或减慢新的学习进程，但这种作用是间接的。学习动机并不是通过直接卷入认知建构过程而对学习产生作用的，而是以学习情绪状态的唤醒、学习准备状态的增强、学习注意力的集中和学习意志的提高为中介来影响认知建构过程。学习情绪是学生认识客观要求和自身需要之间关系时所伴随的态度体验。如果客观要求与学生的学习需要一致或接近，学生就会产生积极情绪，表现为对学习有兴趣，喜欢学习；如果两者相反或者无关，就会产生厌学情绪，在学习中持有消极态度。学习准备状态的增强有助于激活相关的背景知识，降低在学习过程中对事物的知觉和反应阈限，大大缩短反应时间，从而提高学习效率。学习注意力集中有助于学生将学习活动指向认知内容和目标，克服干扰刺激的影响。意志或毅力反映了学生学习需要或学习驱力的强弱，在学习遇到困难时，毅力强者继续维持学习活动，坚持达到学习目的；毅力弱者则会中断并放弃学习活动。这些中介因素综合起来使学习动机对学习过程产生以下三个方面的作用。

（1）引发或启动作用。学习动机能启动相应的学习活动，所起作用相当于发动机。当学生对于某些知识或技能产生迫切的学习需要时，就会引发学习内驱力，唤起内心的激情，产生焦急、渴求等心理体验，并最终引发一定的学习行为。例如，有位教师在教小学生"分数的基本性质"时，让学生在一个大西瓜的模型上，分别拿走 1/4、2/8 和 4/16 部分，结果学生感到非常奇怪："1/4、2/8、4/16 怎么会一样多呢？"教师随即设问："这三个分数的分子、分母都不相同，怎么会大小一样呢？"由于学生此时非常渴望揭开其中的奥妙，于是便自然引发了学生学习"分数的基本性质"的学习行为。

(2)定向作用。学习动机以学习需要和学习期待为出发点，使学生的学习行为在初始状态时就指向一定的学习目标，并推动学生为达到这一目标而努力学习。有的学生可能面临多种学习目标或诱因，这就需要作出选择。

(3)维持与调节作用。在学习过程中，学生的学习是认真还是马虎，是勤奋还是懒惰，是持之以恒还是半途而废，在很大程度上取决于学习动机水平的高低。美国心理学家阿特金森（Atkinson）在全面分析了有关动机研究的文献后，发现了一个较为普遍的规律：完成某项具体学习任务所需要的时间，与对该项任务的动机水平成正相关。由此可见，学习动机水平高的学生，能在长时间的学习活动中保持认真的态度和坚持胜利完成学习任务的毅力，而学习动机水平低的学习则缺乏学习行为的稳定性和持久性。

学习动机调节学习行为的强度、时间和方向。如果行为活动未达到既定目标，动机还将驱使学生转换活动方向以达到既定目标。

2. 学习动机对学习效果的影响

大量研究表明，学习动机具有加强学习行为的作用。但是，学习动机强度与学习效果并不完全成正比。例如，有的小学生想考高分的动机过强，结果一进考场因情绪紧张而未能发挥正常水平。这是因为过分强烈的学习动机往往使学生处于一种紧张的情绪状态之下，注意力和知觉范围变得狭窄，由此限制了学生正常的智力活动，降低了思维效率。学习动机与学习效果的关系并不是直接的，它们往往以学习行为为中介。心理学家的研究表明，动机强度与学习效率的关系并不是呈线性，而是呈倒 U 型。因此，学习动机存在一个最佳水平，即在一定范围内，学习效果随学习动机强度增大而提高，直至达到学习动机的最佳水平。超过这个最佳水平，学习动机过强就会对学习活动的结果产生阻碍作用。心理学家耶克斯和多德森（Yerkes, R. M. & Dodson, 1908 年）的研究表明，学习动机强度与学习效果之间的这种关系因学习者的个性、课题性质、课题材料难易程度等因素而异。学习动机强度的最佳水平点会随学习活动的难易程度有所变化。一般说，从事比较容易的学习活动，动机强度的最佳水平点会高些，而从事比较困难的学习活动，动机强度的最佳水平点会低些，这就是耶克斯—多德森定律，如图 3-1 所示。不仅如此，动机强度的最佳点还会因人而异，进行同样难度的学习活动，对有的学生来说，动机强度的最佳水平点高些更为有利，但对于另一些学生，可能最佳水平点低些更为有利。①

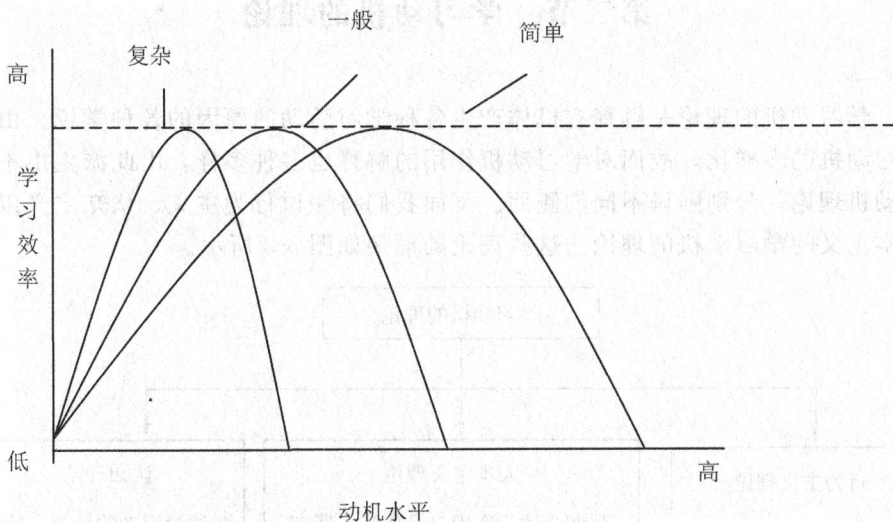

图 3-1 耶克斯—多德森定律

(二)学习对学习动机的影响

美国教育心理学家奥苏伯尔曾明确表示："动机与学习之间的关系是典型的相辅相成的关系，绝非一种单向性的关系。"②无论是学习活动本身还是学习活动的结果，都会对学生的学习动机产生重要影响。成功的学习结果除了使学生获得知识、掌握技能，还使学生的求知欲、自信心等心理品质获得发展和提升，从而促进其为进一步的学习而努力。当一个学生不断取得学业成功时，他自己所从事的学习活动就已经成为推动他学习的动机。当然，屡次失败的学习结果也很有可能破坏学生原有的学习动机。学习对学习动机的影响并不是直接的，而是要通过学生自己内在的认知评价才能起作用。

① 黄正夫.教育心理学.北京：北京师范大学出版社，2011.
② 陈琦，刘儒德.教育心理学.北京：北京师范大学出版社，2007.

第二节　学习动机的理论

学习动机的理论是解释有机体产生各种学习活动的原因的各种学说。由于学习动机的多样化，故而对学习动机作用的解释也多种多样，由此派生出不同的动机理论，分别强调不同的侧面。下面我们将探讨行为主义、认知主义以及人本主义的学习动机的理论。这些理论的框架如图 3-2 所示。

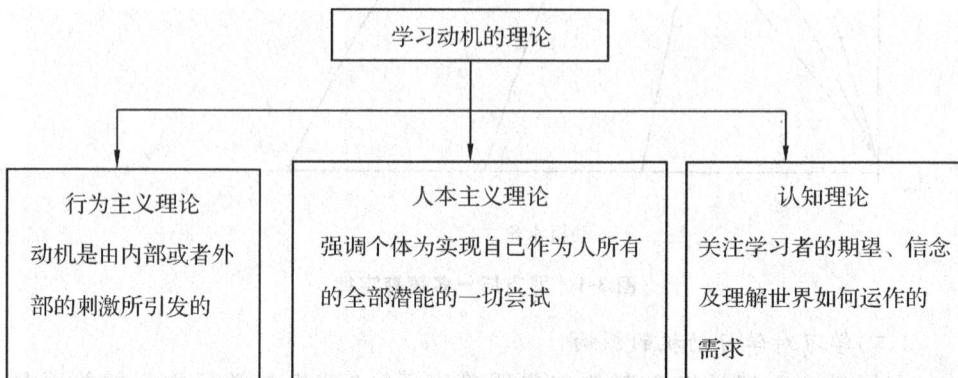

图 3-2　有关学习动机的理论观点

一、行为主义的学习动机理论

行为主义学习理论家在解释行为或学习产生的原因时，总是与刺激、惩罚、强化、接近、示范等概念相联系。他们认为行为最初是由内部或外部的刺激所引发的，如饥饿时闻到炒菜的香味或看到电视上介绍某种食品等，有机体就会根据过去的经验或已形成的习惯确定他所要采取的行为的方向。比如去开冰箱找点吃的，或者临时做一点好吃的。这一找食物吃的行为一直持续到饥饿刺激消失之后才停止。因此，行为主义者认为，需要运用强化、惩罚等手段来加强、保持或削弱某种行为。学习行为也是这样，如果这次作业想得到高分，那么就要做得用心一点。行为主义学习理论家主要研究条件反应，包括巴甫洛夫的经典条件反应和斯金纳的操作条件反应。在条件反应理论中暗含了两种动机理论，即驱力论和强化论。

（一）驱力论

在经典条件反应理论中，暗含的动机理论是驱力论，也称内驱力理论。这一理论假定，机体需要的剥夺产生内部刺激，这种内部刺激形成驱力，驱使有机体产生并维持某项活动以降低驱力，这导致需要一旦被满足，便会立即停止该行为。这一理论可以解释动物的训练，但是很难解释人类的学习。

在巴甫洛夫的经典条件反应实验中，研究人员为了让从事学习的动物（如狗）增强学习的动机，必须让动物处于某种程度的饥饿状态，如在24小时内剥夺狗的进食。饥饿使动物保持对外界环境刺激变化的警觉，注视预示着食物即将到来的信号（条件刺激）。这样，条件反应易于形成。

（二）强化论

在操作条件反应理论中暗含的动机理论是强化论。斯金纳认为，有机体有两种行为：一是应答行为；二是操作行为。在斯金纳看来，操纵有机体行为之后的强化事件可以引发和维持有机体的学习行为，因此，他认为不必在强化之外去寻找有机体行为的原因，强化理论足以解释有机体行为的产生。即无需将动机与学习区分开来，引起动机与获得行为并无二样，都可用强化来解释。人们为什么具有某种行为倾向呢？按照斯金纳的观点，完全取决于先前这种行为和刺激因强化而建立的牢固联系。如果学生因为学习而得到强化，就会产生努力学习的动机；如果学生的学习受到了惩罚，则会产生避免学习的动机。

强化论可以解释幼儿和低年级儿童的许多学习行为的产生原因。如有些幼儿见到家里某个最亲近的人便又哭又闹，某小学生写作文时受到教师的表扬后作文水平不断提高，这些行为的原因可以用强化来解释。

行为主义者强调外部动机作用，强调外部事件或来自外部的强化、惩罚的作用，而不大考虑学习本身的情况。

二、认知主义的学习动机理论

自从20世纪60年代认知心理学兴起之后，学习理论中，认知论取代行为论的地位而占了上风，相应的学习动机理论也以认知论为主导。认知主义的动机理论主要关注学习者的信念、期望以及对秩序、可预期性和理解的需求，他们认为学习者并不是只对外部事件或对象做出反应，学习者的行为也并不是简单地由外在的奖励或惩罚决定的，而是对这些外在刺激或事件的理解做出反应。比如，大家都有这种体验，当你非常投入地做一件事情以至于忘记了吃饭，你也不觉得饿，直到有人来找你，问你吃饭了没有，这时你才想起："我还没有吃饭呢！"在这种情况下，只有当你注意到饥饿时才会感到饿，你对食物的缺失需要并没有自动地激发你去寻找食物。

认知主义的动机理论与认知需求的满足相联系，强调的是内在动机。理解的需要是认知主义学习动机理论的核心。一个 4 岁的孩子为什么会全神贯注地猜谜语？为什么一个小学生在找到难题的解决方法之前不愿意离开教室？认知理论认为这些都是由理解和为世界赋予意义的需求驱动的。在认知结构中，动机作用是以选择、决策、计划、兴趣、目标以及对可能的成败的分析等为基础的。下面我们探讨几种重要的认知主义动机理论。

(一) 成就动机理论

最早对成就动机研究的心理学家是默里（H. A. Murray），他在 1938 年研究人的需要时发现，人有非常重要的一种需要叫成就需要。他将成就需要定义为：克服障碍、施展才能，力求尽快尽好地解决某一难题。他通过主题统觉测验发现，不同的人对成就的需要不同。真正对成就动机进行研究的主要有麦克里兰（D. C. McClelland）和阿特金森（Atkinson）等人。

20 世纪 40—50 年代麦克里兰在默里的基础上从宏观角度对成就动机展开研究，进一步发展了成就动机的理论。麦克里兰等人认为，人的许多行为能够用单一的需要，即成就需要来解释。该理论的基本观点是，成就动机是一种力求成功并选择朝向成功（或失败）目标的活动的一般倾向。例如，小学生想获得优良的学业成绩，想为班集体做出更多的贡献等，都是其成就动机作用的表现。这种动机是人类所独有的，是后天获得的具有社会意义的动机。在人类的学习活动中，成就动机是一种主要的学习动机。

阿特金森认为成就动机是由两种方向彼此相对的心理因素构成，一种是力求成功的需要，另一种是力求避免失败的需要。也就是说，成就行为体现了趋向成功或避免失败两种倾向的冲突。一个人不可能不考虑失败的后果去追求成功。因而一个人趋近目标的行为最终要由这种两种动机的综合作用而决定。如果一个人追求成功的动机高于避免失败的动机，那么这个人便将努力去追求特定的目标。如果一个人失败的动机强于追求成功的动机，那么这个人就尽可能减少失败机会的目标。

力求成功者的目的是获取成就，所以他们会选择有所成就的任务，最倾向于概率为 50% 的任务，因为这种任务能给他们提供最大的现实挑战，有助于他们通过努力来提高自尊心和获得心理上的满足。当他们面对完全不可能成功或稳操胜券的任务时，动机水平反而会下降。相反，避免失败者则倾向于选择非常容易或非常困难的任务，以防止自尊心受损和心理烦恼的产生。选择容易的任务可以保证成功，使自己免遭失败；选择极其困难的任务，即使失败，也可以找到适当的借口，得到自己和他人的原谅，从而减少失败感。

阅读专栏 3-1

人有两股潜在力量

进取的力量：其内在作用是促使个体趋向完美而统合的境界成长，积极面对世界，充满信心与朝气。

防卫的力量：其内在作用是促使个体因恐惧失去安全而在心理上有退缩倾向，依恋过去，恐惧成长，担心无人支持，不求独立自主，逃避现实，不敢接受挑战。

麦克里兰通过实验对该理论进行了证明。该实验选取五岁的儿童作为被试，实验中，孩子们手拿着许多绳圈走进一间屋子，让他们用绳圈去套房间中间的一个木桩。孩子们可以自由选择所站位置，并且让他们预测自己能够套中多少绳圈。结果发现：追求成功的孩子选择了距离木桩适中的位置，然而避免失败的孩子却选择了要么距离木桩非常近，要么距离木桩非常远的位置。麦克里兰这样解释道：追求成功的孩子选择了具有一定挑战性的任务，但同时也保证了具有一定的成功可能性，因此选择了与木桩距离适中的位置。避免失败的孩子关注的不是成功，而是尽力地避免失败和由此产生的消极情绪。因此，要么距离木桩很近，轻易成功；要么距离木桩很远，几乎没有成功的可能，这是任何人都达不到的，因此也不会带来消极情绪（如图 3-3 所示）。

在教育实践中对力求成功者，应通过设计新颖且有一定难度的任务，创设竞争的情境，严格评定分数等方式来激起其学习动机；而对于避免失败者，则要安排少竞争或竞争性不强的情境，如果取得成功则要及时表扬给予强化，评定分数时要求稍稍放宽些，并尽量避免在公众场合下指责其错误。在实际教学过程中应注意的是，虽然成就动机对学习具有重要影响，但也不能片面地只讲个人的成就和个

图 3-3　套绳实验

人的自我提高。教师必须引导学生认识学习的社会价值，把追求个人成就和追求社会进步结合起来，并使个人成就服从于整个社会进步的需要。

（二）归因理论

最早提出归因理论的是海德（Heider，1958）。他认为，人们具有理解世界

和控制环境这样两种需要，使这两种需要得到满足的最根本手段就是了解人们的行动的原因，并预言人们将如何行动。他认为，行为的原因或者在于外部环境，或者在于个人内部。他人的影响、奖励、运气、工作难易等都是外部环境原因。如果把行为的原因归于环境，则个人对其行为结果可以不负什么责任。人格、动机、情绪、态度、能力、努力等都是个人内部原因。如果把行为的原因归于个人，则个人对其行为结果应当负责。①

后来，罗特(Rotte)对归因理论进行了发展，提出了控制点的概念。控制点就是人们在和周围的环境相互作用的过程中，所认识到的控制自己生活的心理内容，即人知觉到谁或什么事应对自己生活中的事件或行为的结果负责。罗特根据控制点把个体分为内控型和外控型。内控型的人认为自己可以控制周围的环境，无论成功还是失败，都是由自己的能力或努力等内部因素而造成的，他们乐于对自己的行为负责；外控型的人则感到自己无法控制周围的环境，无论成败都归因于他人的影响或运气等外在因素，他们往往对自己的行为不愿承担责任。

在海德和罗特研究的基础上，韦纳(Weiner)对归因进行了系统探讨，发现人们倾向于将活动成败的原因归结为六个因素，即能力高低、努力程度、任务难度、运气好坏、身心状态、外界环境等。维纳提出，可以根据三个维度对成败的原因分类。

①内外维度。据此可把导致成败的原因分为内部原因和外部原因。内部原因即个人自身的原因，如个人的能力高低、努力程度、身心状态等；外部原因即个人自身之外的原因，如任务难度、运气好坏、外部环境等。如果将成功归因于内部因素，会产生自豪感，从而动机提高；归因于外部因素，则会产生侥幸心理。将失败归因于内部因素，则会产生羞愧感；归因于外部因素，则会怨恨或不平。

②稳定性维度。能力高低、任务难度是稳定的；努力程度、运气好坏、身心状态等是不稳定的。把成功归因于稳定因素，有利于提高以后的成就动机；归因于不稳定因素，动机可能提高，也可能降低。将失败归因于稳定因素，将会产生绝望的感觉。

③可控制维度。韦纳所提出的六个方面的因素有些是个体可控的，如努力程度，有些是个体不能控制的，如能力高低、运气好坏、任务难易、外在环境等。个体如果将成功归因于可控因素，则会积极地去争取继续的成功；归因

---

① 冯忠良. 教育心理学. 北京：人民教育出版社，2000.

于不可控因素，则不会产生多大的动力。将失败归因于可控因素，则会继续努力，归因于不可控因素，则会绝望，甚至会产生习得性无助感。

阅读专栏 3-2

跳蚤变成了爬蚤

一科学家做过一个试验，放一只跳蚤在桌子上，然后在其上方扣一玻璃罩，玻璃罩的高度恰恰比跳蚤实际能达到的高度矮一点，跳蚤在连续几次碰壁后，就调整了自己的跳跃高度，使之低于玻璃罩的高度，并形成习惯，以免受碰壁之苦。这时，科学家取走玻璃罩，换上另一个比跳蚤降低后的高度又矮一些的玻璃罩，跳蚤在又受挫之后，继续降低自己跳跃的高度。此时，科学家继续换掉玻璃罩，连续反复，直到玻璃罩的高度几乎与桌面相平，此时桌子上的跳蚤，已经经过几次的调整，不敢再跳了，只能在桌子上爬来爬去。即使在科学家取走了罩在它上方的玻璃罩后，跳蚤也没有再试着跳高的勇气了，最后，一只跳跃能力本来很强的"跳蚤"变成了一只只会在桌面上爬来爬去的"爬蚤"。

（资料来源：http://www.helanedu.cn/info/1020/5781.htm.）

韦纳的归因理论是对成就动机理论研究的重要发展，明确地阐述了认知对成就动机的重要作用，为教育实践提供了可行的方法和途径。它以培养学生完整的人格、优良的心理品质为目标，教会学生形成学习的内在动机，正确地认识失败、应对失败，不屈服于环境的影响并形成正确的自我意识系统。但是，人对成就行为的归因是非常复杂和多样的，对不同性质的成就行为的归因也不会完全一致。此外，按照哪些维度对归因进行分类是值得讨论的问题，如关于可控性的问题，内部原因是否真的可以控制、稳定的原因是否就不可以控制等，存在一定的争议。因为可控性具有相对的意义，人的观点不同便会有不同的看法，如能力是相对稳定、不容易控制的，但能力的增强在很大程度上是学习和受教育的影响，所以如何进行归因训练尚需做深入的研究。

（三）自我效能感理论

自我效能感指（self-efficacy）是指人们对自己能否成功地从事某一成就行为的主观判断。这一概念是班杜拉（Bandura）最早提出的，在20世纪80年代，自我效能感理论得到了丰富和发展，也得到了大量实证研究的论证。

班杜拉认为，人的行为受两个因素决定，一个是行为的结果因素即强化，一个是行为的先行因素即期待。他关于强化的看法与传统的行为主义不同。他认为，在学习中没有强化也能获得有关的信息，形成新的行为。强化能激发和维持行为的动机以控制和调节人的行为，但是，行为的出现不是由于随后的强化，而是由于人认识了行为与强化之间的依赖关系后，而产生的对下一步强化的期待。

班杜拉所说的"期待"概念不同于传统的"期待"概念。传统的期待概念指的只是对结果的期待，而他认为除了结果期待外，还有一种效能期待。结果期待指人对自己某种行为会导致某一结果的推测。如果人预测到某一特定行为将会导致特定的结果，那么这一行为就会受到选择，可能被激活。例如，小学儿童感到上课注意听讲就会获得好成绩，他就有可能认真听课。效能期待则指个体对自己能否实施某种成就行为的能力的判断，当个体确信自己有能力进行某一活动时，他就会产生高度的自我效能感，并会去实施此活动。例如，小学儿童不仅在认识到注意听课可以带来理想的成绩，而且在感到自己有能力听懂教师所讲的内容时，才会真正认真听课。可见，自我效能感是指个体在进行某一活动之前，对自己能否有效地做出某一行为的判断，即人对自己行为能力的主观推测。因此，在学生获得了相应的知识和技能、确立了合理的学习目标之后，自我效能感就成为学习行为的决定因素。

班杜拉提出影响自我效能感的因素主要有以下几种：

①学习成功与失败的直接经验。学生的直接经验对其自我效能感的建立影响很大。一般来说，成功的学习经验会提高学生的自我效能感；相反，失败的学习经验则会降低学生的自我效能感。不过，成败经验对自我效能感的影响还要取决于个体对成败的归因方式。如果个体把成功归因于外部的不可控的因素，就不会增强自我效能感；反之，如把失败归因于外部的不可控的因素，也不一定会降低自我效能感。因此，个体的归因方式直接影响自我效能感的形成。

②替代性经验。个体的自我效能感是个人在与环境互动的过程中形成的。当学生看见与自己相似的人成功时，就会增强自我效能感；相反，则会降低自我效能感。这种相似性越大，其他人成败的经验对自己效能感的影响也会越大。

③言语劝说。用语言说服学生相信自己具有完成给定任务的能力，会使其在遇到困难时付出更多的努力。

④情绪唤醒。通过调整学生的情绪状态，缓解紧张和负面的情绪，可以起到改变自我效能感的作用。当然上述四种因素对自我效能感的影响都依赖于个体是如何进行认知和评价的。

奥苏伯尔和加涅通过对自我效能感的研究发现，某些条件下调动学生积极性的最好方法不是从动机入手，而是从认知入手，这是有道理的。教师首先得把课教好，使学生学有所得，才能使他们感到自己有能力学好某种课业。学生有这样的自信，他才会努力学习。自我效能感理论融合了行为主义与认知动机理论的合理之处，使动机理论更符合客观实际；克服了传统心理学重行轻欲、重知轻情的局限，把个体的需要、认知、情感结合起来研究人的动机，具有较大的科学价值。

（四）成就目标理论

成就目标理论是以成就动机理论和归因理论为基础，在德韦克（Dweck；Dweck & Leggett)能力理论的基础上发展起来的一种学习动机理论。

德韦克认为，人们对能力持有不同的内隐观念。一种为能力实体观，持这种观点的人认为能力是稳定的，是不可控制的个人特质。学习和努力只能使个体获取新知识，却无法提高一个人的聪明程度。一种为能力增长观，持这种观点的人认为能力是可以改变的，是可以随着知识的学习、技能的培养而加强的，通过努力和实践，知识能够得到增长，能力也将提高。

人们持有的能力内隐观念不同，导致他们的成就目标也存在差异。持有能力实体观的学生倾向于建立表现目标，从而避免被别人看不起。他们选择适宜的工作，比如不需花费太多精力而且成功可能性很大的工作，以最好的成绩表现他们聪明的一面，因为拼命工作换取的成功还不足以说明自己天资聪颖。如果加倍努力依然没有成功，那结果就更糟糕了，简直就是无能的写照。那些有学习困难的孩子更容易形成能力实体观。持有能力实体观的教师更倾向于对学生贴标签，即使他们遇到和自身观念不符的事实时也难以改变他们原本对学生的成见。

持有能力增长观的学生，他们更倾向于设置掌握目标并寻求那些能真正锻炼自己的能力、提高自己的技能的任务，因为进步意味着能力的提高；失败并不可怕，不过是走向成功的必然一步，只是说明自己还需要更多的努力，自己的能力并没有受到威胁，所以，他们选择中等难度的任务。

具有表现目标的学生更关心的是能否向其他人证明自己的能力，通俗地说，就是做给别人看，所以被称作自我卷入的学习者，因为他们关注的是自己。具有掌握目标的学生，其学习是为了个人的成长，他们关心是否能掌握任务，而不是和他人相比，不是自己表现是否出众，又被称为任务卷入的学习者。这类学习者会更多地寻求帮助，使用较高水平的认知策略，运用更有效的学习方法。研究表明，虽然这两类成就目标都可促进个体主动而有效地从事挑战性任务，但它们在很多方面是不同的，具有不同的学习效果（见表3-1）。

表 3-1　两种目标导向的区别

维度	表现目标（能力实体观）	掌握目标（能力增长观）
成功的含义	高分、高水平的表现	提高、进步、掌握、创新
看中的方面	高于他人的能力	努力学习
满足的原因	比别人做得好	努力学习，挑战性
教师的取向	学生如何展示成绩	学生如何学习
对错误的看法	功能失败，缺乏能力和价值的证据	学习的一部分
关注的焦点	学习结果	学习过程
努力的原因	高分，优于他人	学习新东西
评价标准	与常模比较	自身的进步
任务选择	非常容易或者非常难的	有挑战性的
学习策略	机械性、应付式的学习	理解，有意义学习，元认知
认为教师的作用	给予奖惩的法官	帮助学习的资源和向导
控制感	弱	强

　　对掌握目标和表现目标研究的重要意义在于，教师应该让学生明白学习不是为了分数。教师应该强调学习内容的价值和意义，淡化分数和其他奖励。掌握目标和表现目标也并非不可兼容，一个人想完成某件事情可以因为他喜欢，也同时因为他希望向别人证明自己的能力。

　　不过，学生的学习实际上是在同伴、家长和教师之间种种复杂的社会关系中进行的。特别是当学生年级升高，社会联系增多，参加了许多非学业性的活动，如体育活动、社会活动等以后，社会性目标会变得很重要。这类目标涉及多种需要，与学习有不同性质的关系，有的有助于学习，有的不利于学习。有心理学家开始了对社会目标的研究，认为成就目标应该包括掌握目标、表现目标和社会目标三种。其中，社会目标又包括社会赞许目标和社会责任目标。研究发现，社会赞许目标和社会责任目标能引起个体持续的努力，也与学生优良的学习成绩直接相关（Urdan & Maher）。

　　（五）自我决定理论

　　动机的认知理论中最具综合性的是自我决定理论。自我决定理论是由美国心理学家德西和瑞安（Deci & Ryan）在 20 世纪 80 年代提出的动机过程理论。该理论同时强调了内部动机和外部动机，并且描述了一个从外部动机开始到内部动机结束的不断提高的自我决定的连续体。虽然该理论最初以动机的认知观点为基础，但它也整合了人本主义的观点。

　　自我决定是个体如何在认知自身所处环境的基础上决定采取行动的过程。自我决定理论认为，拥有选择和做决定是由内部动机激发的，如果人们所有的需要都得到了满足但是他们不能对这些选择做出决定，那么个体是不满意的。即人们在体验到成就或效能的同时，还必须感觉到行为是由自我决定的。只有在这种情况下，才能真正地对内在动机有促进作用。反之，在任务的完成中，诸如威胁、最终期限、指令、压力性评价和强制性目标等对于内在动机有削弱作用。瑞安等人的实验研究发现，那些具有自主支持性的教师与具有控制性的教师相比，更能促进学生产生强烈的内在动机、好奇心和迎接挑战的欲望。而接受控制性教育方式的学生不但容易丧失学习主动性，而且当要进行概括性和创造性学习时，学习效果比预期的要差得多。

　　自我决定理论假定人有三种基本的内在心理需要：胜任需要、归属需要和自主需要。学习动机的能量和性质，取决于心理需要的满足程度。胜任需要是指在个人与社会环境的交互作用中，个体感到自己是有效的，有机会去锻炼和表现自己才能的(Deci；White)。归属需要是指关心他人并感觉到被他人关心，有一种从属于其他个体和团体的安全感，与别人建立起安全和愉快的人际关系(Ryan；Leary & Baumeister)。自主需要是指个体能感知到做出的行为是出于自己的意愿的，是由自我来决定的(Deci & Ryan；Ryan & Connell)，即个体的行为应该是自愿的且能够自我调控的。

　　自我决定理论尤其重视自主的需要，认为学生的自主需要越能得到满足，则他的学习动机就越趋于内化。所谓内化，是将外部偶尔相关事件的调控主动地转换为内部调控的过程(Schafer)。人们对有些活动并不感兴趣，但由于这些活动对社会生存具有重要意义，因此人们会主动对它们加以整合和内化。该理论强调学习动机激发的重点在于外部动机的内化。在教学中，教师应努力促进学生的外在动机的内化过程，将学习与个体的自我加以整合，达到将学习作为人生信仰的目标，这一过程可以通过自主支持、能力支持、关系支持等途径加以实现。

　　自我决定的研究强调内部动机，也关注外在动机是如何影响内部动机的。它认为外在动机使用不当会导致内在动机的消弭。德西的研究充分证明了这点。在该研究中，开始时对所有被试都不奖励。接着把他们分成两组，其中一组学生，每解答完一道题就给予一定的奖励；另一组学生不给任何奖励。然后在两组学生的休息或自由活动时间里，实验者观察到尽管奖励组学生在有奖励时解题十分努力，但在自由活动时却只有少数人继续自觉地解答。无奖励组的学生中却有更多人热衷于尚未解答的智力难题。总的说来，奖励组的学生对解答难题的兴趣减少，而无奖励刺激的学生对解答难题的兴趣比有奖励刺激的学生更浓厚。该结果充分说明进行一项对于被试而言感兴趣、自发性的活动，如果同时提供外部的物质奖励，反而会降低这项活动对参与者的吸引力。

三、人本主义的学习动机理论

在20世纪的上半叶，对动机的解释主要有两种占主导地位的取向：行为主义和精神分析。行为主义主要是用强化来解释动机，精神分析则受到弗洛伊德的影响，认为个体是受无意识动力驱动并由本我、自我和超我所指引。在20世纪50年代，当学习的"认知革命"出现时，一种叫人本主义的心理学运动也开始了。人本主义认为动机是个体为实现自己作为人所拥有的全部潜能的尝试。因此，人本主义学习动机理论与认知主义动机理论都强调内部动机在学习中的重要性。但是人本主义将这个内部动机看成是人天生就具有的倾向性。

（一）需要层次理论

亚伯拉罕·马斯洛（Abraham Maslow）是人本主义运动之父，对人的需要进行了全面分析，提出了需要层次论。

马斯洛认为，人与生俱来有七种不同需要：生理需要、安全需要、归属与爱的需要、尊重的需要、求知的需要、美的需要和自我实现的需要。这些需要从低级到高级排成一个层次，如图3-4所示。

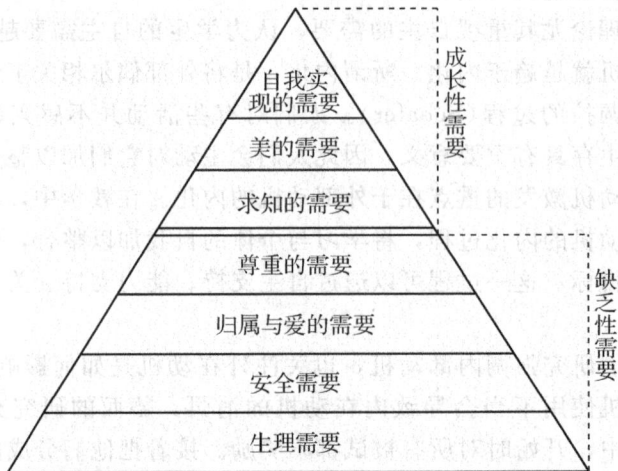

图 3-4　马斯洛需要层次图

满足需要是推动人的各种行为的动力的基本源泉。在用这一动机理论来解释人的行为时，马斯洛提出如下假设：第一，图中下面的4级需要叫缺乏性需要或缺失需要，这是我们生存所必需的，它们对保持和促进生理和心理的健康是很重要的，在这些需要得到满足前，它们一直推动人从事某种行为以满足这些需要，但一旦得到了满足，由此产生的动机就会消失。上面3级需要为成长性需要。成长需要虽不是我们生存所必需的，但对于我们适应社会来说却有很重要的积极意义，它们很少能得到完全的满足。总之，缺失需要使我们得以生存，成长性需要使我们能够更好地生活。第二，人类的最高级的需要是自我实现，即"使每一件事都能得以实现的愿望"。马斯洛相信，所有的个体都在努力追求自我实现，尽管只有不到1%的人最终达到了目标。这些达到自我实现的个体不仅为自己和他人所认可，而且心胸开阔、幽默、独立，具有创造性。第三，人的需要的满足有先后之分，越是低级的需要越是要先满足。只有在较低级的需要基本满足以后才能产生较高一级的需要。因此，除非个体已经满足了诸如生存、安全、归属与爱和自尊这些缺乏性需要，否则他们不会去追求更高层次的需要，比如认知与理解。

这一理论在学校教育管理中有较大影响。教师首先要关心人的基本需要，只有当基本需要得到适当满足后，才会形成学习知识、追求美等高层次的需要。如果学生经常受到批评，认为自己无能，或感到无人关爱，他们就不会有强烈的动机去实现较高的目标。所以教师或家长要尽可能地给学生肯定、奖励、关爱，提供满足学生基本需要的条件，为学生学习创造良好的生态环境和人文环境。

（二）自我价值理论

自我价值理论是美国教育心理学家科文顿（Covington）提出的。该理论的基本假设是当自己的自我价值受到威胁时，人类将竭力维护。该理论认为人类将自我接受作为最优先的追求。这种保护和防御以建立一个正面自我形象的倾向就是自我价值动机。在学校，学生的价值通常来自于他们在竞争中取得成功的能力。

科文顿经研究发现，自我接受的需要是人类最高的需求，只有个体感觉到自己有价值，他才能接受自我，自我价值感是个体追求成功的内在动力。成功使人感到满足，自尊心提高，产生自我价值感；而成功的经验往往是在克服困难之后才能获得，困难的克服则需以能力为前提。因此，能力、成功和自我价值感三者之间便形成前因后果的连锁关系。高能力的个体容易成功，成功的经验会使个体产生自我价值感。久而久之，对自我价值感的追求就成了个体追求成功的动力，并常常把自我能力与自我价值等同看待。

按照成败归因理论的解释，学生将成功归因于能力或努力，都属于积极归因方式，因为归因于能力有利于建立个体的自信，归因于努力则有助于个体的持久行动，只有将失败归因于能力才是消极的。但是，科文顿发现，个体倾向于将成功视为能力的展现而非努力的结果。因为努力人人可为，能力唯我独有，因此只有当个体将成功归因于能力时，才能使人感到更大的自我价值感。

在竞争激烈的班级教学环境中，学生从考试结果中所体验到的成败经验永远是成功者少、失败者多。在长期追求成功而得不到成功机会的情形下，既要维持自我价值感，又想逃避失败后的痛苦，于是在心理上形成一种应付学校考试后成败压力的对策，借此就可逃避承认自己的能力薄弱，从而维持自我价值。有关逃避反映能力差异失败的对策有很多，如不参加考试、力图给别人留下自己没有努力的印象、在考试前扬言自己只要及格就很满足，或者在学业中故意拖延或选择任务特别繁重的课程。有关研究表明，考试焦虑也是一种逃避失败的策略，因为看起来焦虑总比看起来笨使人更好受一些（Alderman）。

科文顿的自我价值理论澄清了阿特金森关于成就动机可分为追求成功和避免失败是独立的两个维度的描述，不再以简单的趋避两级模型来解释，而采用四象限模型将动机类型划分为四种，亦将学生分为四类。

①高趋低避型。这类学生拥有无穷的好奇心，学习自我卷入水平极高，他们通过不断的刻苦努力发展自我，孜孜不倦地学习，自信、机智。他们学习仅仅因为学习是他们快乐的手段，是他们生命的存在方式。学习本身而非外界刺激带给他们一种源于内心的快感。在学校中这些学生很少见，他们超脱于教学环境，可适应任何一种教学条件。如陈景润对于数学学习就是如此。

②低驱高避型。这类学生又被称为"逃避失败者"，这类学生更看重逃避失败而非期望成功。他们不喜欢学习，对课程提不起兴趣。他们看起来懒散、不爱学习的背后实际隐藏着强烈的对失败的恐惧，尤其是面对没有把握成功的任务时，这种恐惧甚至让其采用逃避的手段，这种防御更多体现在心理层面，比如幻想（我希望考试取消），尽量缩小该任务的重要性（这门课根本不重要，学好学坏无所谓），为自己的失败找借口（我昨天晚上失眠，所以考试发挥失利），对别人吹毛求疵以减少自己所要承担的责任（如果我有一个好老师，我会学得更好）。避免失败的学生既遭受了技能缺陷的痛苦，又遭受了提取缺陷的痛苦。

③高驱高避型。具有这种动机形式的人同时受到成功的诱惑和失败的恐惧。对任务又爱又恨，既追求又排斥让他们常常处于一种冲突状态。他们兼具了成功定向者和避免失败者的特点。这类学生通常是教师非常喜欢的孩子，他们学习努力、聪明能干，而且似乎比同龄人成熟一些，对于大部分没有挑战性的作业和功课，他们会自己提出更高的要求和目标，以赢得教师额外的奖励。

表面来看，他们很好，但事实上他们严重地受着紧张、冲突等精神困扰。这类人被称作"过度努力者"。为了成功同时又要掩饰自己的努力，他们中就出现了一种"隐晦努力"的现象。他们在同学中尽量表现得贪玩、不在乎考试，但私下里却偷偷努力、拼命学习。这样，成功时，他们的成绩更有价值，更能说明他们的能力过人；即使失败，也可以为自己的失利找到很好的理由，不会被认为无能。

④低驱低避型。这种类型的人又被称作"失败接受者"。他们不奢望成功，对失败也不感到丝毫恐惧或者羞愧。他们内心如同一潭死水，少有冲突。他们对成绩表现得漠不关心，不接受任何有关能力的挑战。用自我价值理论解释，这种不关心意味着一种放弃，这样也就防止了对自己无能的评价。

研究者发现，在学校中，教师通常把学生的学业失败归因于不努力。教师对那些努力学习但是成绩失败的学生较少给予惩罚，但努力在学生心目中的地位却不高。努力变成了一把双刃剑，一方面，刻苦努力会得到教师的嘉奖；但另一方面，刻苦努力的评价是被学生本身所忌讳的，因为那隐藏的潜台词可能是："笨鸟先飞，他笨，要不然干吗那么努力?!"这就阐明了为什么教师和学生的目标有时候会互相冲突：一方面，教师希望让学生尽自己最大的努力；另一方面，学生则想尽可能证明自己的能力——可以不费吹灰之力，依然遥遥领先。所以，在避免失败的学生中出现了一种减少羞愧的策略：努力，至少看起来他在努力，但不是那么积极主动，更不是刻苦和勤奋。在过度努力的学生（即高驱高避的学生）中则出现了"隐晦努力"的现象，他们在同学中尽量表现得贪玩、不在乎考试，但私底下里却偷偷用功。因此为了学生保护自我价值的需要，同时促进学生努力学习，教师要合理设置任务，采取相应的措施。比如鼓励小组合作学习，通过小组活动让学生将学习视为集体的共同活动，学习成绩的提高是集体共同努力的结果，而非个人能力体现。或者采取基于学生自我卷入而非他人比较的评价，促使学生内在动机的产生。

自我价值理论可以较好地解释"为什么有的学生不肯努力学习""为什么有的学生要掩饰其努力或拒绝承认其努力"等问题。这些实质上都源于将成败归因于能力的一种自我价值保护的心理。表面看起来是学习动机的降低，实质上却是自我价值保护这一学习的内在动机的加强。对学业的漠视、逃脱和倦怠，不是由于缺乏动机，而是因为动机过强。这种过强的动机不是正常的积极的动机，而与胜任感的联系过于密切，从而采用一些自欺欺人的策略保护自我价值。

第三节　小学儿童学习动机的激发

　　培养小学生的学习动机，让小学生真正地好学、乐学应成为小学教育的重点目标之一。结合前面的学习动机理论，下面介绍一些培养和激发小学生学习动机的具体策略。

一、激发内部动机

（一）培养小学儿童的学习兴趣，激发学生的求知欲

1. 创设问题情境

　　现代认知心理学认为，通过引起学生的认知冲突，能引发学生的好奇心并激发其学习兴趣。因此，教师在课堂教学中要采用灵活多样的教学方式，实施启发式教学，创设问题情境，形成悬念，以激起学生的好奇心和学习热情。创设问题情境指提供的学习材料、条件能使学生产生疑问，渴望探究问题的答案。如有的数学教师在讲相似三角形时说："学了这一课，不上树可以测得树高，不过河可以量出河宽。"在讲解"蒸汽变水"时，教师问："在寒冷的冬天，我们在室外说话，空气里会出现什么东西？"学生答："一团团的哈气。"教师又问："那么，我们冬天在室内说话，为什么没有哈气呢？"学生一般答不上来，从而构成了问题。又如，在讲授"乘法运算"时，可以先让学生做一些加法题，如"两个5是几""三个5是几""10个5是几"等，然后提出"100个5是几""1 000个5是几"等。这时，学生可能试图写出100个或1 000个"5"的连加算式。这时，教师可引导学生：这样计算列式会很长，并且算起来相当麻烦，有没有简便算法呢？学生一般找不到。这时教师告诉学生："简便算法是有的，它叫乘法运算。从现在开始，就来学习这种简便运算。"这些创设问题的方式虽然言语不多，却像磁石一般吸引住了学生，使他们的学习动机由潜伏状态转入活跃状态。学生是为了解决某一问题而去读书、听讲、搜集材料或实验，这让学生产生了极大的学习兴趣和求知欲。

2. 加强教学内容的新颖性

　　心理学研究表明，新颖的东西能激发人的兴趣，吸引人的注意力。因此，教师在教学中要注意教学内容的新颖性。如果不注意教学内容的新颖性，就会形成"一道汤""老面孔"的局面，而使学生注意力分散。复习课不是内容的简单重复，要善于推陈出新，力求使教学内容具有新异的知识，并提供不同的方式

让学生掌握。尽量避免内容和形式上的格式化。比如在讲授小学英语圣诞节这一课时，教师可以首先给学生提供一些与圣诞节有关的文化背景以及在西方人们庆祝这一节日的方式。为了激发学生的学习兴趣，可以在班上开一个小小的圣诞聚会。与学生一起装饰圣诞树，让学生懂得"decorate the Christmas tree"的意思；互相交换圣诞礼物，让学生了解"exchange the gifts"；一起唱圣诞歌，让学生掌握"sing the Christmas songs"。通过创设过圣诞节的情境，以游戏的形式让学生身临其境地学英语。

当然，重视教学内容的新颖性和趣味性，应注意不能脱离教材内容一味追求所谓的趣味性，不能单纯为追求新颖而忽视学生自觉性的培养。只有这样，才能使学生有效地掌握基础知识和基本技能。

3. 利用已有的学习动机进行迁移

教育心理学的研究表明，不仅一般的知识、技能可以迁移，学生的学习动机同样也是可以迁移的。教学经验和有关研究表明，在学生缺乏学习动力、没有明确的学习目的和兴趣的情况下，可以利用学生对游戏、科技及其他领域的兴趣，与学习发生联系，把这些活动的动机转移到学习上，从而使学生产生对学习的需要。例如，班级中有几名同学非常喜欢做手工，就让他们做一些几何教学模型。在制作过程中，告诉他们某个模型做成后长多少、宽多少、什么形状、夹角多大等。通过这一活动，学生们做手工的动机，就被巧妙地迁移到学习上，自然而然地产生了学好几何的需求。又如在生物课上，当学生第一次学会使用显微镜，第一次学会制作装片，第一次从显微镜中看到物像，他们往往兴奋无比，兴趣十足。他们对规定的实验不认真做，却在下面悄悄地干自己的事：把手指放在显微镜下，看手上的指纹是怎样的，手上到底有没有细菌；拔下一根自己的头发做成装片，想知道头发有怎样的结构，甚至不惜把自己的手指戳破挤出血来，想看看血细胞。面对学生的热情，教师应该极力保护，不仅仅拘泥于课本的要求，而是尊重学生的选择，加以引导，充分发挥孩子的创造力和探索欲望。如某中学教师在教授"植物细胞的结构"实验课中，对课本的要求作了改进，不是只让学生通过洋葱鳞叶表皮临时装片的制作和观察来了解植物细胞的结构，而是要求学生根据自己的喜好准备各种"带皮"的实验材料。结果学生带来的材料五花八门，有洋葱鳞叶、大蒜鳞叶、柑橘果皮和青菜叶。按照课本知识，对洋葱鳞叶表皮和大蒜鳞叶表皮取材十分容易，但要取下柑橘果皮和青菜叶表皮就很困难了：前者太厚，无法取下能做成装片的表皮；后者太薄，撕不下一块比较完整的表皮。但是，强烈的好奇心和学习兴趣使学生产生了极强的行为动机，学生思维火花迸发，在短时间内就想出了办法：他们用解剖刀层层刮去柑橘果皮表面柔软部分，直到剩下薄如蝉衣的一层皮；他们把握了施展才能、标新立异的机会，发挥了独立思考的能力，培养了学习的主动性。在维护原有兴趣的同时，培养了新的学习动机。

(二)通过归因训练或归因指导，提升小学儿童的自我效能感

1. 对学习结果做出合理的归因

根据学习动机的归因理论，学生对学业成败的原因主要归为能力、努力、任务难度、运气等因素。如"这次成绩好是因为我非常努力""这次成绩差纯属运气不好"等。不同的归因方式会对学生以后的学习行为产生巨大的动机作用。良好的归因模式有助于激发学生的学习动机，形成对下次成功的高期待；不良的归因模式不仅不利于学习动机的激发，相反还会因为学生总把失败归因于自己的能力差，而产生习得性无助的心理，即认为无论自己怎样努力，也不可能取得成功，因此便采取逃避努力、放弃学习的无助行为，从而一蹶不振。因此，可以通过改变主体的归因方式来改变主体今后的行为。这对于改进学校教育工作具有实际意义。在学生完成某一学习任务后，教师应指导学生进行成败归因。一方面，要引导学生找出成功或失败的真正原因，即进行正确归因；另一方面，教师要根据每个学生过去一贯的成绩的优劣差异，从有利于今后学习的角度进行积极归因。

心理学家已在归因研究的基础上设计了一些专门程序，对成绩不良且自甘失败的儿童进行训练。基本做法是：教师进行内部归因示范，对学生在内部归因方面的认识予以系统指导，使学生逐步认识到，成绩不良是自己缺乏努力的结果，进而增强学习信心。一个训练程序一般持续约一个月，先在某一学科上取得进步，然后促进训练效果迁移到其他学科。福斯特林于1985年回顾了15个有关研究，他的结论是："只要给普通教师提供一些训练或自学的机会，他们便能改变自己学生的归因模式和成就动机。"教师的一言一行都会影响学生的归因模式的发展和变化。

2. 正确认识自我，提升自我效能感

根据埃里克森的心理社会发展理论，小学生面临的危机是勤奋对自卑。学习成为这一时期儿童的主要活动。通过学习如果能体验到以稳定的注意和孜孜不倦的努力来完成工作的乐趣，就会获得勤奋感和对自己能力的信任；如果常常体验到失败，就可能产生一种无能的感觉，形成自卑感和对自己能力、天分的不欣赏。

另外一方面，自我效能感影响学生的自我评价和自信心，进而影响学习成绩。尤其是那些学业不良的学生，由于对自己的学习能力持怀疑态度，表现出

很低的自我效能感，在学习中容易放弃尝试和应有的努力，学习成绩也就难以提高。因此，教师在教学中要通过一定的方法改变和提升他们的自我效能感，这是激发学习动机的一条有效途径，具体可采取以下措施。

（1）直接的成功体验。选择难易适中的任务，让小学生不断地获得成功体验，进而提高自我效能感。学业成绩不良的学生常常过分夸大学习中的困难，过低估计自己的能力，这就需要教师为这些学生创设更多成功的机会，让他们在学习活动中，通过成功地完成学习任务、解决问题来体验和认识自己的能力。每个学生都有自己的专长与潜能，教师要善于发现，并让学生有展示的机会和成功的体验，以激发他们的学习动机，提高自信心。教师可以采取以下具体措施：让小学生根据自己的实际水平开始某项新的学习任务；为小学生设置明确、具体和可以达到的目标；强调自己的前后比较，避免学生之间的横向比较；为小学生提供解决问题的示范。

（2）替代性经验。让他们观察那些学习能力与自己差不多的学生取得成功的学习行为，通过替代性经验的强化作用，来提高自我效能感，使他们确信自己也有能力完成相应的学习任务，由此产生积极学习的动力。

（3）适当的情绪疏导。引导学生坦然面对失败，从失败中找出可以改进的因素，进而提高自己的学习技能，增强获得成功的自信。学业不良学生常常表现出厌学倾向，这是在失败的情境下产生的心理反应。如前所述，对失败的不合理归因，会使学生产生无助感，诱发消极的心理防御。有的学生为了避免再次失败对自己自尊心的打击，干脆采取退避行为。因此，让学生正确对待失败，与鼓励取得成功同样重要。在学生学习遇到挫折时，要引导他们改变对自己学习能力的错误判断，形成正确的自我效能评价，提高取得学习成功的信心。

二、激发外部动机

（一）充分利用反馈信息，给予恰当评定

反馈是指告知学生关于学习活动的进展情况，以及提供给学生关于其成绩的信息（包括作业的正误、成绩的好坏以及应用所学知识的成效）。心理学家发现反馈可以作为一种诱因，也可以作为对个体行为的适当强化。学习结果的反馈能够激发学生的学习动机，调动学习积极性。通过结果的反馈，学生既可以看到自己的进步，激起进一步学好的愿望，也可以了解自己的特点，树立克服缺点的信心。关于反馈学习结果的激励作用，国外已有不少实验加以证明。例如，罗斯等人把一个班的学生分成三组，每天在学习后进行测验。对第一组每

天告知其学习结果,对第二组每周告知其学习结果,第三组不告知其学习结果。从第八周开始,除第二组仍旧每周告知结果外,第一组与第三组的情况对调,即主试对第一组不再报告其学习结果,而对第三组每天告知其学习成绩。如此再进行 8 周学习和测验。比较三个小组在 16 周的学习成绩。[①] 结果(如图 3-5 所示)表明:在第八周后,除第二组显示出稳步的前进外,第一组与第三组的情况变化很大,即第一组成绩逐步下降,而第三组成绩迅速上升。由此可见,反馈对于学习效果的提高具有显著作用,尤其是每天及时反馈,较之每周反馈效果更佳。如果没有反馈或者缺乏学习激励,学习的进步很小。

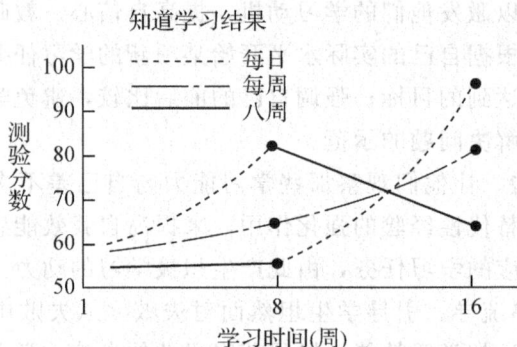

图 3-5　罗斯的实验结果

所以,教师应尽可能让学生及时、准确、具体地了解自己学业的进展情况及取得的成就,对学生完成的作业(练习、试卷等)的批改切忌拖延,也不能过于笼统,只判别对错,尤其是对错误的批改分析,越具体越有针对性,效果也越好。利用学习结果反馈应把握如下原则:

①学习结果的反馈要及时。只有这样,才能利用学生刚刚留下的鲜明的记忆表象,满足其进一步提高学习的愿望,增强学习信心。对学生的学习结果进行及时反馈,能使他们获得最大的学习成效。如果周一完成的考试一直拖到下周五才得到反馈,那么反馈的信息价值和激励价值都会降低,如果学生出现错误,那么他在这周内还将延续这种类似的错误。其次,行为和行为结果之间的间隔过长,学生难以将两者联系起来,尤其对年幼的孩子来说更为困难。学校教师常常对学生说,要好好学习,否则就考不上大学。但是否能考上大学这一结果的反馈往往要等到好几年的时间才能得到,所以这种劝说对学生的学习动

---

① 黄正夫. 教育心理学. 北京:北京师范大学出版社,2011.

机的激发收效甚微。

②学习结果的反馈要具体。反馈要具有针对性、启发性和教育性，使学生从中受到鼓舞和激励。越是具体明确的反馈信息，越能使学习者对自己的学习结果有更清晰、深刻的了解，使其清除模糊的概念，增强对知识的辨别能力。如在批改学生作文时，不是简单地写上"优"或"良"这样的等级，而用眉批、评语的形式指出作文的优点及不足，同时用热诚的语言予以鼓励，从而使学生在获得激励的同时，又明确了进一步学习提高的方向。如："这是一篇非常优秀的论文，你提出了一个与众不同的观点，然后列举了相关的事实来支持自己的观点，看来你阅读了大量的文献，拥有自己的见解，我很高兴能看到这么一篇出色的作品，但如果你能更注重你的书写就更加完美了。"

③学习结果的反馈要频繁。行为主义学习理论的研究证明，不管奖励多么有效，如果奖励的次数不够频繁，那么奖励对改善行为的作用甚微。频繁给予小奖励比偶尔给予大奖励对学习更有促进作用，对于考试的研究发现，经常使用简短的测验对学生的进步进行测试，比不经常的、较大的考试要好。

评定是指教师在分数的基础上进行的等级评价和评语。有人认为，外界的等级评定，会抑制学生参加竞争的欲望，使学生经常选择一些不太具有挑战性的任务，久而久之，由于任务过于简单，便不会产生太大的乐趣，成就体验不足。同时，还有人认为过于强调外界评定会抑制学生的内在动机。故有人提出没有必要进行等级评定。哈特（W. Harter）对此进行了实验验证。他让四组学生猜谜，共提供四个等级的谜语，前两组的学生被告知这是游戏，不计分；另两组的学生被告知要对猜谜的结果进行评定，而且与学业成绩有关。结果，前者选择适合自己能力的谜语，即选择问题的难度水平恰当，而后者选择的谜语都比较简单，成功之后并不快乐，反而显得较为焦虑。这说明在有评定的竞争条件下，学生会选择比较简单的任务。后来，哈特又对学生的作文进行研究。对前一组学生的作文给予实质性的评定，对后一组学生的作文只给予等级评定，却不指出存在的问题。结果发现处于前者状态下的学生一般对学习感兴趣，愿意写作业，或者成功时把成功归因于自己的努力；处于后者状态下的学生即使成功了，也难以归因于兴趣或努力，只是觉得教师给分高或者题目太容易。可见虽然等级评定有其弊端，但是废除它确实不实际，关键在于如何运用。

除了强调外在的反馈和评定外，教师应该教会学生学会自我评价。无论教师或其他人的反馈多么及时，都不可能快过自我的评价，而且自我评价可以真正建立在自我的判断上，看到自身的每一个点滴成长，对自我的激励非常显著。所以教师要多给学生自我评定的机会，同时教授详细的评价方法。

(二)妥善进行奖励和惩罚，正确运用表扬和批评

奖励与惩罚是对学生学习成绩和态度的肯定与否定。它可以提高学生的认识水平，激发学生的上进心、自尊心。正确运用奖励和惩罚是激发学生学习动力的重要手段之一。一般来说，表扬与奖励比批评与指责更能有效地激发学生的学习动机。心理学家赫洛克做过一个实验，他把 106 名四五年级的学生分为四个组，每个组的能力相当，在四种不同的情况下进行难度相等的加法练习，每天 15 分钟，练习 5 天，控制组单独练习，不给评定，而且与其他三个组学习隔离；受表扬组、受训斥组和静听组在一起练习，每次练习后，不管成绩如何，受表扬组始终受到表扬和鼓励，受训斥组都受到批评和指责，静听组则不给予任何评价。结果发现四个组的学习成绩如图 3-6 所示。[①]

从图 3-6 可以看到，三个实验组的成绩都优于控制组，而静听组受到间接的评定，对动机的唤醒程度较低，平时成绩低于受训斥组。受表扬组的成绩最优，而且一直不断上升，这表明，对学习结果进行评价可以激发学生的学习动机，对学习具有促进作用，适当的表扬的效果优于批评。

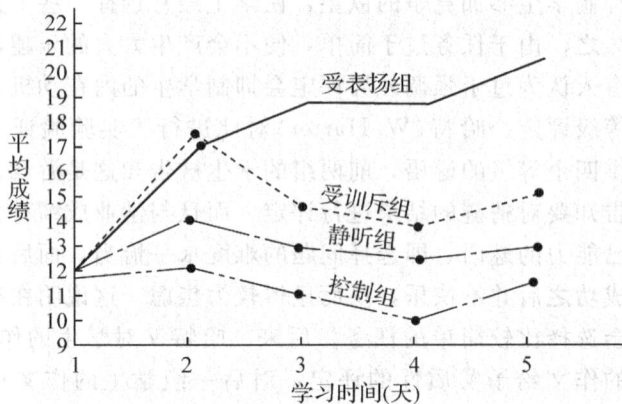

图 3-6　赫洛克的实验结果

虽然表扬和奖励对学习具有推进作用，但是它们是否真的是万能的呢？近来，对于奖励的功过，有越来越多的教育家提出了不同观点。他们认为，奖励使学生把注意力放在了奖励上而不是任务本身，他们的表现越来越应付了事，做事越来越斤斤计较，总在绞尽脑汁琢磨用最少的努力赢得最大的奖励，而不

---

① 莫雷．教育心理学．广州：广东高等教育出版社，2002.

是想方设法创造高质量的产品。有许多研究表明，如果滥用外部奖励，不仅不能促进学习，而且可能破坏学生的内部动机。但班杜拉认为，如果任务能提高个体的自我效能感或自我价值感，则外在奖励不会影响内部动机。外部强化物究竟是提高还是降低内部动机，这取决于个体对该强化物的感受与看法。摩根（Morgan）认为个体如何看待奖励非常重要：当个体把奖励视为目标，而任务仅是达到目标的手段时，内部动机就会受损；当奖励被看作提供有关成功或自我效能的信息时，内部动机则会提高。

布洛菲（Brophy）总结了有关表扬的文献，提出了怎样使表扬具有最佳效果的建议。他认为有效的表扬应具备下列关键特征：①表扬应针对学生的良性行为；②教师应明确学生的何种行为值得表扬，应强调导致表扬的那种行为；③表扬应真诚，体现教师对学生成就的关心；④表扬应具有这样的意义，即如果学生投入适当的努力，则将来还有可能成功；⑤表扬应传递这样的信息，即学生努力并受到表扬，是因为他们喜欢这项任务，并想形成有关的能力。

但事实上，有效地进行表扬也确实不是一件容易的事。在课堂上有大量的表扬没有针对学生的正确行为，而经常给了那些不值得表扬的行为，或者当学生有进步、值得表扬时，却未能得到表扬。有时，在竞争情境中，某些学生似乎永远得不到表扬，久而久之就会失去对学习的兴趣。另外，表扬是否具有内在价值，即是否为学生所期望、所看重，会影响表扬的效用。因此，如何适时、恰当地给予表扬应引起高度重视。教师应根据学生的具体情况进行奖励，把奖励看成某种隐含着成功的信息，其本身并无价值，只是用它来吸引学生的注意力，促使学生由外部动机向内部动机转换，对信息任务本身产生兴趣。同时，对于那些在竞争中处于劣势的个体而言，教师应给予更多的关注与鼓励，创设情境使其获得成功的体验，以免产生自暴自弃的心理。

阅读专栏 3-3

德西效应

[实验]心理学家德西让大学生在实验室里解有趣的智力难题。第一阶段，所有的被试者都无奖励；第二阶段，将被试者分为两组，实验组的被试完成一道难题可得到 1 美元的报酬，而控制组的被试者跟第一阶段相同，无报酬；第三阶段，为休息时间，被试者可以在原地自由活动。实验者在这一阶段是否继续解题，将作为衡量对这项活动的喜爱程度的指标。实验组（奖励组）被试在第二阶段确实十分努力，而在第三阶段继续解题的人数很少，表明兴趣与努力的程度在减弱，而控制组（无奖励组）被试有更多人花更多的休息时间在继续解题，表明兴趣与努力的程度在增强。

[分析]内在动机是一种要求自己在困难的挑战面前感到有能力、能作出决定的先天性需要。心理学研究表明，人们本来会在内在动机的激励下进行某种活动，但是当他们在有了为此而得到外部强化的经验之后就发生了变化，变得没有外部奖赏就不再进行那一活动了。

（资料来源：http：//baike. baidu. com/view/338237. htm.）

尽管奖励受到众多非议，但因此取消一切奖励也不合理。实际上，奖励的好处应该得到公认，奖励的成功运用取决于奖励时间和方式恰当。教师要奖励个体的良好成绩和表现，而不是奖励参与活动；奖励要针对不感兴趣但需要完成的任务；奖励的内容应属于社会性的而非物质性的。奖励最好用于完成常规的任务而不是新任务，用于具体的、有目的的学习任务，而不是偶然发现的学习任务，更多关注行为速度或者结果质量的任务，而不是关注创作、艺术性的任务，最好把奖励作为促进学生达到行为技能标准的动力，而不是作为进行重要研究或演示项目的动力。而且仅对那些认为自己通过适当努力便有机会获奖的学生，奖励才具有有效性，所以，教师要想为全班学生，而并非只是能力较高或较低的学生创造学习动力的话，就必须保证每个学生都有平等的机会获得奖励。这可能需要降低行为难度或采用其他一些非制度的、个人化的成功标准。

同时奖励必须充分考虑学生的个别差异，从而有的放矢，对症下药。一般说来，对于低年级学生，教师评价起的作用更大一些；而对于少年期的学生，通过集体舆论进行评价效果更好；对自信心差的学生，应给予更多表扬和鼓励；对过于自信的学生，则应更多地提出严格要求；成绩差的学生，易对奖励产生敏感，故宜多奖励；成绩好的学生，往往对批评很敏感，故宜适当惩罚；对女生宜个别谈话，切忌当众严厉指责，等等。只有这样，奖惩才能起到激励学习动机的作用。

（三）合理创造课堂环境，妥善处理竞争与合作

学生的学习大多是在课堂中进行，课堂中的合作与竞争无疑是影响学习动机的一个重要因素。前面在成就目标理论中谈到，个体在学习过程中，主要受到掌握目标、表现目标和社会目标的支配。至于个体具体选择哪种成就目标，一方面取决于他所持有的内隐能力观念；另一方面取决于外在的课堂环境。有关课堂环境对学生动机影响的系统研究始自多伊奇（Deutsch）提出的目标结构理论。多伊奇认为，团体中对个人达到目标的奖励方式存在差异，这将导致个体之间相互作用的方式也不同。研究表明，个体相互作用的方式主要有相互对

抗、相互促进和相互独立三种，与此相对应，也存在三种现实的课堂目标结构：合作性、竞争性和个体化。三种课堂结构激发的是学生三种不同的动机系统。[①]

合作性目标结构中，团体成员之间有着共同的目标，只有所有成员都达到目标，某一个体才有可能达到目标，取得成功。例如，一个团队排演一出话剧。这样，个体会以一种既有利于自己也有利于同伴成功的方式互动，同伴之间的关系是积极的。这种情境下，容易激发以社会目标为中心的动机系统。合作情境具有两个特点：一是常常出现帮助行为，另一个明显特点是共同努力，每个成员都积极承担集体义务。当要求儿童在合作性集体中学习时，即使儿童之间的成绩具有显著差异，他们也认为自己的水平、能力相近，即它引起的是平等的自我评价。

竞争性目标结构中，个体成员之间的目标具有对抗性，只有其他人达不到目标，某个个体才可能成功，例如百米赛跑只有一个冠军。这种情况下，个体重视取胜，成功甚于公平，同伴之间的关系是对抗、消极的。竞争情境最大的特点是能力归因，它激发学生以表现目标为中心的动机系统，引导学生用社会标准进行比较。在这种情况下，唯独最有能力、最有自信的学生的学习动机得到激发，而能力较低的学生明显感到自己注定失败，产生回避心理。最后的结果是，竞争获胜者夸大自己的能力，失败者认为自己天生无能。

个体化目标结构中，个体是否成功与团体中的其他成员是否达到目标没有关系，个体注重自己的学习完成情况和自身的进步幅度，因此同伴之间的关系是相互独立、互不干涉。在这种情况下，激发学生以掌握目标为中心的动机系统，将成功归结于自己的努力，注重自己和自己比，即使失败，也不否定自己的能力和水平。

三种目标结构激发学生不同的学习动机。大量研究表明，合作性目标结构能最大限度地调动学习的积极性，但是要使合作学习有效，必须将小组奖励和个体责任相结合，否则极有可能出现责任扩散和"搭便车"现象。

竞争对于学习有一定促进作用。如查普曼和费得对五年级两个等组的儿童进行了 10 天（每天 10 分钟）的加法练习的对比实验，无竞赛组只是按照教师的严格要求和规定做练习，有竞赛组做加法练习时，有"为了每天统计表上登记分数和红星"的诱因，结果竞赛组的成绩优于无竞赛组。

当然竞赛也有一些消极影响，如不利于复杂作业的完成，助长了学习成绩

---

① 　陈琦，刘儒德. 教育心理学. 北京：北京师范大学出版社，2007.

中等或较差学生的自卑感，有可能引起自私不合、集体观念更新淡薄等，干扰合作精神的形成。因此在使用竞赛时要注意：第一，学校的考试制度已经包含大量的竞争，再引入更多的竞争因素可能对激发学习动机适得其反。第二，竞争产生获胜者，也产生失败者，而且通常都是失败者远多于获胜者。那些常常败而不胜的人要忍受失败带来的信心的丧失，而在小组中竞争输掉的小组成员可能要相互诋毁，寻找"替罪羊"。所以，当我们把竞争作为动机策略时，一定要注意少用慎用，并可采用按能力分组，鼓励自我竞争、自我超越，充分调动个体积极性。

激发小学生学习动机的方式多种多样，在教育教学实践中，我们要因地制宜，创造性地运用以上手段来调动小学生学习的积极性，使他们愿意学习、乐于学习、学有成效。

复习与思考

1. 什么是学习动机？构成学习动机的基本要素有哪些？

2. 学习动机与学习效果的关系是什么？

3. 分别以行为主义、认知主义、人本主义为基础，阐述学习者的学习动机。

4. 如何培养和激发小学生的内部动机？

5. 如何培养和激发小学生的外部动机？

推荐阅读

1. [美]埃根唐，考查克著. 郑日昌等译，教育心理学. 北京：北京大学出版社，2009.

2. 皮连生. 教育心理学. 上海：上海教育出版社，2004.

3. 莫雷. 教育心理学. 广州：广东高等教育出版社，2002.

第四章　小学儿童的学习迁移

本章重点

- 学习迁移的概念及分类
- 学习迁移的理论
- 学习迁移的规律在小学教学中的应用

教育的一个重要目标是要使学生能将已经获得的知识、技能与行为方式运用到新的问题情境中去，这就是学习迁移的问题。可以说，学习迁移是检验学生学习或者教学质量的关键指标。本章将通过对学习迁移概念、理论的介绍，来探讨在教学中如何促进小学生的学习迁移。

第一节　学习迁移概述

一、学习迁移的概念

学生的学习成效不仅是掌握知识、形成技能，还在于能够在新问题或新情境中应用知识，产生预期的行为变化。为此，教师必须注重培养学生的迁移能力，从而有效地提高学习质量。

日常生活中"举一反三""触类旁通""授人以鱼，不如授人以渔"等都是对学习迁移现象所作的原始而形象的概述。我们还可以观察到，练习毛笔字影响写钢笔字；会拉二胡的人，再学弹三弦、拉小提琴，便比较容易；小学生加法的学习影响其乘法的学习；儿童在做语文练习时养成爱整洁的书写习惯，有助于他们在完成其他作业时形成良好的习惯等。这些现象都属于学习迁移的范畴。

学习是一个连续的过程，任何学习都是在学习者已经习得的态度等基础上进行的。一般心理学教科书都把先前的学习对后继学习的影响称为迁移，但这一定义并不能概括全部迁移现象。因为新的学习过程及其结果又会对学习者的原有知识经验、技能和态度甚或学习策略产生影响，心理学家将这种影响也看作学习的迁移。于是，迁移被广义地定义为：学习迁移是，"在一种情境中技能、知识和理解的获得或态度的形成对另一种情境中的技能、知识和理解的获得或态度形成的影响"。简单来说，学习迁移就是"一种学习对另一种学习的影响"。[①]

二、学习迁移的分类

随着对迁移现象的不断研究，心理学家发现，在不同情境下，迁移的机制和所需的条件是不同的，于是对学习迁移作出了各种各样的分类。

（一）不同内容领域的迁移

从迁移的内容或发生领域上看，迁移不仅发生在知识和动作技能的学习中，同样还发生在情感和态度的学习和形成中。

知识的迁移是一种学习所获得的知识对另外一种情境中学习的影响。例如，学生利用所学的加减法以及四则运算的知识，去学习代数或解决实际生活中的运算问题；学习了数学的基础知识，有助于对物理学和化学中的一些数量关系和方程式的理解；汉语拼音的学习常常影响某些英语字母拼音的学习。这些都属于知识理解的迁移。技能的迁移是一种学习所获得的技能对另外一种情境中学习的影响。它既包括动作技能的迁移，也包括心智技能的迁移。例如，棒球选手打高尔夫球会打出专业水平；学会英语的人很容易掌握法语。这些都属于技能的迁移。态度、情感的迁移是一种学习所获得的态度、情感对另外一种情境中学习的影响。例如，数学教师要求学生作业整洁而有条理，每次做完作业都要认真自查，有利于培养学生在其他科目学习，甚至一生中许多方面都严格要求自己的态度；在数学考试上的焦虑也许会使在其他科目上也产生考试焦虑等。这些都属于态度和情感领域的学习迁移。

（二）不同方向的迁移

从迁移的方向上看，迁移可以分为顺向迁移与逆向迁移。

顺向迁移是指先前的学习对后来的学习的影响。通常说所的"举一反三""触类旁通"，就是顺向迁移。还比如先学方程式知识影响后学的不等式知识；小时候学的方言会对后来学习标准普通话产生影响等。逆向迁移是指后来的学习对先前学习的影响。例如，小学生英语字母发音的学习会对之前汉语拼音的学习产生影响。

（三）不同效果的迁移

从迁移的影响效果方面看，迁移的发生并非总是积极的影响，它既可以是

---

① 陈琦，刘儒德．教育心理学．北京：北京师范大学出版社，2007.

积极的，也可以是消极的。

1. 正迁移

正迁移也叫助长性迁移，即一种学习对另一种学习的积极影响，包括一种学习使另一种学习具有了良好的心理准备状态，一种学习使另一种学习活动所需的时间或练习的次数减少，或使另一种学习的深度增加或单位时间内的学习量增加，或者已经具有的知识经验使学习者顺利地解决了面临的问题等情况。例如，学习语文有助于学习历史；小学生学好数学基本知识与技能，有助于今后学习几何、代数等知识；在欧洲，有许多人同时懂得法语、英语、德语、西班牙语等。这是由于他的母语与新学习的语言，在文法结构上类似，一个语根派生出不同的语词的因素，具有正迁移的作用。

2. 负迁移

消极的影响被称为负迁移，也叫抑制性迁移，是指一种学习对另一种学习的阻碍，多指一种学习所形成的心理状态对另一学习的旋律或准确性产生了消极的影响，或一种学习使另一种学习所需的学习时间或所需的练习次数增加或阻碍另一种学习的顺利进行。例如，学生新旧概念之间的混淆；学习汉语的语法、结构可能会影响学生的英语学习，出现汉语式的英语翻译。[①]

无论是顺向迁移还是逆向迁移，都有正、负之分；同样，无论是正迁移还是负迁移，也都有顺向和逆向之分。

在学习迁移的理论和实验研究中，我们主要考虑的是顺向正迁移。因为正迁移是促进学习的迁移，对学习和教育有积极意义。而负迁移对学习造成干扰，是要避免和控制的迁移。在教学中，我们总是希望先行的学习给以后的学习带来帮助和促进作用，所以，在后面介绍的迁移理论中考虑的主要是学习的顺向正迁移。

（四）不同范围的迁移

布鲁纳根据迁移的方式和范围，把迁移分为特殊迁移和一般迁移。

特殊迁移，又叫具体迁移，是指某一领域或课题的学习直接对学习另一领域或课题所产生的影响，是特定事实与技能的迁移。如跳水的一些项目，弹跳、空翻、入水等基本动作是一样的，运动员若熟练掌握这些基本动作，那么在学习新的跳水动作时，就可以把这些基本动作进行不同的组合，很快形成新的动作技能。一般迁移又叫普遍迁移，是指学习者把所习得的一般原理、原则和态度运用到具体的事物中，从而对这种具体内容的学习产生影响。例如，学

---

① 莫雷．教育心理学．广州：广东高等教育出版社，2002.

习了记忆的方法，就有可能运用到各门学科知识的记忆中去。这样产生的迁移可能是由动机、注意等因素引起的，有可能是由学习的其他准备活动或学习方法、策略引起的。

(五)不同程度的迁移

从迁移发生的情境与原有经验情境的相似度或迁移的程度来看，可将迁移分为自迁移、近迁移和远迁移。

自迁移是指已经获得的经验对相同情境中任务操作的影响。自迁移经常表现为原有经验在相同情境中的重复。如一旦学会使用一台电脑，你就很有可能将其迁移到另外一台电脑上。近迁移指将所学经验迁移到与原初学习情境比较相似的情境中。例如，学会驾驶手动挡的普通汽车，那么当你驾驶一辆自动挡汽车时，你也会很快适应。远迁移指个体能将所学的经验迁移到与原初的学习情境极不相似的其他情境中。如将学校所学的知识技能，很好地运用到工作中去。

阅读专栏 4-1

关于远迁移的两个问题情境

情境一：指挥官问题

将军希望占领位于乡村中部的要塞，要塞有多条向外延伸的路，但均埋有地雷。只有小分队可安全通过这些道路，无法进行大规模攻击。将军解决的方法是将军队分为许多小分队各走一条路，最后在要塞同时会合。

情境二：辐射问题

假如你是医生，面临着一个胃内有恶性肿瘤的病人。肿瘤不切除，病人就会死去，但是，在肿瘤上又不能动手术。有一种辐射能摧毁肿瘤。如果辐射以足够高的强度立刻到达肿瘤，肿瘤会被摧毁。但不幸的是，其他的健康组织同时也会被摧毁。而辐射强度较低时，射线对健康肌体无害，但对肿瘤也就不起作用。那么，我们应该用什么类型的辐射去摧毁肿瘤，同时又能避免伤害健康的组织呢？

在解决辐射问题前没有阅读故事或阅读无关故事的被试中，仅有大约10％使用了最有效的方法来解决问题；在解决辐射问题之前阅读过类似故事的被试中大约有75％在时间限度内使用"会聚解决法"（从不同方向发射射线）解决了辐射问题。

——黄正夫

(六)不同意识水平的迁移

1969 年所罗门（G. Salomon）和帕金斯（D. Perkins）依据迁移发生的自动化

程度将迁移划分为低通路迁移和高通路迁移。

低通路迁移是指经过充分练习的技能自动迁移，不需要反省性思维。例如，开惯了自家车的人可以很轻松地开从朋友那里借来的车。高通路迁移指有意识地将在某一情境下习得的抽象知识运用到新的情境中，例如用做笔记策略来阅读文章。

随着迁移研究的不断深入，研究者逐渐认识到，在不同的任务中，迁移的机制以及迁移所需的基本成分是不同的，并提出了一些新的分类，如有人从学习迁移的心理机制角度，将迁移划分为同化性迁移、顺应性迁移和重组性迁移等。对迁移的不同分类方法，体现了人们对迁移的理解深度和研究角度的不同。迁移的类型不同，实现迁移的条件与过程也不同。因此，对学习迁移的划分，有助于我们探讨产生迁移的最佳途径。

阅读专栏 4-2

学习迁移的测量

根据迁移的定义，必须测出学习者的作业发生了某种变化，才能确定迁移是否出现，或者迁移量是多少。在进行迁移测量时，必须区分经过练习而产生的作业变化，与由一种学习对另一种学习的影响而产生的作业变化。后一种变化才是要测量的迁移，它是由别种练习的影响而产生的。要确定先后两项学习之间是否出现迁移及迁移数量，必须进行适当的迁移实验设计和测量。迁移实验设计和测量主要有四个步骤：①建立等组（或班）。一般设实验组和控制组。通过预测使两组在智力和知识基础方面尽可能相等。②进行教学处理。在顺向计划下，让实验组学生先学习 A，让控制组学生休息或从事其他无关活动，然后让实验组和控制组都学习 B；在逆向计划下，让两组先学习 A，然后让实验组学习 B；让控制组休息或从事其他无关活动。③测量与比较两组学习结果。在顺向计划下，两组均测量 B；在逆向计划下，两组均测量 A。然后将测量的结果加以比较，并作出统计检验。④得出结论，说明迁移是否产生及其迁移量（见下表）。

表　迁移实验的基本类型

迁移方向	分组	先学	后学	测量
顺向计划	实验组	A	B	B
	控制组	—	B	B

续表

迁移方向	分组	先学	后学	测量
逆向计划	实验组	A	B	A
	控制组	A	—	A

（资料来源：皮连生．教育心理学．上海：上海教育出版社，2004.）

三、学习迁移的作用

日常生活中我们常说，好的教育能使学生"触类旁通"或"举一反三""闻一知十"。可以说，凡是有教育的地方就会有迁移，从来不存在相互间不产生影响的学习，因此学习迁移在学校教育中无所不在。学习迁移也一直是教育心理学研究的一个重要问题，学习迁移的研究不仅具有十分重要的理论意义，还具有重大的实践意义。

①学习迁移的研究可以丰富教育心理基础理论知识，指导各种教学活动。对学习迁移的实质、过程、条件等理论问题的探究，不仅可以丰富关于学习理论的相关知识，还可以为教学过程提供参考，从而使教育者有意识、有目的、有计划地开展各种教学活动，如教材的选择和编写、教学方法的选择以及教学过程的组织等，促进学习的正迁移，尽量避免产生负迁移。

②学习迁移有利于培养学生解决问题的能力和创造性。一方面，迁移的作用是使习得的经验得以概括化、系统化，形成一种稳定的整合的心理结构，从而更好地调节人的行为，并能动地作用于客观世界。学生的学习目的不仅是把知识、经验储存在大脑之中，还要将所学的知识经验应用于各种不同的实际情境中，去解决现实生活中的各种问题。如何有效地解决问题呢？这就必须通过迁移来实现。

另一方面，迁移是向能力转化的关键。能力的形成一方面依赖于知识、技能的掌握；另一方面也依赖于所掌握知识和技能的不断概括化、系统化。在知识技能的掌握过程中，必然存在先前经验对新学习的影响，即存在着迁移，而知识技能的类化过程只有在学习的迁移中才能实现。

③学习迁移是整个学校教育理念的基石。学校教育的一个主要的目标是使学生能够灵活地适应新的问题和情境，现今流行的口号教学生"学会学习"，正是人们对这一目标的呼吁。学校教育是否有效，很大程度取决于学生对所学经验的迁移能力。因此，教育者要尽可能地将学习迁移的理论运用到自己的教学过程中，提高学生的迁移能力。

第二节　学习迁移的理论

学习迁移是一种非常复杂的问题，尽管人们很早就注意到学习迁移现象的存在，前面所学的学习理论对学习迁移也都或多或少有自己的看法，但从理论上对迁移进行系统的解释和研究始于18世纪中叶。为了解释学习迁移现象，许多心理学家从不同的理论基础和哲学基础出发，对迁移发生的原因、过程以及影响等因素作出了不懈的探索，提出了不同的见解，并形成了不同的学习迁移理论。

一、传统迁移理论

(一)形式训练说

学习迁移现象早已为人们所知。孔子说："举一隅不以三隅反，则不复也。"(《论语·述而》)从心理学上讲，"举一反三"和"触类旁通"都是指先前的学习对以后的学习的促进，即学习的迁移现象。但是，对学习迁移现象最早的系统解释，则是由形式训练说提出的。

形式训练说是第一个系统的迁移理论，以官能心理学为基础。官能心理学的提出者沃尔夫(Christian Wolff)认为人的心是由"意志""记忆""思维"和"推理"等功能组成的。心的各种成分(官能)是各自分开的实体，分别从事不同的活动，如利用记忆官能进行记忆和回忆，利用思维官能从事思维活动。各种官能可以像肌肉一样，通过练习增强力量(能力)。这些能力在各种活动中都能发挥效用。比方说，记忆官能增强以后，可以更好地学会和记住各种东西。不仅如此，由于心是由各种成分组成的整体，一种成分的改进，也在无形中加强了其他所有官能的力量。迁移就是心理官能得到训练而发展的结果。因此，从形式训练的观点来看，迁移是通过对组成心的各种官能的训练，以提高各种能力如注意力、记忆力、推理力、想象力等而实现的，而且迁移的产生是自动的。

形式训练说把训练和改进心的各种官能作为教学的最重要目标。它认为，进行官能训练时，关键不在于训练的内容，而在于训练的形式，因为内容经常容易忘记，其作用是暂时的，而形式是永久的。也就是说，学习的内容不甚重要，重要的是学习的东西的难度和训练价值，学习要收到最大的迁移效果，就应该经历一个"痛苦的"过程。于是，难记的古典语言、数学和自然科学中的难题，被视为训练的最好材料，因为数学有利于训练推理能力，几何有利于训练逻辑思维，拉丁语和希腊语有利于训练记忆力。在这样的训练中，"学生学会观察、分析、比较、分类、想象、记忆、推理、判断，甚至创造……有了这样的造诣，足以使学生在日后的学习和工作中受益无穷"。反之，学生如果仅记住一些具体事实，其使用价值十分有限。

按照形式训练说的观点，在学校教育中，传递知识远不如训练官能重要。学生在校学习的时间是有限的，而知识浩如烟海，我们不可能把所有的知识都传授给学生。如果学生的官能得到训练发展，任何知识随时都可以被吸收。所以，掌握知识是次要的，官能的发展才是首要的。知识的价值是作为训练官能的材料。

形式训练说在欧洲和北美盛行了约200年，至今在国外和我国仍有一定的影响。但是，心的各种官能能不能分别加以训练，使之提高，从而自动迁移到一切活动中去呢？教学的主要目标是不是训练"心"的各种官能呢？该学说缺乏充分的科学依据，早期的以及近现代的心理实验研究都对这一学说提出了挑战。20世纪初以后，形式训练说不断遭到来自心理学实验结果的驳斥。

(二)相同要素说

19世纪末20世纪初，心理学家开始借助实验来检验形式训练说的迁移理论。美国心理学家詹姆士(W. James)在1890年首先通过记忆实验，表示了对形式训练迁移理论的怀疑，他的结论是：记忆能力不受训练的影响；记忆的改善不在于记忆能力的改善，而在于方法的改善。继詹姆士之后，桑代克和伍德沃斯(R. S. Woodworth)进行了一系列实验，得出了与之相似的结论，并在此基础上提出了相同要素说。相同要素说认为只有在原先的学习情境与新的学习情境有相同要素时，原有的学习才有可能迁移到新的学习中去。而且，迁移的程度取决于这两种情境相同要素的多少。也就是说，相同要素越多，迁移的程度越高；相同要素越少，迁移程度越低。内容、程序、事实、行为、态度、技能和原则都可以成为相同要素。

1901年，桑代克进行的"形状知觉"实验是相同要素说的经典实验。在实验中，桑代克训练大学生判断大小和形状不同的纸张面积。首先，让被试估计127张长方形、三角形、圆形和不规则图形的面积，旨在了解被试判断面积的一般能力。然后，用90个面积从10平方厘米到100平方厘米不等的平行四边形让被试进行充分训练。接着，对被试进行两个测验：第一个测验是要求他们判断13个与训练图形相似的长方形的面积；第二个测验是要求被试判断27个三角形、圆和不规则图形的面积。这27个图形是在预测中用过的。结果表明：通过平行四边形面积的训练，被试对长方形面积的判断成绩提高了，而对估计三角形、圆形和不规则图形的面积的判断，成绩没有提高。

桑代克根据这一结果得出，之所以产生迁移，是因为练习课题与迁移课题之间有相同的要素。练习的面积与迁移课题的面积愈相接近，新图形与练习图形愈近似，判断的正确程度愈高。只有当学习情境和迁移测验情境存在共同成分时，一种学习才能影响到另一种学习，即产生迁移。换句话来说，如果在两种学习情境之间要有任何正迁移的话，那么这两种情境必须是非常相似的。

相同要素说，后来被伍德沃斯修改为共同成分说，意指只有当学习情境和迁移测验情境存在共同成分时，一种学习才能影响另一种学习，即产生迁移。例如，在活动 A12345 和活动 B45678 之间，因为有共同成分 4 和 5，所以它们才会有迁移出现。用桑代克的话来说，"只有当两种心理机能具有共同成分作为因素时，一种心理机能的改进才能引起另一种心理机能的改进"。所谓共同的心理机能指什么呢？尽管桑代克认为包括经验上的基本事实、工作方法乃至一般原理或态度，但由于他对学习持联结主义观点，所谓共同的心理机能，实际上只是共同的刺激和反应的联结。他还设想，这种共同的刺激和反应的联结，是"凭借同一脑细胞的作用"而形成的。

桑代克的相同要素说在当时的教育界曾起过积极作用，使学校脱离了枯燥乏味的形式训练，重视应用科学，教学内容的安排也尽量与将来的实际应用相结合。桑代克等人用大量的实验证明，迁移是非常具体的、有限的，需要一定的条件只存在于含有相同要素的领域。对形式训练说的否定，也使迁移的研究有所深入。但是，他坚持认为，"心理就它的功能方面来说，是对特殊情境作特殊反应的一架机器"[①]。根据这种观点，人们在特殊情境中需要的每一种知识、技能、概念或观念，一定要作为一种特殊的刺激—反应的联结来学习。这样，迁移的范围就大为缩小。根据相同要素说，在两种没有相同要素或共同成分的过程之间，在两个完全不相似的刺激—反应联结之间，不可能产生迁移，这会使人们对迁移产生悲观态度。这样仅将迁移视为相同联结的转移，认为两情境中的客观方面的共同要素是决定迁移的唯一因素，这在某种程度上否认了已存在的迁移，也否认了迁移过程中的复杂的认知活动，因此有一定的机械性和片面性。

（三）概括化理论

桑代克的理论，把注意力集中在先期学习活动与后期学习活动共有的那些因素上。贾德（C. H. Judd）的理论则不同。贾德认为，在先期学习 A 获得的东

---

① 莫雷. 教育心理学. 广州：广东教育出版社，2002.

西，之所以能迁移到后期学习 B，是因为在学习 A 时获得了一般原理，这种一般原理可以部分或全部运用于 A、B 之中。根据这一理论，两个学习活动之间存在的共同成分，只是产生迁移的必要前提，而产生迁移的关键，是学习者在这两种活动中概括出它们之间的共同原理，即在于主体所获得的经验类化。所以，贾德的迁移理论称为"概括化理论"或"经验类化说"。

贾德在 1908 年所做"水下击靶"的实验，是概括化理论的经典实验。他以五年级和六年级学生为被试，分成两组，让他们练习用镖枪投中水下的靶子。给一组学生讲授水的折射原理；另一组学生不讲授，只能从尝试中获得一些经验。在开始投掷练习时，靶子置于水下 12 英寸处，结果教过折射原理和未教过的学生其成绩相同。在开始的测验中，理论对于练习似乎没有起作用，因为所有的学生必须学会运用镖枪，理论的说明不能代替练习。接着改变条件，把水下 12 英寸处的靶子移到水下 4 英寸处，这时两组的差异便明显表现出来。没有讲授折射原理的学生表现混乱，他们投掷水下 12 英寸靶时的练习，不能帮助改进投掷水下 4 英寸靶的练习，错误持续发生。而学过折射原理的学生，迅速适应了水下 4 英寸的条件，投得准确。

贾德在解释实验结果时说："理论把有关的全部经验——水外的、深水的和浅水的经验——组成了整个思想体系……学生在理论知识的背景上，理解了实际情况以后，就能利用概括了的经验，迅速地解决需要按实际情况作分析和调整的新问题。"也就是说，折射原理使学生的全部经验之间建立了联系。贾德强调，前后两种学习包含的共同原理，及学习者对这种原理的概括是产生迁移的两个首要条件。学习者对原理了解概括得越好，越有可能在新情境中产生迁移。[①]

后来，亨德里克森（Hendrickson & Schroeder）在贾德的实验基础上，又进行了更为严格控制的实验。他们在实验中设立了两个实验组和一个控制组：对实验组Ⅰ只讲解简单的光学折射原理，对实验组Ⅱ除教给光学折射原理之外，还教给水愈深所看到的水中的靶子与实际位置距离相差愈大的原理。对控制组不进行任何提示。第一次实验时靶子在水深 6 英寸处，第二次靶子在水深 2 英寸处。实验结果见表 4-1。从表 4-1 可知原理提示具有重要的作用，而且提示愈详细，效果愈好。比较各组迁移的进步，可以发现在实际应用中掌握原理的意义比单纯地作为知识来学习原理更为有效。可以说，他们的研究不仅进一步证实了贾德的理论，还指出，概括化不是一个自动的过程，它与教学方法有

① 黄正夫. 教育心理学. 北京：北京师范大学出版社，2011.

密不可分的关系，教学中如注重引导学生学会概括、思维就会增加正迁移出现的可能性。

表 4-1 水下击靶水深与练习次数与迁移程度

组别	击中靶子所需的练习次数		迁移的进步(%)
	6 英寸	2 英寸	
控制组	9.1	6.03	34
实验组Ⅰ	8.5	5.37	37
实验组Ⅱ	7.73	4.63	40

概括化理论主张，仅仅讲解原理知识并不能保证知识的有效性，只有建立知识的联系，结合实际讲解原理，知识才具有更大的价值。学生在理论知识的背景下理解了实际情况之后，就能利用概括了的经验去分析问题，进而调整思路，解决实际情况。但值得注意的是原理、原则的概括具有较大的年龄差异，年幼的学生要形成原理的概括并不容易，因为通过概括化而产生迁移的前提是学会原理、原则，这与学习材料的性质以及学生的能力等因素密切相关。原理概括化的能力有助于学生概括能力的提高和积极迁移的发生。同时，应注意到对知识进行概括常会出现两种错误，一种是过度概括化，即夸大了两种学习情境之间的相同的原则，忽略了差异，在学习中表现为把已学到的原则生搬硬套到新的学习中；一种是错误的概括化，造成对学习的机械的定势，从而导致负迁移的产生。

贾德的概括化理论把学习者获得概括性的原理作为迁移的基本条件，解释了学习迁移的原因之一是两种学习遵循着共同的原理，而不仅仅是相同的成分。因此，贾德的概括化理论是对相同要素说的进一步发展，该理论不但被许多心理学家所接受，而且在实践中得到证实和发展。

（四）关系转换说

关系转换说是格式塔心理学家提出的迁移观点。他们从理解事物关系的角度对贾德的概括化迁移理论进行了重新解释，并通过实验证明迁移产生的实质是对事物间关系的理解。他们强调"顿悟"是迁移的一个决定因素。他们认为，迁移并不取决于两个学习情境是否存在某些共同的要素，也不取决于对原理的孤立的掌握，而是取决于能否理解要素间形成的整体关系，能否理解原理与实际事物之间的关系，即学习迁移是由于学习者突然发现两个学习经验之间存在关系的结果。迁移的是顿悟，即两个情境突然被联系起来的意识。

可见，关系转换说更强调个体的作用。与贾德在射靶实验中强调的概括化原理相反，关系转换说认为，靶的位置、水的深度、射击的方法以及光的折射原理等存在整体和关系的知觉，它们之间的关系才是重要的。

苛勒所做的"小鸡觅食"的实验是支持关系变换说的经典实验。如图 4-1，他让小鸡在两张深浅不同的卡片（Ⅰ）背后寻找食物，当小鸡选择深色卡片 B 后，总能找到食物。A 与 B 这两张卡片的位置是随机调换的，所以食物与位置之间无任何关系。小鸡准确无误地选择卡片 B，完全学会这一训练课题需要 400～600 次试验。然后，变换实验情境，把 A 卡片换成更深颜色的卡片 C（Ⅱ）。现在的问题是：如果小鸡仍然到 B 下面寻找食物，那就证明迁移是由于相同要素的作用。如果小鸡是到两张卡片中颜色更深的那张 C 下面寻找食物，那就证明迁移是对关系作出的反应。实验表明，小鸡对新刺激 C 的反映，为 70％。这就证明了选择不是比较刺激的绝对性质，而是根据两种刺激的相对关系。

图 4-1 苛勒的小鸡觅食实验材料

苛勒认为，学习者顿悟两种学习情境之间的原理原则的关系，特别是手段-目的之间的关系，是实现迁移的根本条件。研究表明，转换现象受原先学习课题的掌握程度、诱因大小和练习量的影响。原先学习的课题掌握得好、诱因大和练习量增加，转换现象较易产生。可以说，转换理论是对概括化理论的深化，与相同要素说也并非不相容，如果把实验中两个图片中颜色较深的一个视为相同要素的话，关系转换说与相同要素说这两种理论可以统一起来。

（五）奥斯古德的三围迁移模型

奥斯古德（C. E. Osgood）在总结了大量配对联想学习实验资料的基础上提出了迁移的三维模式（见图 4-2），表明刺激或学习材料的相似程度和反应的相似程度与迁移三者之间的关系。

根据该模型，我们可以预期：若先后两个材料刺激相同（S_I），反应相同（R_I），则会出现最大的正迁移。若先后两个刺激相似（S_S），反应由相似到不同

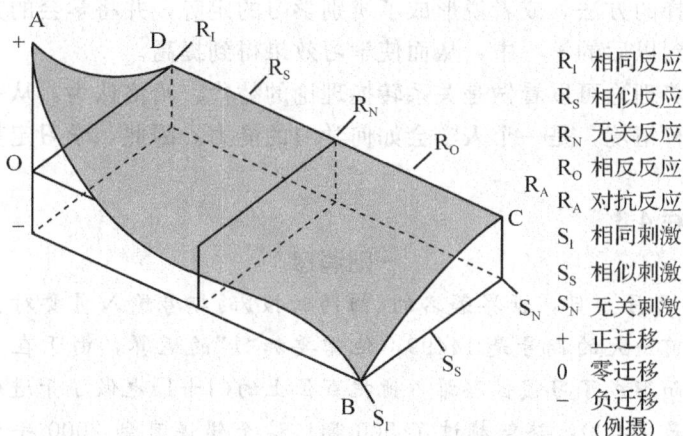

图 4-2　奥斯古德学习迁移的三维曲面模型

（R_N），再到对抗（R_A），则迁移由正到负以致最大的负迁移。若先后两个刺激由不同到相同，而反应由相同到对抗，负迁移由最小到最大。若先后两个材料刺激不同，反应由相同到不同以致对抗，迁移效果都为零。

奥斯古德这一曲面模型解释了迁移中的一些问题，也得到了一些实验证明，但由于他总结的实验数据是从机械学习—对偶联想学习得来的，因此在说明较为简单的学习的迁移现象时较有说服力，但要用以说明高级学习特别是意义学习中的迁移现象，则会遇到很大的困难。

（六）学习定势说

学习定势说考虑的是学习方法的迁移问题。所谓学习定势，指习得的学习方法的态度倾向。一个学生的学习迁移，往往受他的学习意图或学习心向的影响，这就是学习定势的作用。先行学习为后继学习准备了迁移的条件，或使后继学习处于准备状态中，这就有利于迁移。在先行学习中改进学习的一般方法，学会如何学习也能起到定势的作用，有利于学习迁移。

哈洛（Harlow）著名的"猴子实验"证明了进行学习方法的学习有利于形成学习定势。哈洛在实验中给猴子呈现由两个刺激组成的配对刺激（例如漏斗与圆筒、圆柱体与圆锥体）。在一种刺激物下面放有食物，另一刺激物下面不放任何东西。实验中，猴子拿起呈现的刺激物的其中一种进行观察，偶然碰到有食物随即摄取。这样反复 6 次以后，再使用另外一种刺激物，也同样经过 6 次辨别学习试验。虽然不断变换刺激物，但猴子选择放有食物的刺激的频率在快递上升。这种现象被解释为"学习方法的学习"。这说明猴子在前几次辨别学习中学会了选择的方法，或者说形成了辨别学习的定势，并将学会的方法或形成的定势运用到以后的学习中，从而使学习效果得到提高。

学习定势理论可以看做是关系转换理论的替代。哈洛认为，从一种情境迁移到另外一种情境，是一个人学会如何学习的能力。因此，学习定势是一种策略的迁移。[①]

阅读专栏 4-3

一则消息

1898 年 2 月 6 日，世界著名的《纽约时报》的期号输入员要对当天的报纸输入期号，前一天的期号是 14499，他需要加"1"的运算，由于在个位、十位都逐级进位而形成了习惯性思维，他把百位上的（4＋1）也做了千进位，那天他输入的期号是 15000，整整越过了 500 期！这个错误直到 2000 年元旦，才被改正。

（资料来源：http：//www.zxxk.com/Article/1105/136417.shtml.）

二、关于迁移理论的争论

（一）传统迁移理论的争论

迁移理论是学习理论的继续。传统迁移理论之争集中在两个方面：一为一般迁移与特殊迁移之争；二为机械学习迁移与意义学习迁移之争。迁移理论对立的主要原因在于传统学习论缺乏学习分类思想，把机械学习与有意义学习、知识学习与技能学习、智慧技能与动作技能相混淆。

桑代克通过大量知觉辨别和运动动作训练研究，提出了迁移的相同要素说，这一理论能解释知觉辨别这种低级智慧技能和简单的动作技能的学习迁移。但是，当贾德的实验情境不仅需要知觉辨别和动作技能，还需要高级的概括能力时，相同要素说遇到了困难。所以，安德森指出："桑代克成功地推翻了一个错误理论，即形式训练说的教条，他代之而提出的是一个差不多空洞的理论。"

奥斯古德通过总结大量配对联想实验资料，得出了相同与不同材料的正负迁移规律，可以较好地解释机械言语材料的迁移与干扰现象，但遇到有意义言语材料时，便说不通了。所以奥苏伯尔强烈批评将机械学习规律推论到有意义学习的错误倾向，他根据有意义学习的特点提出一整套适合有意义学习的迁移规律。

---

① 莫雷. 教育心理学. 广州：广东高等教育出版社，2005.

（二）一般迁移与特殊迁移的新争论

20世纪80年代初，信息技术迅速应用于教育领域，信息技术教育和信息技术应用于教学，对学生的学习乃至智力有何影响成为教育工作者和研究人员关注的问题，并引发了一场关于一般迁移与特殊迁移的新争论。影响较大的是麻省理工学院的佩玻特（Papert），他在其名著《智力风暴》一书中介绍了他依据皮亚杰理论所开发的LOGO语言，并提出儿童通过学习LOGO语言，可以"改变他们学习任何别人的东西的方式"。LOGO语言的教学"除了是可以教学生基本的数学、物理和语言学的概念的有效方法外，还可以提高儿童思维品质和发展解决问题技能"。他的观点一发表便在国际上引起巨大的反响。全世界六大洲都有其追随者并建立了LOGO语言教学国际组织。人们纷纷把LOGO语言当做培养创造性思维和解决问题的能力的重要手段，进行了多方面的实验并且大加宣传。

经过数年对程序设计语言教学的综合研究后，以加利福尼亚大学伯克利分校的林教授和银行街教育学院的皮教授为代表，对佩玻特的论断提出了质疑，引起了美国教育界的轰动。林的研究指出：表面上看，程序设计课能提高学生解决问题的能力，但是，这些能力是否是一般能力，能否迁移到其他领域的学习却值得怀疑。皮教授则更明确地指出银行街教育学院经过五年的关于儿童学习LOGO语言的研究，尚未能证明LOGO程序设计语言学习能发展一般的解决问题能力。只有当教学强调某一方面时，学生才能有所进步。佩玻特的反对者们还认为，强调程序设计对一般解决问题能力的迁移，犹如20世纪初的官能心理学的翻版：试图通过某一门学科的学习而去发展某种高级的心理机能，只是一种空想、一种奇闻轶事，研究表明是不可行的。然而佩玻特的反对者们并没有完全否认程序设计语言对认知能力可能发生影响。林认为，程序设计语言学习可以培养的认知成果可能是一个连锁反应，这种认知的连锁有不同的等级，程序设计课能达到连锁上的不同部位，但仅仅通过一门几十小时的课的学习是不能达到连锁的高级部位——问题解决的一般技能的，它只能是一个开端，经过漫长的过程才能达到培养解决问题的能力。

佩玻特本人则认为反对派的测试内容与程序设计的常规内容不一致，是迁移不显著的主要原因。他批评教育心理学研究中常用的等组对比方法是技术中心主义。然而该学派本身并未能提出，如何科学地测试程序设计学习对一般思维技能影响。

当前争论的焦点是能不能脱离具体学科，对一般的解决问题的策略加以训练，从而达到在跨学科情境中普遍迁移的目的。围绕这个问题开展了大量的实验研究，结论很不一致。例如，西蒙认为："强有力的一般解决问题的方法的确是存在的，而且是可教会的。"也有人批评当今学校过分强调内容方面的教学，主张把教学重点放在一般学习方法方面。在美国有许多大学开展跨学科的一般解决问题方法的训练。这一争论归结起来还是一般能力与特殊能力、一般迁移与特殊迁移的关系之争。事实上，佩玻特的问题不在于他强调了LOGO语言教学的一般迁移性效果，而在于他不适当地夸大了一门学科所能产生的一般迁移。

三、当代学习迁移理论

迁移是学习的一个重要方面，所以每当有新的学习理论提出，迁移理论也随之更新。当代著名的学习论有奥苏伯尔的有意义学习论、信息加工心理学的产生式理论和新近发展起来的认知策略理论，与此相应的迁移理论有奥苏伯尔的认知结构迁移理论，安德森（J. R. Anderson）等人提出的产生式迁移理论和新近发展起来的元认知迁移理论。

（一）认知结构迁移理论：奥苏伯尔学习迁移观

认知结构迁移理论是奥苏伯尔根据他的有意义言语学习理论发展而来的。奥苏伯尔认为，当用他的认知结构的观点重新考察迁移时，会发现原先的迁移模式在有意义学习中仍然适用，顺向迁移仍然指先前的学习对后继学习的影响。但是，先前的学习指什么？它如何影响后继的学习？奥苏伯尔对此作了与传统解释根本不同的新解释。

首先，一般的迁移模式在这里仍然适用。先前的学习应该包括过去经验，即累积获得的、按一定层次组织的、适合当时学习任务的知识体系，而不是最近经验的一组刺激—反应的联结。

其次，在有意义学习与迁移中，我们所说的过去经验的特征，不是指前后两个课题在刺激和反应方面的相似程度，而是指学生在一定知识领域内认知结构的组织特征，诸如清晰性、稳定性、概括性、包容性等。在学习课题 A 时得到的最新经验，并不是直接同课题 B 的刺激—反应成分发生相互作用，而只是由于它影响原有的认知结构的有关特征，从而间接影响新的学习或迁移。

最后，在一般的课堂学习中，并不存在孤立的课题 A 和课题 B 的学习。学习 A 是学习 B 的准备和前提；学习 B 不是孤立的，而是在同 A 的联系中学习。因此，在学校学习中的迁移，很少有像在实验室条件下严格意义的迁移。这里，学习迁移所指的范围更广，而且迁移的效果主要不是指运用一般原理于特殊事例的能力(派生类属学习的能力)，而是指提高了相关类属学习、总括学习和并列结合学习的能力。因此，无论在接受学习还是在发现学习中，凡形成的认知结构影响新的认知功能，便是迁移。

（二）影响学习迁移的认知结构变量

奥苏伯尔提出了影响新的学习与保持的三个认知结构变量。通过操纵与改变这三个认知结构变量，可以促进新的学习与迁移。

1. 原有知识的可利用性

奥苏伯尔的认知结构变量是针对原有知识对新的学习效果的影响提出的。在认知结构中是否有适当的起固定作用的观念，这是影响学习迁移的一个重要的认知结构的变量。也就是说，当学习新的知识时，如果在学生原有知识结构中能找到适当的可以用于同化新知识的原有知识（包括概念、命题或具体例子等），那么该学生的认知结构就具有原有知识的可利用性。奥苏伯尔认为，原有知识的可利用性是影响新的学习和迁移的最重要因素，也是最重要的认知结构变量。他更强调上位的、包容范围大和概括程度高的原有观念的作用。如果在学习新知识时，学生认知结构中缺乏这样的上位观念，教师就可以从外部在学生的认知结构中嵌入一个这样的观念，使之起吸收与同化新知识的作用，这样从外部嵌入的观念被称为先行组织者。例如，为了使小学一二年级学生形成句子和句子成分的概念，教师告诉学生：每一个句子都要讲到"谁"和"干什么"，有这两个成分的话语才是完整的句子。这一知识是用儿童易懂的语言陈述的。儿童先学习这一上位知识，该知识对他们形成句子和句子成分概念起到组织者作用。接着教师给出如下句子的正反例：①小明上学去。②妈妈爱宝宝。③爸爸开汽车。④湖面上的船。⑤飞得很高。

教师帮助学生分析，第1～3句都是句子，都有"谁"和"干什么"；第4和5句不是句子，第4句有"谁"，缺"干什么"，第5句讲了"干什么"，缺"谁"。这样，学生理解了什么话语是句子，什么话语不是句子。如果没有起组织者作用的上位观念的支持，学生就无法理解句子概念。[①]

在数学和自然学科中，先前习得的知识往往对后继的学习起到这样的组织作用，因此学习起来很顺利。例如，学生总是在掌握三角形概念之后学习等腰三角形，因为三角形概念是上位的，起组织者作用，而等腰三角形概念是下位的，有上位三角形概念支持，故学习起来很容易。

---

① 皮连生. 教育心理学. 上海：上海教育出版社，2004.

2. 原有知识的巩固性

第二个认知结构变量是同化新知识的原有知识的巩固性。原有知识越巩固，越易促进新的学习。利用及时反馈、过度学习等方法，可以增强原有的起固定作用的观念的稳定性。原有知识的稳定性有助于新的学习与保持。例如，奥苏伯尔及其合作者在1961年研究了原有知识的巩固性对新学习的影响。研究中让被试学习基督教知识，经过测验将被试的成绩分成中上水平和中下水平，然后将这些被试分成三个等组：第一组在学习佛教材料前，先学习一个比较性组织者（它指出佛教和基督教的异同）；第二组在学习佛教材料前，先学习一个陈述性组织者（它仅介绍一些佛教观念，其抽象水平与要学习的材料相同）；第三组在学习佛教材料前，先学习一个有关佛教历史和传记的材料。在实验后的第三天和第十天进行保持测验。结果表明，无论哪一组，凡原先的基督教知识掌握较好的被试，在学习佛教知识后的第三天和第十天的保持成绩均较优（见表4-2）。

表4-2　起固定作用的观念的稳固性和清晰性对后继的学习和保持的影响

	原先的基督教 知识掌握水平	第一组 比较性组织者	第二组 陈述性组织者	第三组 历史传记材料
第三天的 保持分数	中上 中下	23.59 20.50	22.50 17.32	23.42 16.52
第十天的 保持分数	中上 中下	21.79 19.21	22.27 17.02	20.87 14.40

3. 新旧知识的可辨别性

新旧知识的可辨别性是指利用旧知识同化新知识时，学习者意识到旧知识与新知识之间的异同点。可辨别性是建立在原有知识的巩固性基础之上的。例如，在物理学中讲到雷达是利用无线电波反射对远距离物体的侦察和定位的原理时，教师可利用学生已知的回声的知识同化新知识，意识到声波和无线电波之间有相似之处，但是又必须区分两者的不同之处。如此，新的知识才可以作为独立的知识保存下来。教师可以设计比较性组织者对新旧知识的异同加以比较。

（三）产生式迁移理论

迁移的产生式理论是由信息加工心理学家安德森提出的。这一理论适用于解释基本技能的形成和程序性知识的迁移。其基本思想是，先后两项技能学习产生迁移的原因在于这两项技能之间产生式的重叠，重叠越多，迁移量越大。两项任务之间的迁移，是随共有产生式的多少而变化的。

安德森认为，这一迁移理论是桑代克相同要素说的现代化。二者的不同在于，桑代克认为产生迁移是由于两项学习之间共有的 S—R 联结及数量，而安德森认为产生迁移是由于两项学习之间共有的产生式及数量，如掌握了 1/2＋1/3 的算法，可对解答 1/4＋1/5 起到促进作用，原因是这两个算式之间有共同的产生式。两种技能之间产生式的交叉或重叠越多，迁移量越大。可以说，在桑代克时代，心理学没有找到适当的形式来表征人的技能，外部的刺激—反应联结不能反映技能学习的本质。信息加工心理学家用产生式和产生式系统表征人的技能，抓住了迁移的心理实质。

安德森等人设计了许多实验来验证这一迁移理论。例如，他和辛格利 (M. K. Singley) 通过不同计算机文本编辑程序的学习实验，证实了他的迁移理论。实验中的被试为打字熟练的秘书人员，他们能理解文本编辑的含义。被试分三组：A 组在学习编辑程序(被称为 EMACS 编辑器)之前，先根据已经做好标记的文本练习打字；B 组先练习另外一种编辑程序，后练习 EMACS 编辑器。C 组为控制组，从第一天起至最后一天(即第六天)一直学习 EMACS 编辑器。学习成绩以每天尝试按键数量为指标，因为被试按键越多，说明他们出现错误需要重新按键数越多。因被试打字熟练，其错误不可能是打字造成的，故错误的下降说明掌握文本编辑技能水平提高。实验结果见图 4-3。控制组每天练习 3 小时 EMACS 编辑器，前 4 天成绩显著进步，至第 5 和第 6 天维持在相对稳定水平。A 组先练习打字，共 4 天，每天 3 小时，第 5 和第 6 天练习 EMACS 编辑器的成绩同控制组第 1 和第 2 天的成绩相似，打字对编辑学习未产生迁移。B 组前 4 天练习另外一种文本编辑程序，每天练习 3 小时，在第 5 和第 6 天练习 EMACS 编辑器时，成绩明显好于 A 组。这说明第一种文本的练习对第二中文本学习产生了显著迁移。

安德森认为，在打字和文本编辑之间没有共同的产生式，而在两种文本编辑程序之间有许多共同的产生式，这是导致两组迁移效果不同的最重要原因。

为了进一步证实重叠的产生式导致迁移这一思想，安德森又仔细比较了两种行编辑器和一种全屏编辑器之间的学习迁移情形。被试先学习 A 种行编辑器，再学习 B 种行编辑器，结果节省时间 95％。先学习行编辑器，再学习全屏编辑器，结果节省时间 60％。

最后，研究者为三种编辑器创造一种产生式规则模型，然后计算它们之间共有的产生式数量。研究者应用这一数量对迁移的程度作出预测，然后用预测

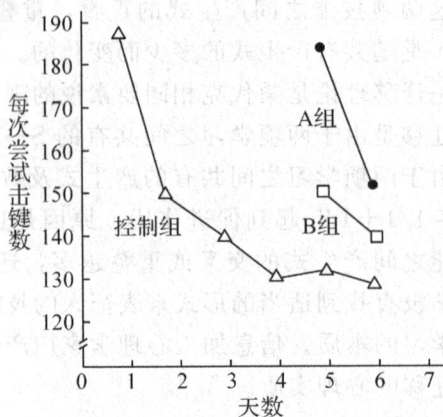

图 4-3　三组被试学习 EMACS 编辑器的成绩

数量与实际观察到的迁移数量进行比较。结果表明，预测的迁移量和实际测量到的迁移量有很高的一致性。

安德森的产生式迁移理论的研究目前仍停留于计算机模拟阶段。尽管如此，它在实际教学中的含义还是十分明显。因两项任务共有的产生式数量决定迁移水平，所以要注重基本概念原理和规则的教学，以便为后继的学习做准备。此外，先前学习的内容必须有充分的练习，才易于迁移。

（四）元认知迁移理论

在认知心理学的迁移理论中，除了针对陈述性知识的认知结构迁移理论和针对程序性知识的产生式迁移理论以外，还产生了与之并列的、针对认知策略的元认知迁移理论。

元认知是由美国心理学家弗拉维尔（Flavell）于 1978 年提出的，这一概念一经提出即在心理学界产生了广泛的影响，认知心理学对教育的研究日益重视元认知在学习中的作用和影响。弗拉维尔认为元认知是对认知过程和认知策略的认识；具有元认知能力的学习者能自动地掌握、控制和监控自己的认知过程。在学习及其迁移过程中，元认知能力有两种：有关自己已有知识的思考和有关如何调控自己学习过程的思考，后者表现为对自己学习过程及其所用策略的反思，对自己学习掌握程度及完成情况的判断和预期等。

元认知迁移理论研究的是认知策略的获得和发展。认知策略是个体主动采用的用于提高其完成认知任务效率的方法，直接为改善个体的认知加工过程服务。认知策略并不指向某一具体情境，而是针对个体普遍的、一般的认知过程。严格说来，它也是一种程序性知识，但是由于这种策略在个体学习与解决问题中起计划、监控和调节作用，使得陈述性知识和程序性知识都无法替代它。

加泰勒(E. S. Ghatala)等人于 1985 年研究了自我评价对策略迁移的影响。研究中的被试为二年级小学生，所教的策略是精加工策略。研究中呈现配对名词，要求儿童尽可能记住并准备回忆学过的词。在正式实验前，研究者对被试儿童进行三种不同的自我评价训练。其中 1/3 的儿童为策略—用途组，接受策略有效性评价训练。方法是反思自己对某一策略的使用与否是怎样影响回忆结果的。要求儿童徒手和用圆规各画一个圆，继而问：用哪种方法画的圆更好？另 1/3 的儿童为策略—情感组，要求他们评价使用某一策略是否感到"开心"。最后 1/3 儿童为控制组，不接受任何评价训练。正式实验分三个阶段进行。

第一阶段，研究者不教任何记忆策略，让儿童自己记忆配对名词并进行回忆测验。其目的是确定儿童的基线水平。

第二阶段，将被试儿童分成两个等组。其中一组学习精加工策略，另一组采用名词中的字母数的策略帮助记忆。显然前一种策略的记忆效果好，后一种策略的记忆效果差。

第三阶段，所有儿童接受相同的指导语：可以选择自己希望的任何方法来记忆呈现的材料。学完以后要求回忆学过的材料。

为了测量儿童在第三阶段是否继续使用先前习得的策略，研究者询问儿童在学习每一配对名词时使用的策略及缘由，以确定他们是否意识到策略的用途。并把前两次学习的配对词再次呈现给儿童，问他们什么时候记得多和为什么会记得多。这样进一步确定儿童对策略作用的意识程度。表 4-3 列出了采用不同学习策略的被试平均回忆配对词的百分数，由此可以得出如下结论。

表 4-3　不同训练组的平均回忆配对的百分数　　　　（％）

	训　练　条　件		
	策略—用途组	策略—情感组	控制组
第一阶段：精加工	39.5	37.1	31.9
数字母	36.5	36.2	29.0
第二阶段：精加工	98.6	96.7	97.1
数字母	19.0	19.0	9.5
第三阶段：精加工	92.4	89.0	79.5
数字母	42.9	29.5	29.0

①在实验第二阶段，学习了精加工策略的儿童，回忆成绩显著高于采用数字母策略的儿童。到实验的第三阶段，虽然未要求应用精加工策略，但在第二阶段接受精加工策略训练的儿童继续应用这一策略，其回忆成绩仍然很高。但是接受数字母策略训练的儿童，在第三阶段放弃了这一策略，而又未学习精加工策略，所以记忆成绩普遍低。

②三种不同策略评价方式（策略—用途评价、策略—情感评价和无评价）对直接回忆或近迁移成绩未产生明显影响。

为了考察儿童对策略—用途进行评价是否产生长远影响，在第三阶段研究之后，又对儿童进行追踪研究。儿童对他们为什么选择某一策略的回答表明，受到策略—用途评价训练的儿童更倾向于解释选择某策略的原因是为了提高记忆效率（见表4-4）。

表4-4　在第三阶段实验儿童说出选择不同策略理由的人数百分比　　（％）

训　练　条　件	理　　由		
	记忆	开心	容易
精加工策略：策略—用途组	100	0.0	0.0
策略—情感组	0.0	90.5	9.5
控制组	0.0	74.1	28.6
数字母策略：策略—用途组	76.2	0.0	23.8
策略—情感组	4.8	52.4	42.8
控制组	4.8	28.6	66.7

在实验结束后第一周和第九周，分别用新的配对词对被试进行了两次延后测验。结果表明，策略—用途组的成绩明显优于策略—情感组。在第一周测验中，前者有90％的儿童在新的学习材料中运用精加工策略，后者仅有57％的儿童；在第二次延后测验中，前者的人数为100％，后者只有50％．这一结果表明，经过策略的有效性自我评价训练的儿童能长期运用训练过的策略，并能迁移到类似的情境中，而在其他训练条件下，策略训练仅有短期的效果。

以上实验表明，个体的元认知能力可以通过适当的训练，迁移到学习中去，通过自我提问、自我评价、自我调节训练，他们会掌握有效的学习方法，并迁移到广泛的学习情境中去。具有较好的元认知技能的学习者，在面临新的学习情境时，能主动寻求当前情境与已有学习经验的共同要素或联系，对当前的知识与已有的知识形成良好的结构，形成一定的组织，并运用已有的经验对当前的情境进行分析概括，寻求解决问题的策略。一般地，具有较高元认知水平的人在学习的过程会就如下问题反躬自问：①有关这个主题我已掌握了那些知识？②我需要花多长时间去学习这个主题？③一个解决该问题的好计划是什么？④我如何去预测和评估学习的结果？⑤我应该如何时时修正我的学习步骤？⑥如果我错了，我如何查出来？⑦我理解我刚刚读过的内容吗？等等。因此，运用元认知技能学习或解决问题的过程就是一种迁移的过程。要提高学生的元认知能力，就要为正迁移积极创造条件，而元认知能力的提高，又反过来会促进正迁移的发生。

第三节　学习迁移规律在小学教学中的应用

由于认识到迁移现象在学习中的普遍性和重要性，教育界提出了"为迁移而教"的口号。为了实现教育目标，我们要了解影响学习迁移的因素，以此为依据合理组织教学，以促进学习者最好的迁移效果。

一、影响学习迁移的因素

从前面学习迁移理论和相关研究的结果看，学习迁移的发生受到主客体诸多因素的影响。

（一）客观因素

1. 学习之间的相似性

相似是迁移产生的基本条件之一。先前的学习和后来的学习所包含的共同点越多，迁移越容易产生。相似性主要包括学习内容、学习方法和学习态度等方面。首先是学习内容的相似。例如，学习乘法求积要先学会运用加法运算，当学生学会了加法之后，学乘法就比较容易，这是由于乘法里面包含有加法的成分。识谱是演奏各种乐器的共同技能，所以学会一种乐器，再学另一种乐器时也会觉得容易些。其次是学习方法的相似。例如，尝试背诵是熟记各种材料都需运用的方法，掌握了这个方法对其他知识的学习都有用。又如，语文学习中运用了预习—听课—复习—作业的方法，则对数学、物理的学习也会产生迁移。再者是学习态度的相似。如当日功课当日毕，已成为有些学生的一种学习态度，那么以后在工作上也会形成今日工作绝不留在第二天去做的好习惯。

2. 教师的指导

教师有意识的指导也有助于学习迁移的积极发生。教师在教学时有意地引导学生比较学习材料的异同，启发学生总结概括学习内容，指导学生学会学习，都会促进学生正迁移的发生。一般地，在教师指导下练习量越多，越有可能产生正迁移；给学生提供的指导越多，迁移的效果越好。另外，教师应该特别提醒学生注意应用原理的条件。

（二）主观条件

1. 学生原有知识经验的概括水平

越来越多的实践证明，贾德的概括化理论在说明学习迁移时比相同要素说更有说服力。苏联著名心理学家鲁宾斯坦强调，概括是迁移的基础。他认为，在解决问题时，为了实现迁移，必须把新旧课题联系起来并包括在统一的分析综合活动中。

原有的知识经验的概括水平越高，迁移的可能性便越大。原有知识的概括性之所以影响迁移，主要是由于迁移过程中学生必须依据已有的知识经验，去辨别当前的新事物。如果已有知识的概括水平高，反映了事物的本质，学生就能依据这些本质特征去揭露新事物的本质，把它纳入已有的经验系统中去，这样迁移就十分顺利。如果已有的经验概括水平低，不能反映事物的本质，学习者就不能把新事物归入到已有的经验中去，这就会给迁移造成困难和错误。例如，学生概括地掌握了哺乳类的三个基本属性（胎生、哺乳、用肺呼吸）以后，就不会误认为哺乳类都是陆地上用四条腿走路的动物；见了鲸鱼，就能识别出它是哺乳类。又如，学生对于低等动物的活动与外界刺激间的关系，有了概括的了解，就能根据低等动物的活动受光度、温度、咸度的制约，从而推测出蝗虫的成群飞行是受温度的影响。相反，如果已有知识的概括水平较低，迁移就会发生困难。如学生只认为处于垂直和水平位置的线叫直线，无法判别处于斜向位置的直线，则是由于他们对直线概念的领会没有达到应有的高度。学生对三角形的高的概念理解有误，若只认为从上面的角到对边的垂线是高，那么他只能认识锐角三角形而不易辨认钝角三角形的高。

2. 学习定势

定势又叫心向，它是由先前的心理活动所形成的一种准备状态，决定着同类后继心理活动的趋势。定势这个概念最早是由德国心理学家缪勒（G. E. Muller）和舒曼（F. Schumann）于 1889 年在概括"重量错觉"实验的基础上提出来的。20 世纪 50 年代前后，以乌兹纳捷为代表的格鲁吉亚心理学家们对定势进行了大量的实验研究，在此基础上形成了定势理论。该理论认为，一定的心理活动所形成的准备状态影响或决定着同类后继的心理活动的趋势，即人的心理活动的倾向性是由预先的准备状态所决定的。

在学习过程中，定势可能促进学习正迁移，也可能干扰学习，产生负迁移。心理学家卢钦斯(A. S. Luchins)曾做过一著名的定势实验，即让被试设法用大、小不等的容器去取一定量的水(见表4-5)[①]。

实验组的被试从第1题连续做到第9题，控制组的被试只做7、8、9三题。结果表明，实验组的被试在做1～6题时，形成了一种定势(用B－A－2C的解题方法)，这个定势影响着第7、8题的解答，有简便方法而未被用上。在解答第9题时则遇到了很大困难。控制组的被试因没有形成解答1～6题的定势，故迅速采用简便方法解答了第7、8、9题。实验证明，定势在解答同类课题时可能产生正迁移，而在解答不同类课题时，可能产生负迁移。因为人的认知策略和解题方法都有一个适用范围，超出一定适用范围则会无效。

表 4-5　卢钦斯的量水实验

问题	A	B	C	要求的量	方法
1	29	3	—	20	A－2B
2	21	127	2	100	B－A－2C
3	14	163	25	99	B－A－2C
4	18	43	10	5	B－A－2C
5	9	42	6	21	B－A－2C
6	20	59	4	31	B－A－2C
7	23	49	3	20	B－A－2C, A－C
8	15	39	3	18	B－A－2C, A＋C
9	28	76	3	25	A－C

卢钦斯认为，为了排除定势的消极影响，可采取两种办法：①请固守一种方法处理问题的人说出为什么要这样做，然后让他来考虑是否有其他的方法可用；②如果尝试无结果，可稍停一会儿。这样可能打破某些特殊的定势，从而提出新观点，或找到解决问题的新途径和新方法。

3. 认知策略与元认知策略

学习迁移过程是通过复杂的认知活动实现的，因此认知技能、策略以及元认知策略的掌握及其水平，必然影响迁移的实现。莱文(Levin)指出，当一个

---

① 刘国权. 小学教育心理学. 北京：人民教育出版社，2004.

人面临一个问题并想用已有的知识经验去解决时，他必定首先要对问题的种类和范围做出假设性判断。如果第一种假设被实际问题证明是错的，他就要做出第二种假设，如果第二种假设也被证明是错的，他就要做出第三种假设，以此类推。这种通过假设形成的思维顺序和假设的范围会影响以后对类似问题的解决。由此可见，产生学习迁移的条件不仅依赖于原有知识经验的数量、种类，还依赖于一套解决问题的策略。

除了以上谈到的影响学习迁移的因素外，还有学生的智力、认知结构、学习动机、学习情境、学习内容的复杂程度等都是可以影响到学习的迁移。

二、学习迁移规律在小学教学中的应用

学习迁移贯穿在人一生中各种形式的学习中。学校学习中的迁移很少有像实验条件下严格意义的迁移，它的范围更广。教师在充分理解迁移的发生规律及其影响因素的基础上，在每一项教学活动中，在与学生的每一次正规与非正规的接触中，都注意创设和利用有利于积极迁移的条件和教育契机，消除或避免不利因素，把为迁移而教的思想渗透到每一项教育活动中去。具体可以从以下方面着手。

1. 重组教材内容

根据奥苏伯尔的迁移理论，认知结构中是否有适当的起固定作用的观念可以利用，是决定新的学习与保持的重要因素。为了促进迁移，教材中必须有那种具有较高概括性、包容性和较强的解释力的基本概念和原理。布鲁纳认为，这样的概念和原理应放在教材的中心。他认为："领会基本的原理和观念，看来是通向适当训练迁移的大道。"奥苏伯尔指出，学生的认知结构是从教材的知识结构转化而来的。好的教材结构应适合学习者的能力。最佳的教材结构总是相对的，而不是绝对的。如何编写适合学生能力水平的最佳结构教材呢？这需要知识领域内有造诣的专家、教材教法专家和心理学家以及教师们的通力合作。

2. 改进教材呈现方式

认知心理学认为，当人们在接触一个完全不熟悉的知识领域时，从已知的较一般的整体中分化出细节，要比从已知的细节中概括出整体容易一些。认知心理学还认为，人们关于某一学科的知识在头脑中组成一个有层次的结构，最具有包容性的观念处于这个层次结构的顶点，它下面是包容范围较小和越来越分化的命题、概念和具体知识。根据人们认识新事物的自然顺序和认知结构的组织顺序，教材的呈现也应遵循由整体到细节的顺序。例如，我国小学算术教

材对有关三角形知识的呈现就符合不断分化的原则：先教一般三角形；在一般三角形中按角的大小分化出锐角三角形、直角三角形和钝角三角形；在锐角三角形中分化出等边三角形；在锐角三角形、直角三角形和钝角三角形中分化出等腰三角形。小学的四则运算，先学整数四则运算，后学小数和分数的四则运算。每个单元、每一节课的教学顺序的安排，教师要根据教材的难点、重点，结合本班学生的智力特点、知识程序，把那些具有最大迁移价值的基本知识、基本技能的学习放在首位。突出那些概括性高、派生性强的主干内容，以使学生在学习中能顺利地进行迁移。

在呈现教材时，除了要从纵的方面遵循由一般到具体、不断分化的原则之外，还要从横的方面加强概念、原理、课题乃至章节之间的联系。教师在教学中应引导学生努力探讨观念之间的联系，指出它们的异同，消除学生概念理解中的模糊处。如果教师的教学或教科书不能使学生做到横向联系和融会贯通，就会出现不良后果，如学生不知道许多表述不同的术语实际上代表着本质上相同的概念，就会造成概念混淆。

3. 注重概念原理的教学

教师在教学中应注重启发学生对所学内容进行概括总结。一方面，在教学中注重引导学生自己总结出概括化的原理，培养和提高其概括总结的能力，充分利用原理、原则的迁移。另一方面，在讲解原理、原则时，列举出标准正例、非标准正例及反例，使学生能脱离学习原理、原则的背景而把握其实质，并能在遇到该原理、原则适用的背景时，准确地运用原理、原则去学习新知识或解决新问题，即达到对原理、原则去情境化。例如，小学生学习读、写、算等基本技能时，必须注重读、写、算等基本概念、原理和规则的教学。这样，学生容易从一种技能的学习向另一种技能的学习迁移。因此对于练习的设计有研究表明，先前学习的内容，必须有充分的练习，才易于迁移，否则先后两项任务因有共同成分而会导致混淆。也就是说，学生可能没有掌握它们的共同产生式规则，只注意了表面上的相似而未发现实质上的差异。如果有充分的练习，许多基本技能可以成为自动技能而不必有意识地注意，这样更有利于促进新任务的学习。

在允许的情况下，尽量让学生在真实情境中去观察、参与原理、原则的实践应用，如亲自动手操作的教学实验、见习等；条件不允许或无法亲自观察实践的，教师也应利用直观教具或生动的教学语言、计算机模拟等手段，让学生尽可能增加感性认知。在这方面，计算机及其附属设备所提供的虚拟现实环境具有较大优势。总之，要将所学与所用的情境联系起来。

4. 重视学习策略

教师有意识地引导学生掌握学习方法，使其掌握概括化的认知策略和元认知策略。布朗等人在阅读理解的实验中，用矫正性反馈训练法教给学生认知策略，结果不仅使学生阅读理解问题回答准确率提高，而且使其学到的元认知策略迁移到了其他常规课堂的学习中。教师在教学中有意识地教学生一些认知策略和元认知策略，有助于学生学会学习，从而提高学习效果。

策略性知识教学是重要的教学目标。为此，教材中应适当反映策略性知识教学的要求，在教师教育中突出策略性知识教学的意识，使之掌握策略性知识教学的有效方法，使策略教学达到持久迁移的目的。

5. 排除干扰

研究表明，学习的相似性既能促进迁移，有时也会成为干扰，产生负迁移。因此在教学上用比较的方法，可以帮助学生全面、精确、深刻地分析不同情境中的同和异，从而排除干扰，促进学习的正迁移。比较是在头脑中将各种事物或其个别部分、特征加以对比，并确定它们之间的异同和关系。比较时，参加比较的事物在性质上应该是有联系的，否则不具有可比较性；比较应有明确的标志，并需要始终遵循同一标志进行，否则，比较过程就会发生混乱。对事物进行系统的比较，可以帮助我们形成准确而深刻的认识。例如语文教学中对形近字、同音字、近义词、反义词的区分，对文章体裁的区分，既可避免新旧学习之间的干扰，又有利于促进新旧学习之间的积极迁移。

6. 培养迁移意识

教师通过反馈和归因控制等方式使学生形成关于学习和学校的积极态度。教师要注重对学生的反馈，当学生用其他学科知识来解决某一学科问题时，应予以鼓励。如果哪位教师对学生说"我都被搞糊涂了，我们在讲历史知识，而你却在谈论地理知识"，肯定会产生负迁移。

此外，还要结合学生的年龄特点，创设和改造学校的气氛和环境，增加学校对学生的吸引力，并且在每次学习前，注意帮助学生形成良好的心理准备状态，避免因不良情绪、反应定势等消极心态产生的消极迁移。

以上所说的这些教学原则提供了一种"为迁移而教"的思路，以帮助教师树立在教学中和日常生活中都注意促进学生积极迁移的意识。教师必须结合具体学科领域的特点和具体教学对象的特点，灵活地创设和利用教育契机去促进正迁移的发生。

复习与思考

1. 什么是学习迁移？

2. 在实际教学过程中怎么确定学习迁移的发生？

3. 学习迁移的效果、方向、范围等方面的分类是什么？

4. 学习迁移的理论有哪些？

5. 如何促进小学生的学习迁移？

推荐阅读

1. [美]阿妮塔，德沃克著，陈红兵等译. 教育心理学. 南京：江苏教育出版社，2005.

2. 皮连生. 教育心理学. 上海：上海教育出版社，2004.

3. 莫雷. 教育心理学. 广州：广东高等教育出版社，2002.

第五章 小学儿童的知识学习

本章重点

- 知识的概念，现代认知心理学关于知识的分类
- 知识的不同表征方式
- 知识学习的一般过程
- 促进小学儿童知识理解的策略
- 促进小学儿童知识巩固的策略
- 促进小学儿童知识应用的策略

知识作为社会经验之一，对学生来讲，是前人的认识的成果，是一种间接的经验。知识的学习是学生学习的主要任务，同时也是教育心理学研究的一个中心问题。本章主要探讨知识的性质、知识学习的类型以及小学儿童知识学习的三个过程。

第一节 知识与知识学习

知识本身总在不断进化和更新，人类对知识含义和本质的探究由来已久。心理学则主要关心个体知识的获得、储存和应用问题。

一、知识的概念与作用

(一)知识的概念

从哲学认识论的角度来看，知识是对客观世界的主观反映，是对事物属性与联系的认识。在我国教育类辞书中主流的知识定义是："对事物属性与联系的认识。表现为对事物的知觉、表象、概念、法则等心理形式。"[1]更具体地说，"所谓知识，就它反映的内容而言，是客观事物的属性和联系的反映，是客观世界在人脑中的主观映象。就它的反映活动形式而言，有时表现为主体对

---

① 顾明远．教育大辞典．上海：上海教育出版社，1990．

事物的感性知觉或表象，属于感性知识，有时表现为关于事物的概念或规律，属于理性知识"。这两个定义都是根据哲学认识论中的反映论给出的，强调知识是客观世界的主观反映。哲学认识论阐明了知识的本质，指出知识是人对事物属性与联系的能动反映，是通过人与客观事物的相互作用而形成的。人在与外界相互作用的现实活动中，获得来自客体的各种信息，用一定的方式对这些信息加工和组织，形成对事物的理解，从而形成知识。

从心理学的观点看，知识是个体头脑中的一种内部状态。随着教育心理学研究的不断深入，人们对知识的理解越来越丰富。大体来说，人们对知识的理解有狭义和广义之分。

狭义的知识，即我们传统理解中的知识，指一般仅能储存在语言文字符号或言语活动中的信息或意义，如各门学科的事实、概念、公式、定理等。正是在这种意义上，通常将学校智育的目标描述为：授予学生系统的科学文化知识、形成学生的技能、发展学生的智力。这里的知识、技能和智力是三个不同的范畴。

随着现代认知心理学的研究和发展，人们对知识的认识也日益深入和全面。当代著名的认知心理学家皮亚杰认为："知识是主体和环境或思维与客体相互交换而导致的知觉建构，知识不是客体的副本，也不是由主体决定的先验意识。"[①]根据皮亚杰的思想和当代信息加工心理学的观点，我们把知识定义为：主体与其环境相互作用而获得的信息及其组织。知识的本质是信息在人脑中的表征。知识储存在个体的头脑中，成为个体知识或主观知识，同时又可以通过文字符号得以表达和传播，成为公共知识或客观知识，而人可以通过学习和交往活动，借助公共知识来发展自己的个体知识。

（二）与知识有关的相关概念

1. 知识与数据和信息

知识不同于数据和信息。数据是客观世界的相对零散的事实，是信息的重要组成部分。信息由一条条合乎语法规则、语义清晰的消息组成，信息给知识的建构提供了必要的材料。所以知识从某种程度上说，是经过主观建构的信息，个人在加工信息、获得知识的过程中加入了自己的某些观点和解释。信息本身是客观的、可以共享的，而知识却带有主观色彩，是以前学习的结果，并影响以后的学习。

---

① Margaret E. Bell. *Gredler Learning and Instruction*. Theory into Practice，1986.

2. 知识与能力

知识不简单等同于能力，但知识是能力发展的重要基础，能力是更稳定的心理特性，对人的活动有更普遍、更一贯的调节作用，而能力的发展依赖于知识的获得，它是知识、技能的广泛迁移应用而实现的。因此，在强调全面培养学生素质的今天，如何使学生形成深层的、灵活的、有用的知识，如何提高知识获得的效率和质量，应该作为教学活动的中心问题。

（三）知识的作用

知识是人对行为进行定向和调节的基础，是个体适应环境的重要因素。知识具有三个方面的功能：①辨别功能。人可以根据有关知识对感觉到的事物进行辨别和归类，从而对它们不再感到陌生。②语气功能。在具备了相应的知识时，人可以通过推论对事物及其发展形成一定的预期与推测。③调节功能。个体总在以自己的知识为基础来确定活动的程序，并对活动的实施进行监控和调节。

一般认为，知识是人们对实践活动的认识成果，具有一定的稳定性和明确性，特别在教育领域中，各门学科所涉及的基本是该学科中较为确定、接近共识的内容，是人类积累下来的较为可靠的经验体系。但是，这些知识并不是千真万确、不可置疑的定论，正如亚里士多德的经典命题，随着伽利略在斜塔上丢落的小球而被否定，作为科学家之典范的牛顿力学，在爱因斯坦的相对论面前露出自己的缺陷。知识总在不断进化和更新，人总在试图对世界作出更准确、更完整、更深刻的理解和解释。因此，在学校教育中，我们不应该把知识作为事先已经断定了的结论教给学生，不要用知识的"权威"去"压服"学生，而应该把知识当成一种看法、一种解释，让学生去理解、分析、鉴别。在不可超越、无可挑剔的"权威"面前，学生不可能有展现自主性和创造性的空间。

二、广义知识的分类

不同的心理学家对知识的概念和范围有着不同的理解，因而将知识划分为不同的类型。

1. 感性知识与理性知识

根据知识的不同反映深度，知识可分为感性知识与理性知识。感性知识是主体对事物的外部表征和外部联系的反映，可分为感知和表象两种水平。理性知识是主体对事物的本质特征与内在规律的反映，包括概念和命题两种形式。概念反映的是事物的本质属性及各属性之间的本质联系。如"喙""卵生"是鸟类独有而其他动物没有的属性，因此，凡是有喙、卵生的动物都是鸟类。命题即我们平时所说的规则、原理、原则。命题反映的是概念之间的关系，如"圆是轴对称图形"就是一个命题。

2. 陈述性知识和程序性知识

随着近 30 年来信息加工心理学的崛起，知识成了信息加工心理学的一个中心概念。信息加工心理学家安德森把人类习得的知识分为两大类：一类为陈述性知识；另一类为程序性知识。

陈述性知识是用于回答"世界是什么""为什么""怎么样"的问题，是个体可以有意识地回忆出来的关于事物及其关系的知识。如"中国的首都在哪里？""第二次世界大战的原因是什么？""人的心脏结构与血液循环有什么关系"等问题，都需要有陈述性知识。这里的所谓"陈述"，既可以是对别人的陈述，也可以是在头脑中对自己的陈述。例如，我们知道的"'五四运动'发生于 1919 年""三角形的内角和等于 180"等事实和原理，我们具有的"活到老，学到老""生命在于运动"等观点、信仰。这种知识具有静态的性质。传统上所说的知识只是指这种知识，我们可以把它看作是狭义的知识。程序性知识是用于回答"怎么办"的问题，是个体具有的用于具体情境的算法或一套行为步骤。如回答"1/3＋2/5＝?""将'我把书忘在教室'改成被动句"等，都需要程序性知识。程序性知识就是我们平常所说的技能。安德森认为，动作技能、智慧技能和认知策略等究其实质均属于程序性知识（见图 5-1）。①

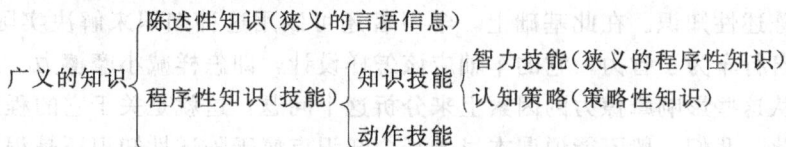

广义的知识 { 陈述性知识（狭义的言语信息）
程序性知识（技能） { 知识技能 { 智力技能（狭义的程序性知识）
认知策略（策略性知识）
动作技能 }

图 5-1　广义的知识分类

陈述性知识容易被人意识到，而且人能够明确地用词汇或者其他符号将其系统表述出来。例如，中学生可以说出功的计算公式"$W＝FS$"，而个人对于程序性知识缺乏有意识的提取线索，因而其存在只能借助于某种作业形式间接推测。例如，我们会计算数学题，会讲某种语言，会骑自行车，这些都是程序性知识的体现。这也就是说，在实际活动中，个体到底有没有程序性知识不是通过他的回忆，而是通过他的活动才能判断，同样对知识"三角形的面积"，学生不仅可以说出计算公式，而且可以根据公式对所接受的信息进行加工变换，用公式来解决有关的问题。程序性知识是与一定的问题相联系的，在一定的问

---

① 冯忠良. 教育心理学. 北京：人民教育出版社，2000.

题情境面前，它会被激活，而后被执行，这一过程几乎是自动进行的，不需要太多的意识体现。

陈述性知识和程序性知识在实际的学习和问题解决活动中，是相互联系的。在实际活动中，陈述性知识常常可以为执行某个实际操作程序提供必要的信息。例如，当壶里的水烧开了的时候，就把火关掉，而水是否已经烧开了呢？这就需要陈述性知识来提供信息。反过来，程序性知识的掌握也会促进陈述性知识的深化。例如乘法交换律就是一个陈述性知识，学生学会以后利用它解决问题的步骤就涉及程序性知识。另外，陈述性知识还常常是创造的基础，专家对问题的灵活解决常常与他的丰富的经验有关。在学习中，陈述性知识常常是学习程序性知识的基础。比如，儿童先背诵乘法口诀，再学习乘法计算，而且在计算时还要边读口诀计算。另外，掌握记笔记、阅读等程序性的知识对学习陈述性知识也具有很重要的意义。

这里有两点值得注意。首先，这里所说的知识是一种广义的知识，它已不单单是对各种事物的了解，还包含了运用知识解决问题的技能。其次，陈述性知识和程序性知识不是对客观知识的划分，而是对人的头脑内的个体知识的分类，同样是学习一个知识点，学习者既可以形成关于它的陈述性知识，也可以形成关于它的程序性知识。例如，学生学习摩擦力的知识，他们可以了解哪些因素在影响摩擦力的大小，如表面的光滑程度、接触面的大小等，这就成为学习者的陈述性知识。在此基础上，学习者还可以用这种知识来解决实际问题。例如，自行车为了省力，它的车轴应该怎样设计，即怎样减小摩擦力？学习者便可以从这些影响摩擦力的因素上来分析这个问题，这就是关于它的程序性知识。因此，我们一般不能说课本里的某个知识点属于陈述性知识还是程序性知识，它是针对学习的结果而言的，是对个体头脑中的知识状态的分类，而不是对课本中的知识的划分。正像安德森等人所说的，程序性知识是在陈述性知识的基础上进一步发展起来的，个体把陈述性知识与具体的任务目标联系起来，从而去解决某个问题。在解决问题的过程中，个体把陈述性知识转化成程序性知识，安德森等把这一过程称为知识编辑。

学生的学习常常从陈述性知识的获得开始，加工消化，成为可以灵活、熟练应用的程序性知识。当然，程序性知识并不都是高级的，比如拿杯子喝水就很简单。它们的学习过程有所不同，陈述性知识的学习要经历理解符号代表的意义，建立符号与事物之间等值关系；对事实进行归类，掌握同类事物的关键特征；理解概念、事实之间的关系等一系列的步骤。而程序性知识的学习在此基础上，还主要包括两个相互联系的部分：①模式识别，即将输入的刺激信息与长时记忆中的有关信息进行匹配，从而辨认出该刺激属于什么范畴的过程。和陈述性知识的学习一样，一般通过概括和区分的方法来完成，做到准确把握产生式的条件。②动作序列，即顺利执行、完成一项活动的一系列操作序列，对动作进行排序。这个部分的重点是形成清晰的产生式，并对产生式进行综合。总之，不管是模式识别还是把动作序列化，都需要经过大量的练习和反馈，从而达到熟悉和自动化。

梅耶（R. E. Mayer）在安德森的基础上，将陈述性知识称为语义知识，并将程序性知识分为两类：用于具体情境的程序性知识和有关学习、记忆、问题解决的一般方法的条件性知识（也叫策略性知识）。后者用来确定何时、为何要应用陈述性和程序性知识，解决的是"什么时候""为什么"的问题。例如，阅读时，条件性知识决定我们何时需要详细阅读某一段落或者跳过。条件性知识与陈述性、程序性知识密切相关。

3. 显性知识和隐性知识

文化知识通过教育得以传承，但是也有一些相对弱势的知识却难以得到人们的重视。鉴于此，1958年英国科学家、哲学家波兰尼（Michael Polanyi）提出了"显性知识"和"隐性知识"这两种知识形态。前者也称"明言知识"，是能用语言文字（包括数学公式、图表）等诸种符号来表达的知识。后者是只能意会而不能言传的知识。如幼儿在受正规教育之前，能用合乎语法的句子表达自己的想法，但是他们未清晰地意识到自己的话语中暗含的语法规则。我们能够从成千上万甚至上百万张脸中认出某一个人的脸，但是在通常的情况下，我们却说不出是怎样认出这张脸的。教学中这种现象也广为存在，每次的学习方法交流会中，学生提出的方法大同小异，但是效果却大不相同。这便是波兰尼的著名命题："我们知晓的比我们能说出的多。"[①]实际上，信息加工心理学的两类知识划分与波兰尼的两类知识划分存在着很大的一致性。陈述性知识也就是显性知识，是个体能够意识到并能用言语表达的；程序性知识中有些是个体完全不能意识和用言语表达的，也就是默会知识。

显性知识和隐性知识的存在是相对而言的，只是由于显性知识的特点，人们更容易识别它。过去由于把现行知识当成是知识的全部，没有突出它的"显性"特征，因此隐性知识也没有得到足够的重视，尚处于"缄默"的状态。但是两者之间却能够进行相互转化。有相关研究建立了一个知识转换的矩阵，说明了两种知识转化的途径（见表5-1）。

---

① 陈琦，刘儒德. 教育心理学. 北京：北京师范大学出版社，2007.

表 5-1　显性知识与隐性知识的转化

	隐性知识	显性知识
隐性知识	社会化	外化
显性知识	内化	综合化

通过社会化共享个人的隐性知识，分享别人的经历和经验，理解别人的思想和感情。通过外化把隐性知识用其他人能够理解的方式表达出来，特别是自然的交谈，是知识外化的有效途径。不仅如此，显性知识通过内化和综合化也能成为隐性知识。内化指将新创造的显性知识转换成个人的隐私知识。在这个过程中，需要个人对新的显性知识重新建构。传播某一方面的知识，编辑和系统化这类知识，是这个转换模式的关键。这样，在知识外化过程中生产出新知识。做中学、培训和练习是表达显性知识的重要途径。

教学同样是这样一个储蓄着大量隐性知识的专业，每一个教师的教学和教育经验都聚集着更丰富的知识和才能。

阅读专栏 5-1

改良面包机

从某种程度上说，对学习者而言，隐性知识比显性知识更重要。隐性知识的开发利用方式，已经成为一个重要的研究课题。下面就是一个典型的例子。

松下电器公司的工程师田中郁子改良面包机的过程，形象地说明了这一点。原来松下的烤面包机生产出的面包没有特色，因此也没有销路。于是，田中郁子开始走访大阪、东京的各大西餐店，详细记录他们叙述的经验，分析他们的制作和烤制过程，发现了在面包师看来，最平凡不过的"放佐料有时间和数量的差别"。也就是这个隐性知识，给田中小姐以灵感，经过一年的努力，她终于研制出了畅销的新型面包机。

（资料来源：陈琦，刘儒德. 教育心理学. 北京：北京师范大学出版社，2007.）

三、知识的表征

一般认为，表征包括内容与形式两个方面。同一事物可以有不同形式的表征，不同表征形式所具有的共同信息称为表征的内容。知识的表征指知识在头脑中的表示形式和组织结构。知识是通过个体与信息甚至是整个情境相互作用而获得的，个体一旦获得知识，就会在头脑中用某种形式和方式来代表其意义，把它存储起来。例如，我们用"狗"这个词来代表那样一类擅长跑、嗅觉灵敏的动物，但有时说起狗，我们头脑中首先浮现的是狗的形象。在这里我们用概念或表象来表征知识。不同类型的知识在头脑中以不同方式表征。例如，陈述性知识以概念、命题、命题网络、表象或图式表征，而程序性知识主要以产生式表征，有时也可能以图式表征。

（一）概念

概念代表着事物的基本属性和基本特征，是一种简单的表征形式。比如"眼镜"就包含了这样一些特征：有两个圆镜片，有两条眼镜腿，用来矫正近视等。"单身汉"可能包含"男性""未婚"这样的特征。特征本身又包括直觉特征、功能特征、关系特征等基本成分，因此它们就构成了概念层次网络组织。

（二）命题和命题网络

1. 命题

命题这个术语来自逻辑学，指表达判断的语言形式，由系词把主词和宾词联系而成。例如，"北京是中国的首都"这个句子就是一个命题。在认知心理学中，命题是意义或观念的最小单元，用于表述一个事实或描述一个状态。一个命题是由一种关系和一组论题构成的。关系一般由动词、副词和形容词表达。有时也用其他关联词如介词表达；论题一般指概念，一般由名词和代词表达。例如在"电脑坏了"这一命题中，"电脑"是命题谈及的话题，即论题，而"坏了"则是这一命题的关系，对我们所知道的有关电脑的全部情况作了限制，使得我们只注意到电脑坏了这一论题，而不关注有关电脑的其他情况。

虽然一个命题只能有一个关系，但其中包含的论题却不止一个。例如"小明读书"这一命题中，关系是"读"，但涉及的论题有两个，即"小明"和"书"。命题用句子来表达，但是命题不等于句子，一个句子可以包含一个或多个命题。如"小华正在听古典音乐"这一句子包含了两个基本命题："小华正在听音乐"，"音乐是古典的"。句子代表交流的方式，而命题代表着观念本身，个体使用命题而不是句子将观念储蓄在头脑中的。命题用句子表达，但命题不等于句子，命题只涉及句子表达的意义。人们在长时记忆中保持的不是句子本身，而是句子表达的意义。

认知心理学家用了许多不同方法来表示命题。常用的方法是，用一个圆（或椭圆）表示一个命题，用箭头将命题的论题和关系联系起来。如"小东买书"这一命题可用图 5-2 表示。

2. 命题网络

如果命题之间具有相互关系，则可以构成命题网络。两个或多个命题常常因为有某个共同的成分而相互联系在一起，从而构成了命题网络，或称为语义

买
↑
R
↑
小明 ←—— S ——（ P ）—— O ——→ 书

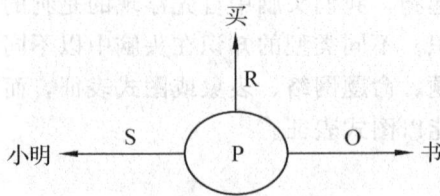

图 5-2　命题的论题和关系图

网络。以"那个瘦男孩正在看有趣的报纸"为例，可用上图表示。命题按层次网络结构储存，相互有联系的信息组成网络。在图 5-3 中，动物之间的分类知识就呈现出网络层次结构。例如"金丝雀"与其他"鸟"的那些特征，但有连线与之相通，仍可得到"鸟"的特征。由于上位概念的特征只出现一次，无须在其他所有的下位概念中储存，这样的分级表征可以大大节省储存空间，体现出"认知经济"原则，因而学习成效可以大为提高。命题和命题网络是陈述性知识的主要表征方式。

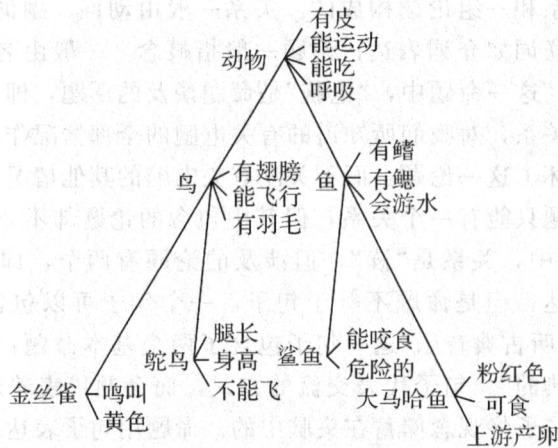

动物 ← 有皮　能运动　能吃　呼吸

鸟 ← 有翅膀　能飞行　有羽毛

鱼 ← 有鳍　有鳃　会游水

鸵鸟 ← 腿长　身高　不能飞

鲨鱼 ← 能咬食　危险的

大马哈鱼 ← 粉红色　可食　上游产卵

金丝雀 ← 鸣叫　黄色

图 5-3　层次网络表征示例

　　一些研究表明，信息并非总是有层次的，概念是层次组的观点也发生了一定的变化。例如，老虎在动物概念的层次结构中更接近哺乳动物而不是兽，但是人们一般却倾向于把老虎看做兽，而不是哺乳动物。熟悉的信息可能既储存在它的概念中，又储存在最概括的水平上。如果一个经常喂鱼吃东西的人，他可能会把"吃东西"既和"动物"储存在一起，又和"鱼类"储存在一起。这样的结构并没有动摇命题是有组织的、相互联系的核心思想，虽然有些知识可能是按照层次结构来储存的，但还是有些信息可能没有按照系统的方式来组织。

（三）表象

表象是人们头脑中形成的与现实世界的情境相类似的心理图像。加涅认为，表象是对事物的物理特征做出连续保留的一种知识形式，是人们保存情境信息与形象信息的一种重要方式。当我们形成表象时，总是试图回忆起或重新建构信息的自然属性和空间结构。例如，判断"大象比狮子大"时，我们可能不假思索地说对，但是回顾做出判断的过程，会发现在这个短短的时间里，头脑中也出现了大象和狮子的模样，并在头脑中将这两个表象进行了比较，好像看到了这两个动物一样。又如，表达"书在桌上"时人们可能在头脑中想象

图 5-4 对"书在桌子上"的表象表征

出一幅熟悉的画面，即用表象的形式来表达，当然这个句子也可以用命题的形式来表征，如图 5-4 所示。

图中表象表征对书、桌子以及它们的相对大小的三维空间关系提供了明确的信息；而命题网络表征，虽然也表示了"书"和"桌子"的空间关系，但并不提供有关"书"和"桌子"相对大小方面的信息。因此，命题是一种断续的、抽象的表征，而表象是一种连续的、模拟的表征，它特别适合在工作记忆中对空间信息和视觉信息进行某种经济的表征。

（四）图式

命题和表象只涉及单个的观念，心理学家提出"图式"这一术语，用来组合概念，图式表征了人类对某个主题的知识具有的综合性质。安德森认为："对于表征小的意义单元，命题是适合的，但是对于表征我们已知的有关一些特殊概念的较大的有组织的信息组合，命题是不适合的。"如，教师在头脑中都有关于教室的图式，与它相关的信息有教师、学生、黑板、课桌、讲台等，记住这样的图式，我们可以预想到整个教室的布置，可以预想到上课时的情境。人们有关房子的知识，如果用"房子是人的居住处"这一命题表征，则不足以表征与人有关的"房子"的全部知识。现代认知心理学认为，人的较复杂的整块的知识是用图式来表征的。

一般认为，图式是指组织的结构，"是对范畴的规律性做出编码的一种形式。这些规律性既可以是知觉，也可以是命题性的"。图式是关于某个主题的一个知识单元，它包括与主题相关的一套相互联系的基本概念，构成了感知、

理解外界信息的框架结构。这样，图式就并不仅仅是命题表征的扩展，因为命题并不对知觉的规律性做出编码，它只是表征事物的抽象含义，而图式则表征了特殊事物间的共同点。这种相同点即可以是抽象命题水平的，也可以是知觉性质的。

现代认知心理学家把图式定义为：人头脑中关于普通事件、客体与情境的一般知识结构。其含义是：

①图式具有概括性。例如，人关于房子的图式不只表示个别房子，而是表示个体所看到的一般的房子。

②图式中含有同类事物的本质特征，也含有非本质特征。人关于鸟的图式中既有"长羽毛"这一本质特征，也有"能飞"这样的非本质特征。因此，一类事物的图式不同于它的概念，后者只反映一类事物的本质特征。

③图式中的知识是以某种方式或结构组织起来的。如房子的图式包括：

上位集合：建筑物

组成部分：房间

材料：木头、石头、砖头

功能：供人居住

形状：方形、三角形、圆形等

大小：100～1 000平方米。

房子图式的这些维度被称为图式的槽（slots）。每一个槽中的值不是一成不变的，如"功能"这个槽可以填充"供人居住"、"供人开会"、"展览场所"等不同的值。

④个体的图式是发展的。例如，儿童最初的房子图式只表征他所见到的茅草房，随着经验增长和图式变化，能表征砖瓦房、水泥房等。

心理学家把图式分为表征客体的图式与表征事件的图式两大类。香克和阿伯尔逊（R. C. Schank & R. Abelson）把表征反复出现的有序事件的图式称为脚本。脚本不同于客体图式，它表征的事件有一定的时间顺序。如"去电影院看电影"这个经常出现的事件，一般可以分解成如下的阶段：上影院、购票、进场、观看影片、退场。由于这样的步骤多次重复出现，人头脑中形成有关上影院看电影的定型图式。

新近某些认知心理学家又提出课文结构图式和数学问题图式，认为这些图式是学生理解课文和数学问题的关键。课文结构图式可以帮助学生理解和记忆许多具体的故事。例如故事的六要素：时间、人物、事件、起因、经过、结果就是一种故事语法。理解故事时，我们选择合适的图式，再据此决定哪些细节更重要，选择记忆哪些信息。图式起到指导我们理解文本的目的。

（五）产生式与产生式系统

1. 产生式

信息加工心理学认为，表征程序性知识的最小单位是产生式。产生式这个术语来自计算机科学。信息加工心理学的创始人西蒙（H. A. Simon）和纽厄尔（A. Newell）认为，人脑和计算机一样，都是物理符号系统，其功能都是操作符号。计算机之所以具有智能，能完成各种运算和解决问题，是因为它储存了一系列以"如果/那么"（if/then）的形式编码的规则的缘故。也就是说，由于人经过学习，其头脑中储存了一系列以"如果/那么"的形式表示的规则，这种规则被称为产生式。产生式即所谓的"条件—行动"（condition-action）规则（简作C—A规则）。C—A规则与行为主义的S—R公式有相似之处，但也有原则上的区别。相似之处是，每当S出现或条件满足时，便产生反应或活动。不同的是，C—A中的C不是外部刺激，而是信息，即保持在短时记忆中的信息，A也不仅是外显的反应，还包括内在的心理活动或运算。

产生式包含了"如果某种条件满足，那么就执行某种动作"的知识，它表明了所要进行的活动以及发生这种活动的条件。它与前面的概念和命题网络的表征方式不同，它具有自动激活的特点。一旦存在，满足了特定的条件，相应行动就会发生，这常常不需要太明确的意识。我们的日常活动通常包含着一些决策，比如：如果口渴，我就找水喝；如果学习累了，我就听听音乐调节一下；考试中如果不知道这道题的答案，就先放下它做下面的题……做出这些决策时，我们通常需要先确定当时的情境和条件，然后采取相应的行动。这一类知识在头脑中表征的方式就是产生式。产生式的表示方法如表5-2所示。

表5-2　鉴别三角形的产生式

如果	图形为两维图形 且该图形有三条边 且该图形是封闭图形
那么	将该图形划归为"三角形" 且说出"三角形"

2. 产生式系统

一个产生式的结果可以作为另一个产生式的条件，从而引发其他的行动。这样，众多的产生式联系在一起，就构成了复杂的产生式系统。同时它还是程序性知识的主要表征方式。程序性知识在获得之初是以命题网络的形式来表征，在变式练习的条件下，转化为生产式的表征方式。一旦条件满足，行为自动激活。这就解释了熟练技能自动执行的心理机制。

四、知识的学习

学生学习知识是个体获得知识的一种专门的活动，它不同于人类知识的形成过程，而是要求学生将储存在语言文字符号等载体中的知识转化为个人的精神财富，是一种获得间接经验为主的过程。

知识学习是一个非常复杂的问题，人们对这一问题从不同角度作出了实质性解释，并根据他们的理论解释提出了相应的学习过程模式。鲁姆哈特和诺曼（Rumelhart & Norman）根据图式理论提出，知识的获得经过图式的积累、调整和重构三种方式。积累指在原有的图式内积累新的事实和知识，只要把新经验吸收到原来的图式里面就行了。调整指为了更准确地适应新的实际情况，已有图式常常需要做一些小的调整，包括推广或限制它的适用范围，确定其优劣之处等。重构指打破原来的图式，创建新的图式，这是图式的质变。斯皮罗（Spiro）等人提出知识的获得经历初级学习和高级学习两个阶段，因此理解和应用是实现这两个环节的重点。冯忠良等人提出，知识的掌握经历了领会、巩固和应用三个阶段，因此直观、概括化及具体化是实现这三个环节的核心。

我国传统教育心理学也对知识的学习的过程进行了分析和研究，将知识的心理过程分为三个阶段：知识的理解、知识的巩固和知识的应用，这一分法虽然比较粗略，但易于理解。冯忠良的分类和此分类基本是一致的。这里的知识指狭义的知识，相当于现代认知心理学所说的陈述性知识。在下面的章节里我们将对知识学习的三个过程进行阐述。

第二节　小学儿童的知识理解与教学

一、知识的理解

学生学习知识主要是占有前人积累的认识成果，变前人的知识为自己的知识的认识过程。而理解是学生掌握知识的核心，是知识得以保持、实现迁移与应用的关键。

（一）知识理解的概念

我们是怎样理解知识的？比如读一段文字，似乎文本所表达的意义就在字里行间，它"射入"我们的感官，进而进入我们的头脑中，我们就可以很自然地明白它在说什么，但其实，理解过程并不是这样"简捷"。请你阅读下面的文字，看它说的是什么意思。

"这个程序实际上很简单。首先，你把总件数分成几组。当然，如果件数不多的话，一次就行了……很重要的是，一次件数不能太多。就是说，每次太多不如少些好。这在短时间内似乎无所谓，但经常不注意这一点，就很容易造成麻烦，而且，一旦带来麻烦，其代价可能是很昂贵的。一开始，整个程序可能看上去比较复杂，但要不多久，它就会成为你生活中的一部分。"

这段话你理解了吗？现在，如果有人告诉你这段文字的标题："洗衣机使用说明书"，请再看一遍上面这段话。

在这段文字中，每个文字我们都认识，每句话似乎我们都能懂，但整段文字会让人不知所云。一旦给了标题，我们就恍然大悟。一个简单的标题，实际上唤醒了我们头脑中的相关经验，有了这个经验背景，才能从这段杂乱无章的文字符号中提取意义。可见，理解并不简单是信息通过感官"射进"我们的头脑中，学习者已有的经验也在"投射"到当前的情境中，意义的理解正是通过外界信息与已有知识经验的相互作用而实现的。

知识的理解指了解传递知识的载体的含义，使语言文字等各种符号在头脑中唤起相应的认知内容，从而对事物获得间接认识的过程。它是学生掌握知识过程的中心环节。学生了解一个词的含义，明确一个科学概念，学习一个定理、定律、公式，掌握法则的因果关系，把握课文的段落大意及全文的中心思想都属于理解。无论是初步地、不完全地或比较完全地认识教材的联系、关系，认识其本质和规律，只要不限于单纯地通过感知觉或记忆的直接认识，而是通过思维活动的都可称为理解。

理解是掌握知识的重要环节。实验研究和教学经验都证明，理解在学生学习过程中有着重要作用。在学习的初级阶段中，对事物必须有直接的感知，但是"感觉到了的东西，我们不能立刻理解它，只有理解了的东西才能更深刻地感觉它"[①]。有些知识需要记忆，而若在理解的基础上进行，记忆的效果就更高。如不理解即使记住了某些公式、定理、定律，用处也不大。理解与迁移、应用的关系也很密切，不理解就难以应用和迁移，只有理解了的知识才有可能迁移和应用。因此，理解在学习知识中具有重要的作用。

（二）知识理解的水平

史密斯（N. B. Smith）通过研究学生阅读的过程中对阅读材料的理解水平，

---

① 毛泽东. 毛泽东选集. 北京：人民出版社，1966.

提出了阅读理解的四种水平。这四种水平也是知识理解的四种水平。[①] 包括：

①字面的理解。即学生理解知识字面上的含义，能用书上的原话回答诸如"谁"、"干什么"、"什么时候"等简单问题。

②解释水平的理解。即学生一般能从读物字里行间所提示的其他知识来分析概括，找出其间的关系、论证原因与结果或补充意见。这种理解水平比字面的理解较为深入，所获悉的意义不是直接照搬课文。

③批判性阅读，即超越知识的限制。在对知识进行评价中，提出了有关知识的性质、价值、精确性和真实性等方面的个人判断，这些远远超过字面的理解和解释，表现出高一级水平的理解。

④创造性阅读，即学生能摆脱课文的限制。发表超越材料内容的新思想或另一种见解，以至想探索某问题的答案或解决某实际问题，这是最高水平的理解。

史密斯的研究证明，学生学习知识中的理解，要经历不同的发展阶段，达到不同的水平，不应该仅仅把揭露事物的本质与规律看作是理解，还应该研究学生理解的发展规律，针对具体的阶段和情况，提出对学习内容的理解所应该和可能达到的要求，并不断促进其理解水平的提高。

(三)知识理解的过程

在教学条件下，学生对知识的理解一般要经历两个阶段：对学习内容的直观(感性认识的形成)和对学习内容的概括(理性认识的形成)。

1. 对学习内容的直观

(1)直观的实质。对学习内容的直观，指主体通过对直接感知到的信息(直观材料)的表层意义、表面特征进行加工，从而形成对有关事物的具体的、特殊的、感性的认识的认知活动。简言之，直观即学生对教材所作出的感性的能动反映。它在各种知识学习中都是必需的。例如，在生物教学中总要观察模型、进行实验，在历史、地理教学中总要观看历史图片、地理模型，在中文教学中总要阅读或倾听形象化的言语描述等。研究表明，直观是领会及构建科学知识结构的起点，是学生由不知到知的开端。没有这个起点，缺乏这一开端，学生就只能从字面上死记一些空洞的概念或法则，而对概念和法则所反映的实际事物一无所知，甚至会产生严重的曲解。

一般而言，直观是由反映事物的外表特征与外部联系的一系列认知活动构成的。它具有以下三个基本特点：①直观总是在一定刺激物的直接作用下发生

---

① 莫雷. 教育心理学. 广州：广东高等教育出版社，2002.

的。在实际教学中，用来直接作用于学生的刺激物，或者是实物，或者是实物的模像，或者是言语刺激。②直观过程中总是包含有一定的感知活动，但不限于感知，还包含有想象、思维和记忆等成分。把直观环节说成就是感知或归结为感知，这同直观过程的实际情况不相符。③直观只能反映个别事物的感性特征与联系，只能提供领会概念与规则所必需的基础性的知识经验。若要形成相应的概念与规则，则必须在此基础上，进行深入的思维加工。

在教学条件下，对教学内容的直观还具有一些特性。这首先表现在教学内容的直观对象通常是经过教师精心挑选或人为制作的，其目的在于提供领会抽象知识所必备的认识支柱。其次，教学内容的直观具有严格而确切的要求，必须达到预定的目的，因而具有较高的目的性与意识性。忽视教材直观的这些特点，势必把教材的直观一般化，降低直观的意识水平。在这种情况下的直观，是难以完成应有的认识任务的。

(2)直观的类型。根据学生在直观活动中所接触到的现实刺激物的性质，可以把对学习内容的直观分为三类：实物直观、模像直观、言语直观。①

实物直观指通过直接感知要学习的实际事物而进行的一种直观方式。例如，观察各种实物、收集标本、演示各种实验、到工厂或农村进行实地调查访问等都属于实物直观。实物直观给人以真实感、亲切感，因此它有利于激发学生对科学知识的求知欲，调动学习科学知识的积极性。同时，实物直观便于知识的提取与应用。由于实物直观是在接触实际事物时进行的，它所得到的感性知识与实际事物间的联系比较密切、一致，因此它在实际生活中定向作用较好，在将来的实践活动中也能很快地发挥作用。

模像直观即在对事物的模拟性形象直接感知基础上进行的一种直觉的能动反映。例如，对各种图片、图表、模型、幻灯片和教学电影电视等的观察和演示，均属于模像直观。由于模像直观的对象可以人为制作，因而模像直观在很大程度上可以克服实物直观的局限，扩大直观的范围，提高直观的效果。首先，它可以人为地排除一些无关因素，突出本质要素。例如，生理卫生人体骨骼知识学习中，可以排除其他人体的肌肉器官等因素，直接对人体骨骼进行直观。其次，它可以根据观察需要，通过大小变化、动静结合、虚实互换、色彩对比等方式扩大直观范围。例如，利用地图或模型，可以把某一地区的地形和地貌置于学生的视野之内(缩小)；利用原子结构示意图，可以清楚地看到原子核与电子结构(放大)；利用幻灯或电影胶片，可以观察到动植物的缓慢生长过

① 冯忠良.教育心理学.北京：人民教育出版社，2000.

程(加快)和化学反应的快速运动过程(变慢)。正因为模像直观具有这些独特的优点,因此它已成为现代化教学的重要手段,是现代教育技术学研究的重要内容。

言语直观指在形象化的言语作用下,通过学生对语言的物质形式(语音、字形)的感知及对语义的想象而进行的一种直观的、能动的反映形式。例如,在语文教学中,文艺作品的阅读、有关情境与人物形象的领会;在历史、地理教学中,有关历史生活、历史事件、历史人物和有关地形地貌、地理位置的领会,均少不了言语直观。言语直观的优点不受时间、地点和设备条件的限制,可以广泛使用。言语直观的效果主要取决于教师语言的质量。教师的讲解声调要抑扬顿挫,声音应有高低快慢的变化,并且语言应精练、优美,富有情绪性。言语直观的另一优点是能运用语调和生动形象的事例去激发学生的感情,唤起学生的想象。但是,言语直观所引起的表象,往往不如实物直观和模像直观鲜明、完整、稳定,因此,在可能的情况下,应尽量配合实物直观和模像直观。

2. 对学习内容的概括

理解知识的过程不能仅靠感知来实现,还必须经过一系列的思维活动才能完成。所谓对学习内容的概括是指主体通过对感性材料的分析、综合、比较、抽象、概括等深度加工改造,从而获得对一类事物的本质特征与内在联系的抽象的、一般的、理性的认识的认知活动。简言之,对学习内容的概括就是加工改造感性知识以形成发展理性知识的过程,即自下而上地进行抽象思考的过程。

心理学研究表明,对学习内容的概括是使学生的认识由具体上升到抽象、由特殊上升到一般、由感性上升到理性的必经过程,对一切科学知识的领会均是不可缺少的。在实际教学中,只有通过教材的概括,才能使学生认识到事物的本质,才能避免学生形式主义地掌握知识。只有认识了事物的本质,才能在日常生活和今后的学习中广泛应用这种知识去辨认课题,解决问题。

在教学条件下,学生对学习内容的概括是在前人的认识的指引下,通过对少量感性知识的概括而实现的。这是对学习内容概括的一个重要特征。它可以使学生较快地获得事物的理性知识。

二、知识理解的影响因素

(一)学习材料的内容与形式

首先,学习材料的意义影响学习者的理解。有意义的学习材料应该富有逻辑地清晰表达出某种观念意义,具有激活学习者相关知识经验的可能性。那些无意义的音节或乱码,是难以产生理解活动的。

其次,学习材料内容的具体程度影响学习者的理解。相对来说,具体材料中包含了更多具体的、形象的、与生活经验更为贴近的信息。比如自然课中的"水""植物的花""植物的根"等,这些内容更接近学生的经验,从而形成丰富的联系。抽象的内容往往是对具体内容的提炼、概括,只保留了其中的关键信息,概括了事物的一般特征或规律,因而远离了学生的具体经验。比如"化学键""分子式"等,对这样的学习材料,学习者需要用更明确的意识,努力去分析、思考这些内容,更主动地去生成与原有知识的联系,缩短这些抽象内容与原有经验之间的差距。

最后,学习材料表达形式的直观性影响学习者的理解。同样的内容,往往既可以用较抽象的方式来呈现,又可以用直观的方式来表现。如前所述,直观的方式不仅包括实物直观和模像直观,还包括言语直观。形象言语也可以使事物的信息变得丰富生动,从而让学生有身临其境之感,比如在中学课文《故都的秋》中,描写北平的秋天"来得清,来得静,来得悲凉",让学生对北平的秋天有了真实的感受。这些直观方式可以为抽象内容提供具体感性信息的支持,但直观并不局限于感知水平,它也可以为更高级的认知活动提供支持,比如对事物特征的比较、分析、归纳,对模型结构中各种关系的辨别,对现象的实验操作、分析等,其中都包含了高水平的思维活动。但是,在表现学习材料时,不要为直观而直观。

（二）教师的言语提示与指导

教师在教学的不同阶段的言语提示对学生的学习有直接的影响。在教学的开始阶段,教师可以用言语为学生创设一个问题情境,激发起学生探究和求知的欲望;在具体讲述某一知识以前,教师通过课堂提问可以唤起学生对已有有关经验的回忆,在向学生陈述和理解知识的过程中,教师的言语提示可以帮助学生正确建立起知识中所包含的各概念之间,以及新学习知识和学生的已有知识之间的内在的联系,并使学生从中获得所学知识的具体意义。在教学中,教师言语的作用不应仅仅局限于对某一具体知识的描述和解释,更重要的是用言语引导学生进行主动地建构。

（三）原有的知识经验背景

学习者对新信息的理解会受到原有知识经验背景的制约,这种知识经验背景有着广泛的含义。

第一,知识经验背景既包括学习新知识所需要的直接的基础性知识（准备性知识），也包括相关领域的知识以及更一般的经验背景。比如，学习者解决数学问题的经验很可能会影响他对物理问题的解决，学习者的生活经验以及语文知识都会影响他对数学应用题的学习。第二，知识经验背景既包括学习者在学校学到的正规知识，也包括他们的日常知觉经验。比如，儿童在生活中形成的关于"多少""相等"的观念是他们学习数学的重要基础，学生对水、动植物以及各种机械的观察经验，会直接影响他们对自然科学的学习。第三，知识经验背景既包括与新知识相一致的、相容的知识经验，也包括与新知识相冲突的经验。第四，这种知识背景不仅包括具体领域的知识，还涉及学习者的基本信念。①本体论信念，即关于世界及其运行方式的假定。比如：万事万物都是有规律可循的吗？事物的性质是确定的还是偶然的？时间和空间是绝对的吗？如此等等。对上述问题的形而上学的信念会影响学习者对科学知识的理解。②认识论信念，指学习者对知识、对学习的看法。比如：知识是静态的还是动态的？知识是一堆零散的事实材料，还是一个相互联系的体系？学习是否是对这些知识的接受和记忆？这种知识观和学习观会影响学习者对知识的加工理解方式以及学习的效果。第五，知识经验背景既包括直接以现实的表征方式存在于长时记忆中的知识经验，也包括一些潜在的观念。虽然有的问题学习者从未接触过，但一旦面对它时，他们便可以以自己的知识经验为背景，进行推理和判断，形成假设和解释。这种猜测常常是从其经验背景中得出的具有一定合理性的推论，这种潜在的背景知识同样也会对新知识的理解产生影响。

综上所述，学习者原有的知识背景会影响他们对新知识的理解，而这种知识背景有着丰富而广泛的含义，它包括来源不同、以不同的表征方式存在的知识经验，是一个动态的、整合的认知结构。

（四）学生的认知发展水平

学生对学习材料的概括和理解还会受到自身认知发展水平的制约。两类事物或现象可以构成各种各样的关系，如类属关系、交叉关系、并列关系、因果关系等，学生对这些关系的认识能力是渐进发展的。一般来说，小学低年级学生的思维对事物的形象和表象有很大的依赖性，而不能借助各种抽象的符号来进行心理操作，因此，他们往往只能理解两类事物或现象之间的一些直接的、初步的关系。只有当学生的抽象逻辑思维发展到一定的水平以后，他们才能真正理解一些较为复杂的、抽象的原理。比如教师在讲授季节的交替变化时，针对低年级的小孩子来说只需要了解每年有四个季节交替变化，这是可以在日常生活感知到的，但是对于高年级学生来说，则需要了解季节产生交替变化的原理，这是较为抽象和复杂的。

（五）主动理解的意识与方法

在现实的教学过程中，我们经常发现有些学生常常一遍一遍地看书，一遍一遍地练习，但根本不理解所学的内容，或者只获得了字面的理解。其实，理解并不随着这些新信息的输入而轻易地实现，它需要学习者主动生成知识经验间的联系。

心理学家维特罗克强调，为了促进理解的生成，必须改变学生对学习活动的认识，改变他们对自己在学习活动中的作用的认识，学生的任务不是记录和背诵教师所给的知识，而是需要把所学知识与原有知识及真实生活经验联系起来，从而进行生成性学习。要让学生知道理解性的学习不是自动发生的，理解的程度取决于学生在学习中的思考活动，以及他们对自己的学习过程的意识和控制。为了生成自己的理解，学习者需要努力建立当前学习内容各个部分之间的联系，以及当前学习内容与原有知识经验之间的联系，学习者必须带着"主动联系"的准备去学习，有意识地把自己的注意力集中在知识之间的联系上，去思考、推断知识的真正含义。

三、小学儿童知识理解的教学促进

知识理解以原有知识经验为基础，原有知识经验的丰富性、正确性、已获得的基本知识的数量与质量以及思维的发展水平等，都会影响知识理解的水平。小学儿童主要以形象思维为主，并向抽象逻辑思维过渡，这个转折期一般出现在小学四年级。我们在教学中要促进小学儿童的知识理解，要结合上述影响知识理解的因素结合实际教学内容，加以多方面考虑。

（一）丰富有关的经验和感性材料

苏联心理学家鲁宾斯坦曾说过，"任何思维，不论它多么抽象、多么理论，都是从分析经验材料开始，而不可能是从任何其他东西。然而直观的、感性的要素只是抽象思维的出发点，思维从这个出发点出发，而后离开它，摆脱它。"在教学上，应该根据教学内容和学生特点，灵活选用教学直观形式。

实物直观虽然真切，但是和模像直观相比，难以突出本质要素和关键特征。因此，一般而言，模像直观的教学效果优于实物直观。

德怀尔（F. M. Dwyer）1967年的研究说明了实物直观和模像直观的不同教学效果。[①] 该研究把被试分为四组，学习人体心脏的解剖结构。四组都听有关心脏知识的录音讲解，但使用的辅助手段不同：第一组，一边听录音，一边在

---

① 冯忠良.教育心理学.北京：人民教育出版社，2000.

屏幕上看录音中提到的心脏各部位的名词；第二组，一边听录音，一边看有关心脏各部位的轮廓图；第三组，一边听录音，一边看有关心脏各部位的带有阴影的较详细的图；第四组，一边听录音，一边看心脏的照片。实验结果如图5-5所示。由于轮廓图突出了心脏的关键特征，消除了无关特征，所以学习效果最好；实物照片增加了无关特征，掩盖了关键特征，所以学习效果最差。

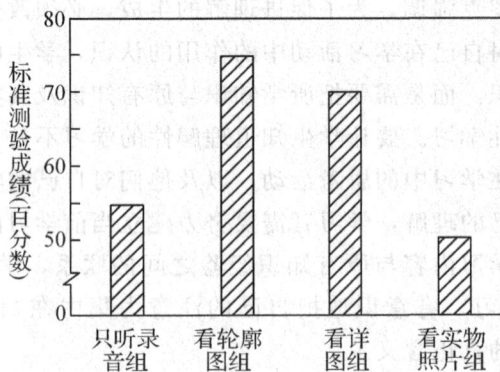

图 5-5　实物直观与模像直观的不同教学效果

这一结论只限于科学理论基础知识的学习阶段。当学习有了一定基础后，由简化的情境进入实际的复杂情境，更多地运用实物直观是必要的。我们强调的是先进行模像直观，在获得基本的科学概念和科学原理后再进行实物直观，比一开始就进行实物直观的学习效果好。

总之，教学中要强调言语直观与实物直观、模像直观的配合。

（二）配合运用正例和反例

为了抽取事物本质特征，同时摒弃非本质特征，在实际教学过程中，还必须注意配合使用概念或规则的正例和反例。正例又称肯定例证，指包含着概念或规则的本质特征和内在联系的例证；反例又称否定例证，指不包含或只包含了一小部分概念或规则的主要属性和关键特征的例证。一般而言，概念或规则的正例传递了有利概括的信息，反例则传递了有利于辨别的信息。

为了便于学生概括出共同的规律或特征，教学时最好同时呈现若干正例，以一个一个的例子来举例说明。如果所举事例中每个都包含着共有的属性，在呈现多个事例之后，学生即可通过抽象化而获得一个概括所有事例的概念或原理。在实际的教学过程中，我们常常要求学生"举一反三"。事实上，要想做到"举一反三"，教师首先必须"举三反一"。也就是说，只有教师列举出符合概念或原理的本质属性的多个正例（"举三"），学生才有可能真正达到掌握一个概念或规则的目的（"反一"）。

心理学研究表明，如果同时提供正例和反例，则概念和规则的学习将更加容易。反例的适当运用，可以排除无关特征的干扰，有利于加深对概念和规则的本质的认知。例如，在生物学中讲授"鸟"这一概念时，可用麻雀、鸡、鸭作为正例，说明"前肢为翼、无齿有喙"是鸟的本质特征；用蝙蝠作为反例，说明"会飞"是鸟的无关特征。这样，通过提供正反两面的例证，可以使概念的属性更容易显示出来，使概念的范围更容易确定。

（三）提供丰富多彩的变式

知识的表述常常把知识关键的本质属性"隐蔽"在非本质属性之中，教师在教学时，得启发学生一步一步从非本质属性中把本质属性揭露出来。这就必须运用变式规律。变式是通过变更对象的非本质特征的表现形式，变更人们观察事物的角度或方法，以突出对象的本质特征，突出那些隐蔽的本质要素，让小学儿童在变式中思维，从而掌握事物的本质和规律。

所谓变式，是用不同形式的直观材料或事例说明事物的本质属性，即变换同类事物的非本质特征，以便突出本质特征。简言之，变式就是指概念或规则的肯定例证在无关特征方面的变化。如在生物学中介绍"果实"概念时，不要只选可食的果实（如苹果、西红柿、花生等），还要选择一些不可食的果实（如橡树子、棉子等），这样才有利学生看到一切果实都具有"种子"这一关键属性，而舍弃其"可食性"等无关特征。只有通过变式，使儿童学会掌握事物的本质特征的方法，才能使他们懂得怎样从事物的千变万化的复杂现象中，抓住本质，举一反三，使思维既深刻又灵活。

研究表明，在小学教学中，如果不考虑或不采用变式，儿童常常会形成不准确的概念，扩大或缩小其内涵，因而在辨认新事物时产生错误的理解。如在动物分类中，由于鲸鱼与鱼类动物一样，生活在水里，外形也很相近，于是有的学生就把鲸鱼列入为鱼类动物，这显然是错误的。这里学生把非本质特征的"生活在水里"、"外形与鱼一样"当作鱼类的本质特征，不了解鱼的本质特征是用鳃呼吸，而鲸鱼是用肺呼吸的。又如教师在教几何时经常把直角三角形的直角画在左下方，而不采取直角在各种方位的变式图形，学生就会把"直角在三角形左下方"看成是直角三角形的本质属性，因而在遇到直角在上方或其他方位的直角三角形时，就产生错误判断。为了改变这种状况，教师在教学时必须采取变式，即向学生呈示直角在不同方位，大小、边长不一的各种直角三角形。

因此，在教学实际中，为了充分发挥变式应有的积极作用，防止其消极影响，所选用的变式应使那些显著的且非本质的要素得到变异，从而突出那些隐蔽的且本质的要素。同时，对象的变式应与词的指示和分析相结合，最好在提出定义的基础上，要求学生依据定义所提出的重要的或本质的特征去分辨各种客体。当然，对象的变式仅仅是丰富学生感性知识、突出对象本质要素的一种手段。如果不适当地夸大变式的作用，认为它可以代替概括活动，则显然是错误的。应该明确：变式的作用在于促进概括，而非取代概括。

（四）科学比较

有了变式的材料或事物，还要让儿童去比较它们。通过同类事物的比较，有利于帮助学生发现各种变式事例中同类事物的共同和本质的特点。通过不同类事物的比较，则有利于帮助儿童区别不同类事物间的本质差别。变式是从材料方面为理解事物本质提供有利条件，比较则是从方法方面促进理解。应用变式材料，通过在思维中分离出事物的各种特点，进行比较，抽出其共有的本质特点加以综合与概括，同时舍弃其非本质特点，这就是形成概念的过程。例如，研究表明：为使学生形成"平原"这一地理概念，先让学生观察各种平原地带的图片与地图（即变式的材料），然后要求他们去比较这些图片与地图上所见到的各个地带的特征，确定哪些是个别地带所特有的，是变异着的非本质属性；哪些是各个地带所共有的本质属性。经过这样比较，学生就理解到"地势平坦"是这些地带所共有的本质属性；而地面上的植物、沙漠、湖泊等仅是个别地方才有的，对平原地带来说是非本质的属性。这样，也就形成了"平原"的概念。基本原理的学习也是如此，例如在学习热胀冷缩的原理时，起先是让学生观察对若干不同金属加热和冷却的实验，即提供变式材料；然后，对历次实验结果进行比较，经过抽象、概括，达到对热胀冷缩这一原理的理解。

在比较客体、认识它们的异同时，经常遇到孰难孰易的问题。苏联心理学家沙尔达科夫曾经认为，低年级学生比较对象的差异较容易，而确定对象的相似、相同点较难。所以他认为在低年级教学中，比较最好是从找寻差异开始，然后过渡到确定相似之处。再进一步，则在同时发现不同之处和确定相似之处当中，使比较完善起来。

可是，后来有人进一步研究发现，低年级学生在比较客体时，认识客体的异同特征的难易是随着许多比较的条件而变化的。在一些条件下，学生找出客体间的差别较容易；在另一些条件下，则找出客体相似之处较容易。这首先依赖于被比较客体的内容和学生对这些客体熟悉的程度。例如，在比较动物或植物时，儿童举出的相似特征较多（较易），举出的差异特征较少（较难）；在比较非生物客体时则相反，举出的相似点较少，相异点较多。用不同的方式比较同一客体时，所能举出的客体的异同特征的数量也有变化。在以实物形式进行比较的情况下，比以词的形式所能列举的差别特征增多。此外，如果相比客体的相似点越少，则比较时，学生能列出的相异特征就越多，能列出的相似特征也就越少。

总之，在科学知识的理解阶段，首先应进行同类事物间的比较，以促进概括，明确概念与规则的内涵；然后再进行异类事物间的比较，以使相似、相近、相关的概念和规则分化出来。

（五）注意新旧知识的联系

理解是以旧知识、旧经验为基础的。儿童在学习过程中往往是从已有的知识出发，去认识和理解目前的事物。如小学儿童学习乘法总是从同数连加入手，因为有关加法的知识是学习乘法的基础。新旧知识的有机联系，能帮助学生对新知识的理解。

（六）启发思维和学习的积极主动性

思维是由问题开始的，在教学中要激发儿童的思维活动和学习的主动积极性，让儿童用自己的思考来寻求了解，发现要点，获得知识。知识的理解是要通过一系列的认识活动来实现的，因此，学习的积极主动性是知识理解的一个重要前提条件。教学经验表明，当儿童对所学的知识有兴趣，意识到其重要性，并进入一种积极进取、聚精会神的状态，对所学材料进行深入分析、加工时，知识的理解效果最好。因此，在教学中教师应注意启发儿童学习的自觉性，从而调动起学习的积极性。

教师启发儿童积极性的最常用方法是鼓励儿童主动参与问题的讨论。在讨论的时候，鼓励儿童主动提出问题、解答问题。在讨论初期，儿童提出的问题可能不着边际，回答的方式未必中肯，但在经过这一阶段之后，至少他们对所讨论的原则中包含的概念可先获得澄清。教师如果在这个时候发现儿童对原理中某一概念尚缺乏了解，那就说明儿童对所学原理尚缺少一部分起点行为，教师必须先设法补足后，再继续进行讨论。在讨论的过程中，教师应从旁辅导，但不宜代替儿童匆匆总结。简言之，在知识学习的过程中，教师应充分调动儿童的思维，使其学会归纳和总结。

阅读专栏 5-2
主动理解的策略与方法

维特罗克提出，为了促使学生把当前内容的不同部分联系起来，教学中可以采用如下策略：①加题目：为了给一篇文章加题目，学习者需要把不同的内容综合起来，加以提炼。加什么题目，这并没有标准答案，但要抓住中心，醒目而富有想象和创意。②列小标题：为了给一个或几个段落写小标题，学习者需要综合这一部分的意思。这不仅可以用于语文、数学，也可以用于其他社会科学和自然科学的教学。③提问题：针对当前的内容，提出自己想弄明白的问题，这很需要学生对内容进行综合和分析。提问题也可以用于多种科学。④说明目的：说明作者这些内容的目的，这需要学生综合这段内容，结合前后文内容做出分析和推测。⑤总结或摘要：为全部内容写一份总结，或者更精要地概括它的中心意思，要尽量用自己的话来表达，而不是摘抄、罗列书上的原话，东拼西凑。要把内容的要点提炼出来。说清楚，说完整。这种方法可以用于语文、历史、地理、物理等学科的教学。⑥画关系图或列表：用画图或列表的方法概括、整理这段内容的要点，表现它们之间的关系，分析、比较相关概念的异同。

为了帮助学生把当前的内容与原有的知识、经验联系起来，教师可以采用以下策略：①举例：从原有经验中找到适合的例子来解释说明当前的内容。②类比与比喻：用自己熟悉的事物来比喻、类比新学习的知识，比如用"水流"来类比"电流"。③证明：以原有的知识、经验为基础来论证当前的概念、原理，为它们提供理由和证据。④复述：不是重复课本中的原话，而是用自己的话来表达所学知识的意思。⑤解释：用有关的知识经验来解释新学的知识，说明自己的具体理解。⑥推论：从这一知识出发，可以进一步推知什么？⑦应用：应用所学的知识来解决相关的问题，特别是与实际生活密切相关的实际问题，以及需要综合运用多种知识的综合性问题。

（资料来源：冯忠良，伍新春．教育心理学．北京：人民教育出版社，2007．）

第三节　小学儿童的知识巩固与教学

一、知识巩固

（一）知识巩固的实质及过程

知识的巩固是指对所理解的知识保持长久记忆。知识的巩固对知识学习来说必不可少，它是知识积累的前提，理解后的知识如果不能被保持和积累下来，边学边忘，则将学无所成。知识的巩固是通过人类的记忆系统实现的。因此，为了促进知识的巩固，我们首先应该明确人类记忆系统。

知识巩固的实质就是记忆。所谓记忆，就是通过识记、保持、再现（再认或回忆)等方式,在人的头脑中积累和保存个体经验的心理过程。从信息加工的观点来看,记忆就是人脑对外界输入的信息进行编码、存储和提取的过程。人们感知过的事物、思考过的问题、体验过的情感或操作过的动作,都可以以映象的形式保留在人的头脑中,在一定条件下还能恢复,这就是记忆。

记忆包括"记"和"忆"两个方面,"记"体现在识记和保持上,"忆"体现在再认和回忆上。识记是记忆的第一个环节,是主体获得知识和经验的过程;保持是第二个环节,是已获得的知识经验在头脑中的储存和巩固过程;再认或回忆是第三个环节,是从头脑中提取和恢复知识经验的过程。在这三个环节中,识记和保持是再认或回忆的前提,而再认或回忆又是识记和保持的结果。因此,在记忆活动中,识记和保持占主导地位,知识的巩固主要是通过识记和保持这两个记忆环节来实现的。

(二)知识巩固的分类

人类的记忆现象非常复杂。为了研究的方便,心理学家提出了不同的记忆分类。

1. 按记忆保持时间的长短,可分为瞬时记忆、短时记忆和长时记忆

瞬时记忆又叫感觉记忆,是指对事物的感知觉停止后所产生的印迹持续一瞬间就急速消失的记忆(保持时间在一二秒钟以内)。例如,电影一张张静止的画面之所以被看成是动的,就是靠瞬时记忆。在小学低年级数学教学中,20以内的加减法卡片的出现,也是瞬时记忆的表现。短时记忆是在瞬时记忆的基础上发展起来的,它保持时间比瞬时记忆要长,但也只在一二分钟左右。例如,学生在演算时,对进位加法和减法中错位、进位的数字记忆,就是靠短时记忆;对于只要打一次电话的电话号码,在查阅了电话簿后,能立即根据记忆拨出号码,但事后往往就不再记得了。这就是短时记忆的现象。短时记忆与瞬时记忆,除了持续时间上的不同外,还有两点不同:短时记忆的内容是人充分意识到的,而瞬时记忆的内容是人未充分意识到的;短时记忆能因人的多次反复练习而加强,瞬时记忆却难免要急速消失,且短时记忆可以转化为长时记忆。长时记忆是保持时间很久,以至终生不忘的记忆。对于短时记忆的材料,通常要通过有意、无意的各种形式的重复,包括复习、练习等,才能转变为长时记忆而被保持下来。比如,某个电话号码如果经常使用它,就会在记忆中保存下来。当然,有些特别深刻的印象,也可能是一次形成的。

2. 按照记忆的内容,可分为形象记忆、情景记忆、语义记忆、情绪记忆和运动记忆

形象记忆是以感知过的事物的具体形象为内容的记忆。它保存着事物的感

性特征，具有显著的直观性。例如，我们参观了服装展览会后，能够记住一件件新的服装样式和颜色，即是形象记忆。

情景记忆是对个人亲身经历的、发生在一定时空关系中的某个事件的记忆。如想起自己参加过的一个会议或曾去过的地方，当时的场面和情况历历在目，就是情景记忆。由于情景记忆受一定时间和空间的限制，信息的储存容易受到各种因素的干扰，因此，记忆不够稳定，也不够确切。

语义记忆是指人们对各种有组织的知识的记忆，又叫语词逻辑记忆或逻辑记忆。它是以语词所概括的逻辑思维结果为内容的记忆，如字词、符号、概念、公式、规则、思想观点等。如对哥伦布发现美洲这个事实的记忆就是语义记忆。语义记忆具有高度的概括性、理解性、逻辑性和抽象性，它只受一般规则、知识、概念和词的制约，而不受特殊的地点、时间限制，也很少受到外界因素的干扰，因而比较稳定，容易提取。语义记忆为人类所特有，从简单的识字、计数到掌握复杂的科学技术知识，都离不开语义记忆。语义记忆与人的抽象思维密切联系，并随着抽象思维的发展而发展。

情绪记忆是以个体体验过的某种情绪或情感为内容的记忆。如我们对第一天上大学时的愉快心情的记忆，就是情绪记忆。人们在回忆起愉快的事件时，会重新兴奋起来；在回忆难为情的行为时，会再次变得面红耳赤；在回忆以往体验过的恐惧时，会变得面色苍白等。情绪记忆往往是一次形成经久不忘的。它常常成为人们当前活动的动力，推动人们从事某些活动或者某些行为，而回避某些对他们有害的事情。

运动记忆也叫动作记忆，是以人们操作过的动作为内容的记忆。如对书写、劳动操作和某种习惯动作的记忆，就是运动记忆。运动记忆与其他类型的记忆相比，识记比较困难，但是一经记住，则比较容易保持、恢复而不易遗忘。人的生活、学习和劳动都离不开运动记忆，各种生活技能的形成和发展都要依靠运动记忆。在个体发展中，运动记忆比其他各种记忆发展得早些，一般儿童在出生后的第一个月就表现出运动记忆的能力。

虽然人类的记忆多种多样，但学校教学的学习内容主要还是语词逻辑材料，学生在教学领域中所要运用的记忆主要是语义记忆。因此，本章所探讨的记忆规律主要也是围绕着语义记忆问题而展开的。

二、小学儿童知识巩固的教学促进

(一)明确学习目的

知识的巩固直接受学习的目的性与主动性制约。在实际的教学过程中，应充分利用有意识记，提高其识记效果。比如，我们问住在楼上的人，他们经常上下的楼梯有几级，绝大多数人回答不出来。然而问一个住在楼上的盲人，他却能回答出来。为什么呢？因为前者没有记忆楼梯级数的目的和需要，而后者则相反。这说明目的明确，记忆才有效果。同样，在教学中有的教师上课前对学生提出明确的要求，讲完课后又挤出一些时间来检查当堂效果，这样做比不提要求的效果要高。所以，有明确具体的目的是提高记忆的重要条件。

　　明确学习的目的可使人们的全部心理活动趋向于一个目标，突出学习任务，在进行感知时头脑就能留下较深的痕迹。有意识记的这种效果可以用一个简单的实验来证明。给被试呈现不同颜色的字母，如 O、B、P、C、M、O、R、B，要求被试记住其中有几个字母 O。在呈现结束后，问被试：有几个字母 O？它们是什么颜色？除了字母 O 以外，还有哪些字母？这些字母是什么颜色？结果表明，在有意识记的条件下，被试对字母 O 的数量回答得最准确，而对其他问题由于没有进行有意识记，回答时错误较多，甚至不能回答。这说明没有识记意识，识记就不够准确。在实际教学活动中，我们也体会到学生对于所识记材料的目的、任务、意义与作用越明确，识记时的主动性就越高，识记的效果越好。例如，有的学生漫无目的地朗读一篇英语课文，虽然读过多遍，仍然记不住，只因"小和尚念经，有口无心"；相反，如果教师对学生提出明确而具体的要求，则学生学习时就会集中注意，认真思考，识记效果就会较好。当然，教师对学生除了提出一般的"要记住"的要求以外，还应提出长久识记的任务和要求，培养学生认真的学习态度。学生不能为了应付考试而学习，否则，考完就会忘。

　　(二)指导学习策略的运用

　　学习策略是学生采用的提高学习效率的活动。学生的学习策略在很大程度上取决于教师的指导。

　　1. 复述策略

　　复述指为了保持信息而对信息进行多次重复的过程。例如，学生为了记住外语单词，必须出声或不出声地重复念单词。要背诵一首古诗，也必须多次朗读。

　　复述要达到提高记忆效率的目的，宜采用复述与结果检验相结合的方法。美国心理学家盖茨(A. T. Gates)在 1917 年的实验表明，重复与结果检验相结合的学习方法比单纯重复的方法，在即时记忆与延时记忆的效果上明显要好。

　　对于有意义的言语材料的学习，复述策略包括边看书边讲述材料，在阅读时做摘录、画线或圈出重点等。心理学家对画线的作用做了许多研究。例如，有人比较了在不同画线条件下的回忆效果，当要求学生自由画出一段文章中的任何句子，比只要求他们画出最重要的句子的回忆效果好。原因是在自由画线条件下，被试可以将文中已有的结构联系起来。

研究还发现，学生在无关信息下画线，降低了他们对重要信息的回忆。研究认为，六年级以下的学生不能可靠地确定哪些信息是重要的，因此鼓励年级较高的学生采用画线的学习方法效果较好。

对于低年级或不知如何画线的学生，可以逐步教会这种学习方法。首先向儿童解释课文中哪些内容是重要的，其次教他们画出一段课文中少量的、也许是一两个最重要的句子，最后还应教他们对画出的句子进行复习或释义。画线与其他符号注释相结合，更有助于学生思考文章的内容。符号注释包括文后用数字如1、2、3…标出文中的要点、论据或事件等；在书页旁做上各种记号，如用"？"表示有疑问的句子，用箭头指出句子之间的逻辑关系，写简要评语以表示自己的看法，等等。许多著名人物在读书时都采用这一促进思考的方法。

2. 精加工策略

精加工指对记忆的材料补充细节、举出例子、作出推论，或使之与其他观念形成联想，以达到长期保持的目的。记忆术是典型利用精加工的技术。例如，马克思生于1818年，卒于1883年，可以用读音相似的语句来代替，如用谐音"一拨一拨，一拨就拨散"或"一爬一爬，一爬就爬上山了"来记住；陈胜、吴广在公元前209年领导农民起义这个历史年代时，可以想象陈胜、吴广两人领（谐音"零"）导900农民起义，"两人领900人"这个观念与"209"建立了联系，这个历史年代便牢牢记住了。

对有意义的言语材料学习中，精加工策略包括释义、写概要、创造类比、用自己的话写注释、解释、自问自答等具体技术。

记笔记和做笔记是心理学中研究较多的精加工技术，维特罗克称之为生成技术。研究表明，笔记有助于指引个人的注意，有助于发现知识的内在联系，有助于建立新知识与旧知识之间的联系。

心理学家认为，笔记有两步：第一步是记下听讲中的信息（记笔记）；第二步是使记下的信息对你有意义，即理解它们（做笔记）。如果笔记只停留在第一步，对学习并无多大的帮助。重要的是进入第二步，对笔记加工。第三步非常重要，这些边注、评述或其他标志不仅可以促进学生的理解，而且可以为他们今后的回忆提供线索。研究表明，有些学生自己做笔记并复习自己的笔记；有些学生自己做笔记，但未复习笔记内容；还有些学生自己不做笔记，借用他人的笔记。采取前一做法的学生学习成绩较采取后两种做法的好，借用笔记复习的人也能从中获益。研究者认为，复习笔记的内容是一种再加工过程，所以能促进学习。

为了培养学生做笔记的良好学习习惯，教师讲课时应注意如下几点：

①讲课速度不宜过快；

②重复比较复杂的材料；

③把重点写在黑板上；

④为学生提供一套完整和便于复习的笔记；

⑤为学生记笔记提供结构上的帮助，如列出大、小标题，表明知识的层次。

3. 组织策略

组织指发现部分之间的层次关系或其他关系，使之带上某种结构，以达到有效保持的目的。在中国小学低年级识字教学中，有人按字音归类识字，有人按偏旁结构归类识字。在外语词汇教学中，也利用类似的归类识字教学法。这些都是组织策略用于简单学习任务的例子。组织策略的实质是，发现要记忆的项目的共同特征或性质，从而达到减轻记忆负担的目的。

对有意义的言语学习材料学习，我们可以采用列课文结构提纲和画网络图的方法对材料进行组织。许多编写得好的教科书，在每章的开头都有一个内容结构提纲。结构提纲提供大小标题及其层次和序号，可以使读者清晰地知觉课文的内在逻辑关系。教师在讲课时，也可以在黑板上列出内容结构提纲，为学生学习这种方法提供示范。

有心理学家建议采用如下步骤训练学生列结构提纲：

①给学生提供较完整的结构提纲，其中留出一些下位的细目空位，要求学生通过阅读或听讲填补这些空位；

②提纲中只有一些大标题，所有小标题要求学生完成；

③提纲中只有小标题，要求学生写出大标题。

(三)尽可能运用多种感官

教师在新知识的教学过程中，注意引导小学儿童尽可能多地建立通往新知识的途径和通道，有利于儿童将新知识保持得更具体、更全面。

知识的学习是一个由感性认识发展到理性认识的过程。理性认识是建立在感性认识的基础上的。人的感官参加学习活动越多，所得的感性材料越丰富，这样上升到理性认识也就越深刻、越全面，记忆越牢固。多种感觉通道指"五官"，即眼、耳、口、手、脑。学生的学习不仅要用眼看、用耳听、用口读、用手写，而且要用脑子想，把所有的感官都调动起来，让多种器官协同活动，做到"五到"，即眼到、耳到、口到、手到、心到。眼到就是仔细地看；耳到就是仔细地听；心到就是专心致志，独立思考；口到就是认真地读、讲、说、讨论；手到就是多做、多练、多演示、多操作。例如，在英语词汇教学中，采用视、听、读、说、写结合，可以提高词汇的识记成效。在地理教学中，学生对地形地貌的识记，仅仅依靠阅读地图，尚不如让学生自己绘制地图。总之，来自不同感觉通道的信息有助于加强识记。教师在教学中要让学生有多种感觉器官参加活动，全面地掌握事物的特点，深刻理解它们之间的联系，记忆的效率更高。

（四）合理复习

1. 复习的时机要得当

艾宾浩斯的遗忘曲线表明，遗忘的发展开始很快，所以必须在遗忘还没有发生以前及时进行复习，这样才能节省学习时间。为此，在教学上必须遵守"及时复习"的原则。遗忘开始的一般标志是识记的精确性降低，相似、相近的材料在再认和回忆中容易发生混淆，有时也表现为只能再认而不能回忆（不完全遗忘）。所有这些都表明遗忘开始了，复习必须在这些现象发生以前及时进行。

由于遗忘存在着先快后慢的趋势，因此在教学上还必须遵守"间隔复习"的原则。一般来说，刚学过的新知识应该多复习，每次复习所用的时间应长些，而间隔的时间要短些；随着记忆巩固程度的提高，每次复习的时间可以短些，而间隔的时间可以长些。

复习的目的不仅是为了考试，更重要的目的是为了在将来的工作岗位中应用所学知识为社会服务。因此，教学上也应该遵守"循环复习"的原则，对于所学的重要的、基本的材料应经常复习，做到"温故而知新"。

2. 复习的方法要合理

（1）合理分配复习时间。对所学材料的复习，从时间分配上来说，有两种不同的形式，一种是分散复习（每次时间短，次数多），一种是集中复习（每次时间长，次数少）。研究表明，这两种复习方式效果不同，一般分散复习优于集中复习，因为分散复习可以降低疲劳感，可以减少前摄抑制和倒摄抑制的影响。因此，教师在教学中应鼓励学生进行分散复习，不要等到考前集中"算总账"。

（2）阅读与尝试背诵相结合。一般背诵材料有两种方法，一种是一遍又一遍地单纯重复阅读，一种是反复阅读结合尝试背诵。研究表明，这两种复习方式效果不同，反复阅读结合尝试背诵优于单纯的重复阅读。因此，教师在教学（尤其是文科教学）中应注意教育学生在阅读过程中，边阅读边背诵，将阅读与背诵交替进行。单纯重复阅读的记忆效果之所以不如反复阅读结合尝试背诵，主要在于前者不利于及时发现学习中的薄弱点，因而在重复学习时有一定的盲目性，而后者可以及时发现学习中的薄弱点，从而在重复学习时便于集中注意，有针对性地加强薄弱点的学习。

(3)综合使用整体复习与部分复习。整体复习指每次复习整篇材料；部分复习指把材料分成几个部分进行复习；综合使用整体复习与部分复习，即先进行整体复习，而后把材料分成几个部分，进行部分复习。研究表明，这三种复习方式效果不同，一般来说，综合复习效果最好。当然，整体复习、部分复习和综合复习的选用也应考虑材料的特点，全面考虑到影响记忆效果的各种因素。如果材料彼此之间没有意义联系，采用部分复习法无疑是合理的。如果材料内容联系紧密，则需要根据不同情况具体安排：材料比较简短，可以采用整体复习法；材料比较复杂、冗长，则宜采取综合复习法。

3. 复习的次数要适宜

有关研究一致表明，教材的保持或遗忘与复习的次数密切相关。一般来说，复习次数越多，识记和保持的效果越好；反之，则遗忘发生越快。据此，心理学家肯定了"过度学习"的必要性。所谓过度学习，指在学习达到刚好成诵以后的附加学习。如读一首短诗，某人学习 10 分钟就刚好能背诵，在能够背诵之后增加的学习(如再读 5 分钟或再读 5 遍)便是过度学习。

在日常教学中，一般教师都知道，对于本门学科的一些基本概念、基本原理的学习，仅仅达到刚能回忆的程度是不够的，必须在全面理解的基础上达到牢固熟记的程度。例如，对于乘法口诀表中的 45 句口诀应达到滚瓜烂熟的程度。这是实际教学中过度学习的例证。

当然，过度学习并不意味着复习次数越多越好。研究表明，学习的熟练程度达到 150％时，记忆效果最好；超过 150％时，效果并不递增，很可能引起厌倦、疲劳等而成为无效劳动。

阅读专栏 5-3

艾宾浩斯关于遗忘的研究

对于遗忘的进程，德国心理学家艾宾浩斯最早进行了系统的研究。他自己既当主试又当被试，独自进行实验，持续数年之久。为了对结果进行数量分析并排除过去经验的干扰，他采用了无意义音节作为记忆材料。这种材料是由中间一个元音、两边各一个辅音构成的音节，如 XIQ、ZET、SUW 等。艾宾浩斯采取重学法（又称节省法）来检验记忆的效果。他每次学习 8 组、每组 13 个无意义音节的字表，诵读到能连续两次无误背诵为止，并记录所需时间和诵读次数。然后，间隔不同的时间后进行重新学习，记录达到同样的背诵程度所需要的时间和诵读次数。然后比较两次学习所用的时间和诵读次数的差异，以重学比初学节省的时间或次数的百分数作为保持量的指标。后来的学者将此实验结果绘成曲线图（如图所示），这就是百余年来一直被广泛引用的经典的艾宾浩斯遗忘曲线。

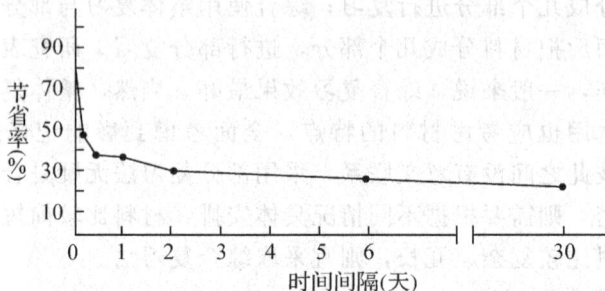

（资料来源：冯忠良，伍新春等．教育心理学．北京：人民教育出版社，2002.）

第四节　小学儿童的知识应用与教学

　　知识的学习不仅体现在领会知识和巩固知识这两方面，还体现在主动而有效地应用知识去解决有关的问题，即体现在知识的应用方面。知识的应用是掌握知识的一个必不可少的阶段。

一、知识应用的实质

（一）知识应用的概念

　　从广义上讲，凡是依据已有的知识经验去解决有关的问题都可以叫做知识应用，这与学习迁移有共同之处。而狭义的知识应用主要指作为知识学习阶段之一的知识的应用，即学生在理解学习内容的基础上，依据所得的知识去解决同类课题的过程，如根据所学的概念、原理来解释有关的现象、证明某一定理等。

（二）知识应用的特点

1. 知识应用的范围一般限于同类事物

　　知识的应用实质上是通过学生将所学抽象知识具体化的过程，也就是说，是把从一类事物中抽象与概括出来的知识推广到同类具体事物中去，使抽象知识同具体事物建立起联系的过程。例如，在数学、物理、化学的学习过程中，学生依据所领会的概念、定理或法则等知识，去完成习题或解决有关的问题，如辨认同类的有关事物，解决、说明同类的有关现象，或是去完成相应的操作等。在语文知识的掌握过程中，学生利用在范文中习得的语言、文学知识去分析作品中句子的语法结构或写作技巧，或模仿范文的写作特点，去描述、分析人物与事件等。在历史、地理知识的掌握中，知识的应用则常常表现为让学生利用已习得的知识，或去评述有关的历史人物与事件，或是阅读与绘制地图、观察地形、鉴别土壤等。无论是何种形式的应用，都是将领会的知识用于具体的、同类的问题的解决。

2. 知识应用不同于知识理解

作为知识学习过程中的两个基本过程，知识理解与知识应用既有联系，又有区别。知识应用是在知识理解的基础上进行的，同时又是对知识理解的检验与发展。就知识学习而言，理解与应用在进程上是有顺序性的，不能任意颠倒。知识应用与知识理解虽然有联系，但二者又在许多方面有明显的区别。

知识理解是具体事物的抽象化过程，知识应用是抽象知识的具体化过程。从认识活动的进程来说，前者是由个别到一般、由具体到抽象、由感性到理性的过程，后者是由一般到个别、由抽象到具体、由理性到感性的过程。从逻辑意义上来说，前者是归纳过程，后者则是演绎过程。从思维过程的内容方面来说，前者在于通过对同类的一些具体事物的一系列分析，分别抽出这类事物共有的一系列本质特征，从而形成这类事物的概念、原理、定理或法则等抽象知识，后者则要求把抽象知识分解为一系列本质特征，并在这些本质特征的指引下去分析具体事物，从中确定这些具体事物是否具有这一系列特征，进而判定这种抽象知识能否包括这些具体事物。

对此，苏联教育心理学家缅钦斯卡娅也认为，知识理解与知识应用是不同的，她曾把前者叫做"第一级的抽象"，把后者叫做"第二级的抽象"。

3. 知识应用是一种相对单一的迁移形式

迁移主要表现为一种学习对另一种学习的影响，或习得的经验对完成其他活动的影响，其实质是经验的整合。迁移的内容既可以是知识方面的，也可以是技能或者行为规范方面的，从这个意义上说，知识迁移只是丰富的迁移内容中的一种。而知识应用又是知识迁移的一种类型——同化性迁移，即不改变原有的知识结构，直接将原有的知识应用到相同的一类事物中去，以赋予新事物以意义，或者将新事物纳入到原有知识结构中去，充实知识结构。

4. 知识应用不同于解决实际问题

知识学习过程中的知识应用虽然也是通过解决各种形式的问题来体现的，但这些问题多是以课业问题的形式提出的，且具有较明显的直接对应性，即利用当前的知识来解决问题。解决课业问题既可以表现为应用已学知识完成有关的口头作业或书面作业，如回答课堂提问、解答习题等，也可以表现为应用知识去完成实际操作或实地作业，如数学的测量、生物的种植与养殖、地理的考察与绘制地图等。这与解决实际问题是有一定的区别的。解决实际问题主要是指学生自觉能动地综合应用不同时间、不同地点、不同科目中习得的知识经验于社会实践，解决或发现生活和生产中的实际问题。一般而言，解决课业问题相对简单易行，而解决实际问题难度较大，需要多种知识的综合应用与迁移，要求智力活动更具有创造性。

虽然知识学习中的知识应用相对简单些，也具有一定的局限性，是一种低级的初步的应用形式，但这并非意味着知识应用可有可无。对于知识学习及其心理结构的构建而言，知识应用是必需的。

（三）知识应用的作用

1. 知识应用是知识学习不可缺少的一个环节

通过组织学生做习题、解答问题、互改作业等，一方面可以对教学效果进行检查与反馈；另一方面也可以加深学生对所获得的知识的理解，巩固所学的概念、原理等。知识应用的过程实际上也是学习的过程，是真正地掌握知识所必需的一个重要环节。

2. 知识应用促进广泛的迁移

实际表明，借助于抽象概念或一般原理的具体化，可以使学生很快掌握其中的总概念或特殊的法则。例如，借助于"角"的概念的具体化，可以建立起锐角、直角、钝角、平角、周角的概念。因为这些概念对于"角"这个概念而言，是从属的总概念，是一些特例。这相当于一种自上而下的同化性迁移。可以说，知识掌握过程中的应用是一种比较简单的迁移形式，但这种形式又是必不可少的，尤其在知识掌握阶段。通过应用，可以促进知识的娴熟的掌握。只有熟练地应用知识，才有可能为灵活地、创造性地重组知识提供良好的基础，促进知识之间的联系，进而为更复杂、更广泛地迁移奠定基础。

3. 知识应用提高学习的积极性与主动性

由于学生所学的知识往往不是他当前生活所急切需要的，而是为将来学习与工作作准备，因此，学生不易体会到所学知识的实际作用，也难以产生成就感。这就难免对学习动机产生消极影响，对培养学生的自觉的学习需要来说具有一定的局限性。只有加强知识的实际应用，这样才能使学生体验到所学知识的意义与作用，从而有助于确立起学习的自觉性与积极性。另外，通过应用，还可以发展学生独立思考的能力，养成独立学习的习惯。

4. 知识应用有助于能力形成

首先，知识是能力的构成要素之一，而知识应用又是保证知识掌握的不可缺少的环节之一，因此，知识应用是形成能力的一个前提条件。其次，知识的各部分经过应用、练习而紧密地结合在一起，以组块的形式在头脑中表征，占用工作记忆的空间较少，使得学习者能够更自如、更有针对性地应对其他问题，这一点正是能力的关键特征之一。最后，在应用知识的过程中，可以使学生把获得的知识与分析问题、解决问题的各种技能联系起来，促进了知识与技能的相互整合，为培养和提高分析问题、解决问题的能力提供了充分的机会。

二、知识应用的一般过程

知识的应用主要经历了审题、联想、解析和类化四个基本环节。

(一)审题

审题就是了解题意，理清题目中所给予的条件与问题，明确题目的要求。审题是应用所学知识，使教材得以具体化的首要环节，在头脑中进行的一系列的智力活动。有一些学生往往不重视审题，在对题意还没有彻底了解，对问题结构(条件与要求及其联系)还没有明了以前，就进行胡乱猜测或盲目尝试，这是审题过程中经常发生障碍或错误的一个原因；另有一些学生则经常忽视、遗漏问题中隐蔽的但是重要的因素，这也是造成应用错误的原因；还有一些学生不善于在整个应用过程中保持问题映象，往往遗忘了问题的条件与要求，导致应用过程的中断，需要重复审题。教师必须注意引导学生改正这些错误。

研究发现，许多学生在解决数学文字题，将文字描述转译为内在表征的审题过程中经常出现问题，尤其当题目中包含关系陈述句(即表示数量之间关系的陈述句)时，更为明显。比如，要求学生注意听下列的题目并复述出来："张明有 3 个弹珠，李钢比张明多 5 个，问李钢有几个弹珠?"学生常犯的一种错误就是忽略其中的关系陈述句，而将题目复述为："张明有 3 个弹珠，李钢有 5 个弹珠，问李钢有几个弹珠?"再比如，某学生将关系陈述句"汽船驾驶员在静止水域中的行驶速度比水流速度每小时快 12 公里"，转换为"汽船以每小时 12 公里的速度在静止水域行驶"。这些审题错误的出现，表明学生缺乏适当的语言学知识来表征头脑中的关系陈述句。那些较差的数学问题解决者更不善于运用其语言学知识来确定题目中的关系陈述句的意义。

要克服审题方面的困难与错误，教师必须注意：经常提醒学生重视审题，以养成良好的智力活动习惯；使学生掌握审题的一般程序，并注意问题中那些比较隐蔽的因素；提醒学生不仅要了解问题，同时要记住问题；问题的题材应注意与学生的生活经验相接近，叙述要简明。[①]

（二）联想

联想一般指由一种心理过程而引起另一种与此相连的心理过程的现象，它是在问题的条件和要求的作用下，有关知识在头脑中的重现。知识的重现可能是直接的，也可能是间接的。直接重现是由问题的条件和要求直接引起的。间接重现是利用中介性的联系来引起的，是有步骤地进行的智力活动。学生常常是先想出与所要重现的知识有联系的那些知识，然后再以它作为中介逐步接近所要重现的知识。从重现的过程可以看到，它不是先前已识记知识的简单重现，而是要把想起来的很多有联系的知识经过"筛选"，才能在其中找到所需要的知识。

学生在进行联想（即重现有关知识）时，容易发生困难和错误，往往出于下面三种原因：第一，学生当时的生理状态。如果在长时间从事紧张的智力活动后，大脑皮层的神经细胞，由于能量消耗过多，便转入保护性抑制状态，这时有关知识的联想将发生困难。第二，学生当时的心理状态。如缺乏信心、过分紧张、注意力涣散等情况，都可能阻碍知识的联想。第三，旧知识的干扰。新知识的联想可能因相似的那些牢固的旧知识的干扰而发生障碍，以致不能识别新旧问题的一致性与差异性。

（三）解析

解析即分析事物的矛盾，分析已知和未知双方的内部联系，寻找解决矛盾的条件和方法。知识掌握过程中的解析即统一分析问题中各部分的内在联系，分析问题的结构，将问题结构的各部分与原有知识结构的有关部分进行匹配。这种匹配是通过对问题进行一系列的分析、综合，找出当前问题与过去的知识经验共同具有的本质特征而实现的。

解析的结果往往表现为提出解决目前问题的各种设想、制订具体的计划与步骤。探索解决问题的方法有多种多样。比如在解决数学问题时，可以通过分析、综合等基本的思维活动，并依据已有的知识，将问题的条件或结论作适当的变更与转换，使之更易于利用某种原理或概念来解释、解决；也可以通过变换，使眼前的问题特殊化或一般化；还可以利用适当的辅助问题。在探索解题

① 刘国权．教育心理学．北京：人民教育出版社，2004.

方法的过程中，有时需要不断地多次变更问题，综合应用各种方法。

（四）类化

类化，也叫做问题的归类，即把当前的问题纳入同类事物的知识系统中去，以便理解当前问题的性质，从已有知识中找到解决这个问题的途径或方法。问题的类化是抽象知识具体化的最终环节。它是在审题与联想的基础上，通过获得的概念、原理、法则等抽象知识的再生、改组，对问题进行一系列分析、综合，揭示出当前问题与过去例题具有共同的本质特征时实现的。只有完成了这一环节，学生才能把所学的知识与同类新的具体事物联系起来，而把当前问题纳入相应的知识体系中去，以达到应用知识的目的。问题的类化因问题的繁简难易和学生解题技能水平的不同而有所区别。

知识应用的这四个过程不是彼此孤立的，而是互相密切地联系着的。在审题的时候，需要知识的联想，才能很好地了解题意；在问题类化和联想时，又常需要重新反复地审题，加深问题的印象，才能形成符合题意的解答判断。因此，我们不能把应用知识的这些过程互相对立起来。

三、小学儿童知识应用能力的教学促进

学生学习知识的目的在于应用。通过知识的应用，使理论联系实际。应用知识解决问题，既是检验学生对知识的理解和保持程度的一种手段，也是使学生加深理解、巩固知识直至掌握技能、发展智力的重要手段。对于小学阶段的儿童来说，理解和巩固知识固然重要，但从小就培养他们分析问题、解决问题的能力更为重要。在教学中，教师要重视学对小学儿童知识应用的指导。

（一）加强知识理解与巩固的指导

知识应用取决于知识理解和巩固的程度。要应用知识去解决有关的问题，必须能够回忆、提取出相应的知识。如果学生对知识的理解程度不够，只停留在表面认识阶段，就很难进行知识的应用。如在掌握"热胀冷缩"原理时，学生只知道教师讲的水（液体）加热时会膨胀、沸腾，水降温在0℃以下时会冷缩成冰块。却不能够去解释固体和气体的热胀冷缩现象，以及铁轨的接头处有空隙的现象。如果知识记忆得不准确、不牢固，必然导致提取的困难和错误，这直接影响着问题的成功解决。大量的事实与研究都证明，知识记忆得越牢固、越准确，知识的提取也就越快、越准确，成功应用知识的可能性也就越大。有些学生难以应用学过的知识，原因之一就是忘记了所学的知识，或是知识的提取不准确。

小学低年级儿童对学习材料的理解依赖于教师的启发诱导，有所谓"牵着

牛鼻子过河"。中、高年级儿童逐步学会按照一定的思维方式理解学习材料。教师在教学中要加强对小学生基本概念、基本原理的理解与保持的指导,确保他们能深刻理解并掌握这些基本知识。在教学中列举大量的范例和各种变式,使小学儿童能真正把握知识的内涵和外延,并能在遇到该知识、原理背景时准确、灵活地使用它去解决新的问题或进行新的探索,发现新的规则。例如,小学低年级儿童的计数活动中,通过不断地组合物体或分解物体,逐步理解"加法就是把东西放在一起,减法就是把东西分开"。这种在理解基础上获得概念,使儿童能够把加减法的原理迁移到乘除法,知道乘法是加法的扩展,除法是减法的扩展。

(二)帮助儿童树立信心

常有这种情况:儿童颇有兴趣地应用知识解决一个问题,倘若问题简单容易,解决时不遇挫折,他们暂时不会放弃尝试;倘若问题复杂困难,解决时受到挫折,他们往往会放弃尝试,或者过多地期待教师的现成指导。儿童年龄越小,这种心理特征表现越突出。教师应当在指导时鼓励儿童树立解决问题的信心,以及在探究中的首创精神。同时要注意,过多的指导会造成儿童过分依赖教师,从而阻抑儿童的能力发展。在学生解决新问题时,教师应当给予少量但有效的指导,以便使儿童通过自己的努力解决问题,从而增强其解决问题的信心。当然,一直得不到教师的帮助,也无法培养儿童解决问题的兴趣和信心。

(三)帮助儿童分析问题

为了提高儿童应用知识的能力,教师还应该帮助其分析问题,鼓励他们大胆地提出假设。

分析问题是解决问题的一个重要环节。儿童不能将所学知识加以应用,很大程度上是由于他们不知道在什么时候该用哪一个概念或原理。也就是说,儿童不能对所面临的问题进行客观地分析和评价,仅仅通过盲目尝试去寻求解题途径,这样会使他们思维混乱,条理不清。因此,教师在使学生理解有关知识的基础上,还应该对知识应用的条件(策略性知识)和知识应用的过程(程序性知识)等加以指导,使学生能够正确地分析问题,选择合适的相关知识来解决问题。

教师还应该鼓励儿童在解题过程中大胆地提出自己的假设。当儿童注视问题,试图去探究与问题有关的条件和材料时,常常需要借助于假设。心理学的研究发现,假设一般可以采取两条途径:其一,从当前的情况开始;其二,从我们希望达到的终点开始。如果采取第一条途径,就要从分析目前的情况做起,例如:"以前我看到过这个问题吗?""其中哪些论据是我熟悉的,可以帮助我解决这个问题?"等。这样做有助于探究出问题中的含义。如果采取第二条途径，就要从分析目标做起，例如："假如我们达到了目标，那么事情又会有什么不同?""我们已经解决了哪些次要问题?"等。这种分析有助于确定问题的顺序，并回到起点，从而有利于问题的解决。

（四）引导儿童学会类化

在对专家与新手解决问题能力的差异研究中，塞伯斯（Sabers）等人发现，某一领域的专家比新手更加有效率的原因是，专家在已有的知识体系中含有大量的可利用的理想模式，而且他们有很强的类比能力。当他们遇到问题时就会与已有的理想模式进行类比，并从中寻找类似的模式中的解题步骤进行解决，所以他们对于领域内的大多数问题都能又快又好地予以解决。儿童在知识应用的过程中有时会遇到一些困难，这中间有一部分困难是他们缺乏类比的能力造成的。因此，教师在教学过程中要引导儿童学会类化。比如，课堂上列举的一些例题、例文以及一些分析问题的方式、方法，教师要提醒学生及时作出归纳总结，在遇到与这些类似的问题时，能够有意识地运用已学过的这些相关知识来解决问题，从而大大提高其知识应用的能力。

复习与思考

1. 什么是知识? 知识与能力有什么关系?

2. 什么是陈述性知识、程序性知识? 我们平时所说的知识指哪一类知识?

3. 影响知识学习的因素有哪些?

4. 知识直观的方式有哪些? 如何提高知识直观的效果?

5. 如何促进小学儿童知识的巩固?

6. 如何提高小学儿童知识的应用的能力?

推荐阅读

1. ［美］约翰·桑代克著，周冠英等译. 教育心理学. 北京：世界图书出版社，2009.

2. 皮连生. 教育心理学. 上海：上海教育出版社，2004.

3. 李新旺. 教育心理学. 北京：科学出版社，2011.

第六章　小学儿童的技能学习

本章重点

- 技能的概念及特点
- 技能的分类
- 动作技能形成的过程
- 如何培养小学儿童的动作技能
- 如何培养小学儿童的智力技能

学生技能的形成是学校教育、教学工作中的一个重要任务，也是学生学习的重要组成部分。本章将探讨：技能的实质与类型，小学儿童动作技能的形成与培养，以及小学儿童智慧技能的形成与培养。

第一节　技能的概念与分类

在日常生活中，人们常常提到技能，例如阅读技能、动作技能，但是对技能的含义和特点却"不求甚解"。本节对技能的定义、分类及其与知识特别是程序性知识的关系进行分析和阐述。

一、技能及其特点

(一)技能的定义

技能是一种动作。是跳水、跳高、打字等外显动作的技能，还是解应用题和写作等看不到外显动作的技能？对此，不同的学者有着不同的定义。《中国大百科全书·心理学》把技能定义为"通过练习获得的能够完成一定任务的动作系统"[1]。在《心理学大词典》中，技能被定义为个体运用已有的知识经验，通过练习而形成的智力动作方式和肢体动作方式的复杂系统。[2] 皮练生认为，技

---

① 潘菽，荆其诚. 中国大百科全书·心理学. 北京：中国大百科全书出版社，1991.

② 顾明远. 教育大辞典. 上海：上海教育出版社，1990.

能是在练习的基础上形成的按某种规则或操作程序顺利完成某种智慧任务或身体协调任务的能力。马忠良等人认为，技能是通过学习而形成的合法则的活动方式。我们认为，技能是指经过练习而获得的合乎法则的认知活动或身体活动的动作方式。

(二)技能的特点

1. 是通过练习形成的

技能不同于本能行为，它是在后天的学习过程中，通过不断的练习而逐步完善的。学生在技能学习中，活动动作方式的掌握总是要经历一个由不会到会，由不成熟到成熟的逐步发展完善的过程。练习是实现这一过程的必由之路。练习不同于机械地重复某种复杂动作，练习中每一次动作的反复都意在改进动作，提高动作的有效性，使动作趋于完善。

2. 是一种动作方式

技能是由一系列动作及其执行方式构成的。初学者刚刚学习某种技能时，其头脑中储存的是概念性的知识。此时，学习者经过思考与新情境相类似的已有知识经验，或接受有经验者的指导，或模仿他人成功的活动动作方式。经过反复多次练习形成熟练技能后，学习者在头脑中储存的则是一种完善严密的动作映象系统，难以用语言把它描述出来。因此，技能的掌握不是通过言语表述而是通过实际活动表现出来的。

3. 是合乎法则的动作方式

技能的活动方式不是动作的随意组合。合乎法则是技能形成的前提。在技能形成的过程中，各个动作要素及其之间的顺序都要遵循活动本身的要求。例如，初学太极拳时必须按太极拳的法则要求，严格执行各个动作；写作技能的培养总是从字词句开始，进而段，最后才是篇章。只有这样，技能的动作方式才能通过多次反复的练习而形成动力定型，逐步实现自动化。合乎法则也是技能掌握的标志。高手打太极拳时其一招一式看似随意拈来，动作一气呵成，其实每步动作都是合乎法则要求的。

有研究表明，合乎法则的熟练技能具有以下特征：①流畅性，即各动作分成以整合的、互不干涉的方式和顺序进行；②迅速性，即快速地做出准确反应；③经济性，即完成某种活动所需的生理和心理能量较小，工作记忆的负荷小；④同时性，即熟练的活动的各成分可以同时被执行或者可以同时进行无关的活动；⑤适应性，即能够灵活地适应各种变化的条件。

二、技能与知识及习惯的关系

（一）技能与知识

一般地，人们常常用知与会来区分知识与技能。知识的学习目的在于理解和记忆事实、概念和原理等，涉及知道不知道、懂不懂的问题；技能学习的目的在于掌握完成某种活动所要求的动作来解决问题，涉及会不会、熟练不熟练的问题。

现代认知心理学认为，广义的知识可以分为陈述性知识和程序性知识。陈述性知识相当于我们常识中的知识，是狭义的知识；程序性知识则相当于我们常识中的技能。如果某个人能够成功地将分数转换为小数或打好领带，传统常识认为他掌握了相应技能，而认知心理学则解释为他掌握了一套支配其行为的程序。这意味着，在认知心理学中，广义的知识分为狭义的知识和技能。一个人是否具有知识不仅要看他会说什么，还要看他会做什么。安德森曾经以骑自行车和说母语为例，说明程序性知识的不可言传性。

知识学习所要解决的是事物是什么及怎么样（陈述性知识）、做什么及怎么做（程序性知识）等问题，即知与不知的问题。技能学习所要解决的是完成活动要求的动作会不会及熟练不熟练的问题，即会不会做及做得怎么样的问题。程序性知识与技能分属不同的话语体系，分别指向同一对象。如果一定要说它们存在什么区别的话，技能是一种合乎法则的动作方式，而程序性知识内隐在活动的动作方式之中。此外，从语用的角度看，人们常常用陈述性知识与程序性知识来区分个体的主观知识，人们在实际的教学中常常用的知识和技能都涉及陈述性知识和程序性知识的学习。

程序性知识的学习和技能的学习都是将有关事情、动作序列的规则转化为相应的活动方式。例如，在游泳学习活动中，程序性知识涉及游泳的动作步骤及执行顺序，但是，如果学习者只是能够用语言将其明确描述出来，则仍然处于陈述性知识学习阶段。学习者必须经过实际的下水游泳活动，将这种陈述性知识进行知识编辑，使之变成被程序性地编码过的知识。从技能学习的角度说，学习者一旦能够表现出游泳技能，反而可能忘记了或不能明确说出游泳的动作步骤和规则。只有通过实际的游泳动作，而不是口头描述来确定学习者是否掌握了有关游泳的程序性知识。

陈述性知识的学习不同于技能的学习，却是技能学习的起点。陈述性知识的学习目的在于形成比较宽泛的知识背景，它不一定能立刻被应用到解决问题中来，而是对理解问题、分析问题起到帮助作用。技能则是为了完成某种任务而学的，学习的结果不要求对整个知识的来龙去脉、相关概念有多么深刻的了解，而是要求对技能熟练掌握，如织毛衣的技能，只要会织，织得好，却不一定对毛线、毛衣针的发展历史、材料有多么细致的了解。但是，在技能学习之初，学习者先要理解并记忆活动所必需的诸如新概念和规则等陈述性知识，如三角形定义和乘法口诀等，为应用相关的知识解决问题做准备。如果学生没有相关的先前知识，工作记忆的负荷就可能过大，以至于难以继续。例如要学习用外语写诗，就必须掌握一些这门外语的语法和词汇，还必须懂得一些诗的格式。这就太难了。

要真正掌握技能，要掌握某些程序性知识之外，更重要的是要通过实际操作，获得动觉经验。由此可见，技能不仅与陈述性知识不同，而且与程序性知识也不等同。

（二）技能与习惯

熟练的技能和习惯两者之间既有联系，又有区别。一方面，习惯和熟练的技能都是自动化了的动作系统。任何习惯离开了自动化的动作系统都无法完成。一个有卫生习惯的人，饭前洗手、便后洗手的动作都是自动化的，人们在完成习惯性动作时，意识的调节作用也很低。

另一方面，习惯和熟练的技能存在着一些区别：①习惯是实现某种行动的需要，已成为一种实现某种自动化动作系统的心理倾向。例如，抽烟就是一种习惯，抽烟的人一旦有烟抽时，就会产生愉快感。而熟练技能则仅仅是一种自动化动作方式，不一定与人的需要联系在一起。例如，会骑自行车的学生，不一定非骑自行车不可；②熟练技能是在有目的、有计划的练习中形成的，而习惯却可以在无意中通过简单的重复养成。日常生活中的一些习惯，如抽烟、喝酒、洗脸和刷牙等，都是通过这条途径形成的。当然，习惯也可以通过有意识的训练来培养，学生良好的学习习惯和生活习惯的养成，大都是在教师、家长对他们进行的常规训练中获得的；③熟练技能有高级和低级之分，但没有好坏之分。而习惯则不同，可以根据对个人和社会的意义，把那些有益于社会、有益于他人或自己身心健康的习惯，称为好习惯，如有礼貌、讲卫生、团结同学、遵守纪律等；而那些损害社会和他人利益以及威胁个人身心健康的习惯，如抽烟、捣乱课堂纪律等习惯，称之为坏习惯。

三、技能的分类

技能通常按其本身的性质和特点，可分为动作技能和智慧技能两种。

（一）动作技能

1. 动作技能的定义

动作技能也叫操作技能或运动技能。像我们日常生活中的写字、绘画、打字；音乐方面的吹、拉、弹、唱；体育方面的田径、球类、游泳、体操、射击；生产劳动方面的车、铣、刨、磨；交通方面的骑车、开车、驾驶飞机等活动方式，都属于动作技能的范畴。那么究竟什么是动作技能呢？

关于动作技能，不同的心理学家有不同的定义。例如，克伦巴赫（J. Cronbach）认为："最好是把技能定义为习得的，能相当精确执行且对组成的动作很少或不需要有意识的注意的一种操作。"美国心理学家伍尔福克（A. E. Woolfolk）把动作技能看作是"完成动作所需要的一系列身体运动的知识和进行那些运动的能力"[①]。加涅认为："动作技能实际上有两个成分：一是描述如何进行动作的规则；二是因练习与反馈而逐渐变得精确和连贯的实际肌肉动作。"他们的定义，虽有合理的一面，但没有阐明操作性知识和活动方式的关系，也没有明确指出操作性知识与因练习和反馈而逐渐变得精确和连贯的实际肌肉运动的关系。

究竟什么是动作技能呢？多数心理学家认为：动作技能是指由一系列的外部动作以合理的程序组成的操作活动方式。它是个体一种习得的能力，表现于迅速、精确、流畅和娴熟的身体运动的活动方式，主要是骨骼肌的活动。动作技能总是包含精细的肌肉运动。在这里，我们应将动作技能与反射性的动作区别开来。如在人的眼前出现轻微刺激，人能迅速作出眨眼反应，这种反应不是习得的，它不属于动作技能。

2. 动作技能的特点

动作技能除了具有上面所列举的技能的一般特点外，还具有与智慧技能不同的其他一些特点。首先，就动作的对象而言，动作活动的对象是物质性客体或肌肉，具有客观性。其次，就动作的进行而言，操作动作的执行是通过外部显现的肌体运动实现的，具有外显性。最后，就动作的结构而言，操作活动的每个动作必须切实执行，不能合并、省略，在结构上具有展开性。

3. 动作技能的分类

根据不同的标准可以把动作技能分为不同的类型。

（1）操作器具的动作技能与机体动作技能。这种分类主要是依据是否操作器具划分的。动作技能既存在于要求使用某种器具的任务中，如在绘画、打

---

① 邵瑞珍．教育心理学．上海：上海教育出版社，1997.

字、打球、骑车和开飞机等都属于操作器具的动作技能，也存在不要求使用器具的活动中，如在练拳、竞走、游泳、唱歌、舞蹈等活动，这些属于机体运动技能。

（2）连续性动作技能和间断性动作技能。这种分类主要是依据动作技能的复杂程度和动作是否有连续性来划分的。连续性动作技能是指以连续、不间断的方式所完成的一系列动作，如说话、唱歌、打字、弹琴等。在这些技能中，动作的持续时间较长，动作与动作间无法直接感知到开始与结束。间断性动作技能是在对特殊的外部刺激做出反应时，机体做出特定运动的一种典型动作。其特点是一个动作的开始和结束非常明显，它只包括比较短的动作序列，其精确度可以计量。如推铅球、举重、射箭、足球中的罚点球等都是间断性动作技能。

（3）封闭性动作技能和开放性动作技能。这种分类主要是依据环境条件与个体的相互关系来划分的。封闭性动作技能是个体依靠内部的本体的感受器的反馈信息来调节的技能，如体操、游泳等。这类动作技能是在比较稳定的条件下进行的，而且一般具有相当固定的动作模式。因而要求动作尽可能准确、稳定。掌握这种技能主要靠练习，使动作达到某种理想的程度。开放性动作技能是个体依据环境因素变化来调节和控制自己动作的技能，如打乒乓球、拳击等。这类动作技能的学习和完成的主要信息来源于人体外部，表现出环境和个体感觉变化的整体性、统一性等特征。开放性动作技能要求个体一定要对环境有整体的认识，对临场情况作出准确而恰当的判断和预测，并形成准备应付各种情况发生的相应的完整信号体系或动作程序（见表 6-1）。

表 6-1　四种动作技能

类　别	连续性动作技能	间断性动作技能
封闭性动作技能	体操、游泳、跑步、滑冰、骑自行车	铅球、铁饼、篮球的罚球、标枪、面对墙壁打网球
开放性动作技能	乒乓球、足球后卫的防守、棒球等的防守	足球射门与防守、排球的接球、篮球的投篮

（4）小肌肉动作技能和大肌肉动作技能。这种分类主要是依据完成动作时牵涉到的身体肌肉组织的数量来划分的。由手指等小肌肉群来完成动作技能，称为小肌肉动作技能，如打字、弹琴等。这类动作技能具有细致精巧的特点，因此又称为精细性动作技能。大肌肉动作技能指伴随着大肌肉群收缩和全身性

运动的活动方式，如跑步、打球等。这类动作技能具有强有力、幅度大的特点，因此又称为粗大性动作技能。这种技能虽然一般由大肌肉的活动来实现，但它的活动也常常伴有小肌肉群的微妙运动，从而保持大肌肉活动的有效性和精确性。

尽管动作技能的表现形式多种多样，但它们都是借助于肌肉、骨骼的动作和相应的神经系统的活动来完成的。

动作技能在学生的学习活动中具有重要作用，它不仅是学生学习的重要内容，还是学生出色地完成学习任务的重要条件。

(二)智力技能

1. 智力技能的定义

智力技能又称智慧技能或认知技能，是一种借助内部言语在头脑中实现的认识活动方式，如默读、心算和写作、观察等。学生在观察、记忆和解决问题时所采用的策略也是智力技能的一种方式。这种认知活动借助内部言语按合理的、完善的程序组织起来，并且一环扣一环，仿佛自动化地进行着。比如，学生掌握了四则运算的技能，在演算这类习题时就能运用自如地计算出答案；学生掌握了写作技能，就能根据不同性质的命题，自如地按照写作程序构思并写出记叙文、论说文等文章来。

2. 智力技能的特点

①动作对象的观念性。与以具有一定物质形式的客体为其作用对象的操作活动不同，智力活动的对象是客观事物在人脑中的主观映象，是客观事物的主观表征，是知识和信息。所谓客观事物的主观表征，即客观事物的特性与人脑内部的某些信号特性之间的一种标定关系，它们之间是一种反映与被反映的关系。两者虽有联系，但不能等同。客观事物的主观表征，属于主观观念的范畴。因此，智力活动的对象具有观念性。

②动作执行的内潜性。由于认知活动是对观念性对象进行的加工改造，它既不像操作活动那样，以外显的形式（在头脑外部）通过肢体运动来实现，也不像言语活动那样，可以借助于言语器官或口腔肌肉的运动信号而觉察到活动的存在。智力活动是借助于在构造上与机能上不同于外部言语的内部言语进行的，只能通过其作用对象的变化而判断活动的存在。智力动作的执行是在头脑内部进行的，具有内潜性。

③动作结构的简缩性。由于认知动作是借助内部言语这一工具进行的，这就决定了认知动作不像操作动作那样必须将每个动作实际做出，也不像外部言语那样必须把每个动作一一说出。鉴于内部言语是不完全的、片断的，因而认

知动作的成分可以合并、省略及简化，具有简缩性。

3. 智力技能的分类

在智力技能中，根据适应的范围不同，可以将它分为专门智力技能和一般智力技能两种。专门智力技能是在某种专门智力技能的基础上经过概括形成的，如观察技能、分析技能、综合技能和比较技能等。通常一般智力技能体现在专门智力技能中，而各种专门智力技能中总是包含着一般智力技能，两者是在同一智力活动中形成的。例如学生在从事写作活动时，就行成了"打腹稿"的专门智力技能，同时也形成发展了分析、综合、比较等一般智力技能。

（三）动作技能和智力技能的关系

动作技能与智力技能既有区别又有联系。它们的不同之处在于动作技能具有物质性、外显性和扩展性。而智力技能则具有观念性、内隐性和简缩性等特点（见表 6-2）。

表 6-2　动作技能与智力技能

二者区别	动作技能	智力技能
动作对象	外部肌肉动作	内在观念
动作结构	展开的，不可或缺	简约的，具有跳跃性
动作执行	外显的，可直接观察	内潜的，不可直接观察

同时它们又密切地联系在一起。智力技能是动作技能的调节者和必要的组成部分，动作技能是智力技能形成的最初依据和外部体现的标志。两者相辅相成、互相制约、互相促进。因此，在确定某种技能是属于智力技能还是动作技能时，关键取决于其活动的主导成分。如打字、体操主要是肌肉骨骼的动作，虽然这种动作也受到人的思维的调节支配，但它属于动作技能。而阅读、写作、计算主要是人脑内的思维活动，虽然也借助于发音器和手的动作实现，但属于智力技能。

四、技能的作用

1. 可以调节和控制动作的进行

技能不但可以控制动作的执行顺序，即动作成分之间的顺序关系，而且可以控制动作的执行方式，即动作的方向、形式、强度、动作间的协调等。技能可以使个体的活动表现出稳定性、灵活性，能够适应各种变化的情境。

2. 是获得经验、解决问题、变革现实的前提条件

经验获得的过程是人脑对外在事物的反映过程，而这种反映又是通过一系

列的心智动作实现的。通过心智活动，可以对感性经验进行加工，形成更高级的理性经验。技能调节着经验获得的过程，决定着经验获得的速度、水平，是经验获得的手段。解决问题的过程也包含着一系列的心智活动和外部操作活动，从形成问题表征、确定问题的性质与类型、探索解决问题的可能的方法到实施解决问题的方案，都是通过各种心智活动与操作动作实现的，而合法则的心智与操作技能保证了问题的顺利解决，也达到了变革现实的目的。

3. 是知识掌握、能力形成与发展的重要基础

虽然技能的形成以有关知识的掌握为前提，但在技能形成过程中或之后却又能促进这些知识的掌握。例如，要使学生形成分数和小数的互化运算技能，他们首先必须掌握分数、小数及相互关系的认识。心理学研究表明，能力的形成与发展，与个体经验的积累以及知识和技能的获得是分不开的。能力是对活动起稳定的调节作用的一种心理特性，这种稳定的调节作用是通过知识与技能的概括化、系统化实现的。虽然知识和技能本身并不是能力，但是通过广泛地迁移，可以逐步地概括化和系统化而发展成为能力。所以，技能是能力形成与发展的重要基础，应从知识和技能的掌握、迁移入手来培养能力。

第二节　小学儿童动作技能的形成与培养

动作技能对小学儿童而言具有重要的作用。动作技能的学习不仅可以促使儿童身体机能的增强，还能提高儿童的心理适应功能，促进其认知和个性品质发展。

一、动作技能的形成

动作技能形成的过程是学生通过运动成分的联系逐步掌握某种动作方式的过程。对于这一过程的内在机制，存在着不同的理论描述。行为主义把复杂的动作技能看作是一系列刺激与反应的联结的形成。认知心理学则认为，在技能的学习中，学习者经过多次练习而在头脑中形成关于动作程序的认知结构，即动作程序图示。这种动作程序图示在相似情境的激发下会自动地调节和控制人的行为，使其活动进行下去。

（一）动作技能形成的理论

心理学家对动作技能的学习分别提出了强调行为、强调认知和强调生态的三种基本不同的观点。

1. 习惯论

习惯论认为，一种运动成分所产生的反应刺激，通过习惯的形成而与下一个运动成分联系起来。当习惯联结形成时，一旦开始某一动作，那么这种反应所产生的刺激就引发了另一个行为成分，从而使一系列动作得以流畅地执行。习惯在这里所起的作用不仅是将外部的刺激与一种反应联系起来，还将一种动作成分与另一种动作成分联系起来。习惯的形成遵从桑代克提出的效果律，即通过强化和惩罚来增强或减弱习惯的强度。

2. 认知观

20世纪六七十年代以后，许多心理学家偏向于用认知理论来解释动作技能的学习。在这些理论解释中，比较突出的是闭环理论和开环理论。

(1)闭环理论。闭环理论是由加拿大心理学家亚当斯(J. A. Adams)提出的。他认为，人的动作技能的学习是对反馈信息进行加工并减少错误的过程，并不是习惯强度的增强，换句话说，动作行为是由反馈机制控制的。当我们执行动作行为时，可以从肌肉与关节的感受器以及前庭器官中得到一些来自内部的反馈，此外还可以从视听渠道获得一些来自外部的反馈。接下来，我们会把这些反馈信息与头脑中表征的预想达到的状态进行比较，当觉察到不一致时，便对当前的动作行为进行修改，以便达到或维持预想的状态。闭环理论强调反馈的作用，尤其适合解释相对缓慢或连续的动作行为(如开车之类的追踪任务)的习得与控制。

(2)开环理论。开环理论认为我们的动作行为受头脑中的动作程序控制，不涉及反馈信息的加工和使用，因而也没有觉察和纠正错误的机制。这一理论适合解释那些要作为整体而快速执行的动作技能的习得和控制。

美国心理学家施密特(R. A. Schmidt)提出的图式理论是开环理论的重要代表。在他的理论中，动作行为不是由具体的动作程序控制的，而是由一般化的动作程序(即图式)控制。一般化的动作程序是在一类动作的许多具体例子基础上经概括而形成的，它有一些固定不变的成分，如运动的顺序，也有一些参数或变量需要在动作行为执行之前或之中得到满足，如动作的执行要使用哪些肌肉。该理论认为，操作者可以从每次的运动经历中抽象出四个方面的信息，并将这些重要的信息组成一套法则：一是与反应有关的最初条件的信息，如机体所在的位置、作出反应的环境条件等；二是作出某一反应所需的信息，它们是对运动的具体要求，如方向、速度、力量等；三是运动前后通过各种感觉系统所得到的反馈信息；四是反应结果本身的信息，这是通过对比实际操作结果与预想结果而产生的。随着不断地练习，这些抽象的信息可综合成用于控制反应的图式。

3. 生态观

生态观点强调在动作的控制中动作执行者与动作发生的环境之间的相互作用，倾向于在自然的研究场景中研究动作行为。该理论认为，知觉和动作在机能上是密不可分的，由一些肌肉、关节和动作单元组成的动作系统调适于并直接受知觉状态的影响。

(二)动作技能形成的阶段

对于小学儿童来说，动作技能的形成不是一蹴而就的，需要经历一个过程，弄清这一过程的各个阶段、每个阶段动作的特点以及动作技能形成所依赖的条件，对帮助小学儿童掌握基本技能具有重要意义。

为了更好地理解动作技能的形成过程，研究者们提出了各种阶段模型。这里介绍两种较为流行的阶段模型。

1. 菲茨与波斯纳的三阶段模型

菲茨和波斯纳(Anderson；Fitts & Posner)将动作技能的形成过程分为认知阶段、联系阶段和自动化阶段三个阶段。

(1)认知阶段。认知阶段也称知觉阶段。这一阶段主要是理解学习任务，并形成目标意象和目标期望。[①] 目标意象主要指学习者对自己解决问题的目标模式反应和动作形式，在头脑中形成一个表象，即明确解决问题的目标模式。而目标期望则是对自己的作业水平的估价，即明确自己能做得如何。这两种期望都起着学习定向作用。

掌握一种技能，首先要学习与它有关的知识，了解完成这种技能动作的基本要求，在头脑中形成这种技能的最一般的、最粗略的表象。学习者要将组成某种动作技能的活动方式反映到头脑中而形成动作映象，并对自己的任务水平进行估计，明确自己能够做得如何，这就是认知阶段。例如，学习安装一个书架，需要参照说明书上列出的步骤进行尝试，一边做一边照书中的步骤进行检查。在这个阶段，我们需要时刻想着每一个步骤，头脑中还形成一个画面，例如想象"给 4 寸的螺丝拧上螺帽"是怎么样的。在此期间，工作记忆的负荷非常沉重。

该阶段的主要任务是：对示范动作，或者参考书、参考图示进行观察，需要了解所要学习的动作技能的动作结构和特点，以及各组成动作之间的联系，从而在头脑中形成动作映象。要形成这个映象，需要对线索和有关信息进行适

① 皮连生. 教育心理学. 上海：上海教育出版社，2004.

当的编码，这个过程类似于尝试—错误。例如我们选择的螺丝可能不合适，需要重新尝试。当然，每个人可以有不同的编码方式。在这个阶段中关键是认识到"做什么"和"怎样做"。

在这个阶段中，动作映象的形成十分重要。正确的动作映象能帮助学习者有效地掌握某种动作技能，反之，错误的动作映象会使技能学习出现偏差。除了动作映象，学习者还要依据自己以往成功或者失败的经验和能力，以及目前任务的难易，形成自己所能达到的水平的期望。一般来说，目标期望明确的学习，比目标期望模糊的学习更有效。

（2）联系形成阶段。如果说认知阶段是形成对技能整体的理解，并熟悉每一个技能的具体动作，那么，联系阶段就是对各个独立的步骤进行合并或者"组块"，以形成更大的单元。例如上例中"选择合适的螺丝""并把它放在合适的位置"两个步骤要能发生自然的联系，动作之间形成连锁。

最初，由于学习者对动作并不熟悉，注意范围比较狭窄，认知负荷较大，所以注意力只能集中在个别动作上，并且不能控制动作的细节。同时，他们在生活中已经形成了许多习惯性的动作，而这些习惯性动作又往往与所要学习的动作方式不相符合，会对新的动作产生干扰。例如已经学会开汽车的人，再学习开飞机时，因为飞机的转弯是用脚控制的，所以他必须排除用手转动控制盘的习惯干扰。

这个阶段，学习者的注意力已从认知转向动作，逐渐从个别动作转向动作的协调与组织，开始把个别动作结合起来，以形成比较连贯的动作。但他们常常忘记动作之间的联系，在动作转换和交替之际，往往出现短暂的停顿现象。协同动作是交替进行的，即先集中注意做出一个动作，而后再注意做出另一个动作，反复进行交替。随着练习时间或次数的增加，这种动作交替慢慢加快，技能结构的层次也不断增多，最终在大体上构成了整体的动作系统，动作技能接近形成。这时，他们的动作紧张度降低，但并没有消失，稍一分心，还会出现错误动作。在本阶段动作技能的学习中，必须排除过去经验中习惯的干扰。例如，学会了简化太极拳的人，在学习打杨氏太极拳时，常常把简化太极拳中后坐的动作带到杨氏太极拳里来，而在杨氏太极拳中是没有这个动作的，因此他必须努力去纠正这些习惯性动作。

（3）自动化阶段。通过练习，动作技能的学习进入自动化阶段，整个程序的完成不用经过刻意的注意。这是技能形成的最后阶段。在这个阶段中，学生所学习的动作技能的各个动作在时间和空间上已联合成为一个有机的整体并巩固下来，各个动作的相互协调已达到自动化。只要有一个启动信号就能迅速准确地按照动作的程序以连锁反应的方式来实现，意识对动作的控制作用减小到最低限度，整个动作系统从始到终几乎是一起完成的，动作的连贯性主要是由本体感受器提供的动觉信号来调节。例如，如果组装了足够多的书架，那么在组装的同时还可以和人现场聊天，对组装的任务本身只用很少的注意。

但是到达自动化水平需要经过长期的练习。例如，许多体育技能训练表明，一个运动员要达到自己的最高水平，需要多年的练习，另外技能的保持也需要大量的练习。

2. 冯忠良的四阶段模型

(1)操作的定向。操作的定向就是了解操作动作的结构与要求，在头脑中建立起操作活动的定向映象的过程。操作的定向映象的形成包括两方面：一是有关操作活动本身的各种信息，涉及操作活动的结构要素及其关系和顺序与操作活动的方式(如操作的轨迹、方向、幅度、力量、速度、频率和动作的衔接)；二是与操作技能学习有关或无关的内外刺激信息，可以在头脑中建立相应的心理表征，即起到定向作用的心理印象。

(2)操作的模仿。操作的模仿就是实际再现出特定的动作或行为模式。个体将在其操作定向阶段中，头脑里形成的定向映象以外显的实际动作表现出来，也就是将头脑中的各种认识与实际的肌肉动作联系起来。模仿一方面可以检验已形成的动作定向，使之完善和充实；另一方面可以加强个体的动觉感受。在这一阶段，学习者动作的稳定性、准确性、灵活性较差，各个动作之间的协调性也不如意，且各要素之间互相干扰，个体动作主要靠视觉控制，完成某一项操作任务的效能较低。

(3)操作的整合。操作的整合就是把模仿阶段习得的动作固定下来，并使动作成分组结合，成为定型的、一体化的动作。学习者通过融合前一阶段习得的动作，使各个动作变得协调，动作结构逐步趋于合理，动作的初步概括得以实现，个体对动作的有效控制也逐步加强。在这一阶段，学习者的动作可以表现出一定的稳定性、精确性和灵活性，动作各个成分趋于分化，整体动作趋于协调和连贯，动作成分之间的相互干扰减少，视觉控制不再起主导作用，逐步让位于动觉控制，动作效能有所提高，疲劳感和紧张感降低。

(4)操作的熟练。操作的熟练指形成动作方式对各种变化的条件具有适应性，动作的执行达到高度的完善和自动化。操作的熟练是技能形成的一个重要阶段，也是操作技能转化为能力的关键环节。在这一阶段，学习者的动作对各种变化的条件表现出高度的灵活性、稳定性和准确性，各个动作之间的干扰消失，衔接连贯，高度协调，不再需要专门控制和有意识的活动，视觉注意范围扩大，心理消耗和体力消耗降至最低，紧张感、疲劳感减少，动作具有轻快感。[①]

(三)动作技能形成的特征

在动作技能学习的不同阶段，个体的操作表现特征是不同的。动作技能一旦形成并达到熟练后，必然会在他们的实际操作中发生变化。与动作技能形成的初期阶段相比较，已形成并达到熟练程度的技能动作发生了质的变化。动作技能形成的标志是熟练操作。

心理学家将初学者和专家完成同一任务的操作加以比较，发现熟练操作具有以下几个特征。

1.动作系统趋于自动化

在技能形成初期，学习者完成每一个动作技能，都要受到意识的控制。如果稍有减弱，动作就会停顿或者出现错误，心情就会随之紧张起来。随着技能的逐渐形成，意识对动作的控制也随之减弱而由自由控制所取代。这时，其操作受内部程序控制，表现出具有预见性，反应方式和时刻都很精确，动作流畅，好像完全自动化了。学习者只关心怎样使这种技能服从于当前任务的需要，精神紧张状态随之消失。

研究表明，从一步一步有意识的尝试到自动的操作的形成，省掉了许多中间环节。比如，初学瑜伽，头脑中时刻想着下一个动作，不是忘了动作就是忘了呼吸法，时刻绷着神经。经过练习，动作之间联系逐渐自然，心态随之放松，头脑中不再装着动作步骤，甚至可以在意识中进行冥想。

2.利用微弱的线索

任何动作都受情境中的线索指导。线索可以是看到、听到或触到的，有关的线索是有助于人辨认情境或指引其行动的体内外刺激。初学英文打字的人，坐在打字机旁，他的反应几乎完全由视觉线索指导。在稿子上看到一个字母，然后在键盘上找到相应的字母，于是按这个键。但熟练的打字员可以不看键盘，凭动觉(肌肉线索)指导自己的反应。

3.具有良好的自我调节能力

高度熟练的运动，看起来连绵不断，但将运动记录放在显微镜下观察，就会发现连续的运动实际上是一连串的脉冲。每一个脉冲对前一脉冲起着检验、更正和增强作用。在连续的动作技能中，操作者不断进行尝试与纠正。如汽车司机在开车时并不能沿着路边或中线笔直行驶，时而偏左，时而偏右，他需要

---

① 冯忠良.教育心理学.北京：人民教育出版社，2002.

不断进行调整，实际走的是锯齿形路线。心理学家希金斯(J. R. Higgins)等人的研究发现，熟练的专家甚至尚未等到肌肉信号的到来，便能预料到他给自己的肌肉发出了不正确的指令，在错误发生之前，能收回这个指令。例如，刚学打字的学生，总是一边看着自己的手指和键盘的字，一边按一边打字，甚至需要教师的导语才能发生反应。然而随着动作的熟练，他们可以察觉到动作的差别。而这个过程中反馈作用得到强化，如：当一个人走路偶然踩到一个小石头，就立即产生防止跌倒的动作。

4. 局部动作综合成大的连锁，受内部程序控制

一系列局部动作联合成为一个完整的动作系统，受机体内部程序控制，是动作技能形成的又一特征。技能是由一系列动作构成的。动作技能的协调化运动程序表现在两个方面：①连续性的统一协调，这是动作在执行时间上的协调。走路时先动一足，后动另一足；打拳时先打一式，接着打另一式，前后连贯，一气呵成，这是时间上的协调或连续性的统一协调；②同时性的统一协调，这是动作在空间上的协调。如走路时，移步配合上手的摆动。许多技能，既须连续性的统一协调，又须同时性的统一协调，从而构成一个协调化的运动程序的运动图式。

5. 在不利条件下能维持正常操作水平

表现出同样操作水平的人，其熟练程度可能不同。检验谁是最熟练的操作者的最好方法，是看谁在条件变化时能保持正常的操作水平。最优秀的飞行员能在恶劣的天气条件下维持协调、准确的操作。著名的球星在有对手贴身防守，甚至由于对手犯规而自己身体失去平衡时，仍然可以将球打中。紧急情形的突然出现，可能使不熟练者手足无措，但能使熟练者的技能发挥至高峰。

(四)动作技能的保持

动作技能一经形成，便不易遗忘。如学会了游泳和骑自行车的人，过了若干年以后，虽未曾练习其技能但保持如故。可见动作技能保持不同于知识，具有自身的特点。

许尚侠以大学生为被试，研究了动作技能的遗忘过程，学习内容为一套新编的徒手体操，十分钟学习，一分钟完成动作。结果发现动作技能的遗忘过程与艾宾浩斯的无意义音节遗忘进程有很大的差别，如图6-1。

究其原因，首先可能在于动作技能的获得要通过大量的练习。经历了大量的过度学习，有利于保持。另外，动作技能本身包括许多局部动作，动作之间相互关联，也有助于回忆信息的提取，最后，动作技能的掌握可能符合分布式认识的理论，大量的任务通过外部的任务分布出去，而头脑的认知负荷相对较

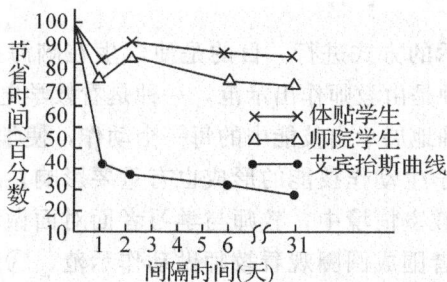

图 6-1　动作技能与无意义音节遗忘曲线的比较

轻。动作技能不同于语言知识，它的保持高度依赖于小脑的低级中枢，这些中枢可能比脑的其他部位有更大的保持动作痕迹的能量。

二、动作技能的培养

小学儿童动作技能的形成受很多因素的影响，有儿童自身的因素，也有教师指导、练习等外部因素。其中，练习是儿童动作技能形成的基本途径。为了帮助小学儿童提高练习效果，迅速而准确地掌握动作技能，教师除遵照一般规律指导练习外，还必须注意这样几个问题。

（一）有效的指导

动作技能的形成是从认知阶段开始的。在这一阶段中，教师的科学指导至关重要。指导主要包括教师的讲解与示范。

1. 讲解

教师讲解方式多采用口语，有时可借助文字、图解、模像、挂图来进行。讲解的目的是为了增强学习者的认知效果。为此，教师的讲解应包括以下内容：①学习目标。告诉学习者要学习的内容、通过练习后动作技能应达到什么标准等问题。②动作技能的性质。告诉学习者学习的是什么样的技能，简单技能还是复杂技能，是工具性技能还是非工具性技能。同时，如果所要学习的是工具性技能，那么，还要简单介绍具体的性能与功用。③学习程序与步骤。告诉学习者有关技能学习的步骤、动作顺序、练习时间与分配方式等。④注意事项。告诉学习者在什么时候最容易发生错误和危险，以及安全防范措施。

教师讲解应简明扼要，多而冗长的讲解会降低学习者的兴趣与动机水平，使学习者感到倦怠。

2. 示范

示范是以动作演示的方式进行，目的是使学生在脑海里形成正确的动作映象。示范有两种，一种是由教师作出示范，一种是看教学电影。无论采用哪种示范方式，都应清晰明确地展示出技能中的每一个动作，使学习者能清楚地看到。

教师示范形式对学生动作技能的形成也有重要影响。示范的形式一般有三种：①相向示范。在教室情境中，教师与学习者面对面做动作示范。②围观示范。教师居中，学习者围成圆圈观看教师做动作示范。③顺向示范。学习者在教师背后，且"居高临下"观看教师做动作示范。这三种示范形式中，相向示范容易产生左右反向的认知混淆，围观示范常因学习者从不同角度观察而发生偏差，而顺向示范可以免除左右反向及不同角度的不良影响，故而是较理想的示范形式。

为保证学生形成正确的动作映象，提高动作技能学习的效果，教师要进行充分的明确示范。应该做到：①动作示范与语言解释相结合。②整体示范与分解示范相结合。③示范动作要重复，动作程度要放慢。④指导学生观察，并纠正学生的错误理解。

在整个示范过程中，教师要防止学生的认知负荷超载，每次示范的信息量和速度要切合学生的实际水平。

如果采用教学电影，那么可采取几种方式放映。先按正常速度将全部内容放映一遍，使学习者有初步的、大体的印象，然后再以慢镜头分段展示动作，使学习者清楚地看到每一个动作。

在动作技能的学习过程中，讲解与示范不是孤立存在的，二者经常结合在一起进行。在教授书法时，教师讲解磨墨、握笔、写字等动作要领时，通常都是伴随着实际示范动作进行的。研究表明，教师的讲解和示范方式与动作技能的形成之间有密切的联系。梅（M. A. May）曾对不同演示方法做过实验研究。[①]实验用的技能学习材料是两种复杂程度不同的拼图玩具。被试是小学五年级的学生。实验时按儿童平均能力分为五组，由教师做示范动作，要求各组儿童在观看教师示范时作不同的反应。有的要求边看边说教师在做什么，有的只许看不许发问，有的边看边背诵与技能无关的数字。虽然教师对各组儿童所做的示范动作都一样，但说明方式各不同。对第一组、第二组儿童只做示范动作，不做任何说明；对第三组儿童做示范动作并做简要说明；对第四组儿童做示范动作并做详细说明；对第五组儿童只纠正错误但不做说明。结果如表 6-3 所示。

---

① 莫雷. 教育心理学. 广东：广东高等教育出版社，2002.

表 6-3 不同讲解与示范方式对动作技能学习的影响

组别	规定学生的反应	教师讲解与示范	示范后独立操作简单拼图所需时间(分)	示范后独立操作复杂拼图所需时间(分)
1	边看示范边背诵与技能无关的数字	只有示范动作不做任何说明	5.7	25
2	边看示范边说出教师正在做什么动作	只有示范动作不做任何说明	3.1	22
3	只许观看不许提问	示范动作之外略作要点说明	3.5	16
4	只许观看不许提问	示范动作之外做详细的说明	3.2	14
5	边看示范边说出教师正在做什么动作	只纠正错误不做口语解释	2.2	12

由表 6-3 可知,不论是学习简单的动作技能还是学习复杂的动作技能,第五组的学习效果最好。而且在学习复杂技能时,第三组、第四组效果仅次于第五组。这个结果说明,学习动作技能时,教师应该让儿童注意观察并理解所演示的动作技能,并把讲解与示范结合起来,在示范时,还应及时对儿童的错误加以纠正。

此外,教师的有效指导还应该包括动作技能学习的学习策略指导。完成动作任务所涉及的策略面也很广,有的是学习者自我生成的策略,例如学习者如何从自己的动作库里选择并组织基本动作,形成目标意向,即在头脑中假想出一套连贯的、并自认为有效的动作模式;如何选择动作的参数(如力量、速度、角度、时间和节奏等);如何对动作进行编码等。在学习或完成作业时,学习者有意无意地表现出自己的策略。也有的策略是由指导者提供的。这些外加的策略通常是在成功完成任务的基础上总结出来的。指导者可以通过演示、解说或播放有关录像等方法对学习者进行指导,一旦学习者利用外加的策略完成任务后,这些策略会成为学习者的经验,并有可能在后发的学习中加以使用。

(二)合理组织好练习

动作技能只有经过一定练习才能形成,练习是指以形成某种技能为目的的学习活动，是以掌握一定的动作方式为目的而进行的反复的操作过程。练习包括重复和反馈，它不是单纯的反复操作和机械重复，而是以掌握一定的活动方式为目标的反复，通过练习，可以促进所学技能的进步和完善。

1. 练习曲线

练习的结果可以用练习曲线来表示。所谓曲线是指在连续多次的练习过程中发生动作效率变化的图解。通常，练习曲线有三种表达方式。图 A 表示单位次数与练习时间工作量的关系，随着练习次数的增加，每次完成的工作量逐渐上升，图 B 表示练习的次数与所需时间的关系，练习次数越多，所需的时间就越少，图 C 表示练习次数与错误量的关系，练习之中的错误随着练习次数的增多而减少。

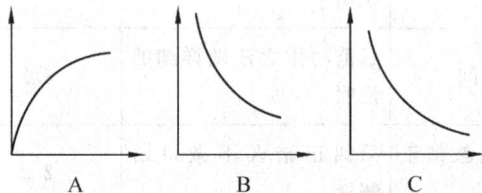

A   B   C

练习曲线表明，在学生的动作技能形成过程中普遍存在下列几种情况。

(1)练习成绩逐步提高。学生的动作技能的练习成绩逐步提高，主要表现在速度和准确性上，其表现形式有三种：①练习进步先快后慢。如跳高、射箭、跳远等。这是因为：第一，练习初期有旧经验的积极影响。但到了后期，可供利用的旧经验逐渐减少，而相应需要增加建立新的神经练习，因此要提高成绩就比较困难。第二，练习初期要掌握的只是局部动作，比较简单，又是单独进行练习，所以成绩提高比较快，而练习后期却要对局部整个动作加以协调和完善以形成动作系统，比较困难，所以成绩提高缓慢。第三，学生在练习初期，可能兴趣比较浓厚，情绪高涨，而到了后期积极性可能降低，再加上疲劳，因而影响练习成绩的进步。②练习进步先慢后快。如投铅球、游泳、滑冰等。这是因为学生在练习初期需要花费一定的时间去掌握有关的基础知识和基本技能，再加之已有的习惯动作的干扰，所以进步缓慢，但是在掌握了这些之后，练习成绩进步会明显加快。③练习进步先后比较一致，这种情况是个别的。

(2)练习中的高原现象。在动作技能形成的过程中，练习效果出现暂时停滞或暂时后退的现象，称为"高原现象"。通常，这是动作技能由低级阶段向高级阶段飞跃之前出现的暂时现象。但这种暂时的停滞并不是所有动作技能形成过程中都会出现的，简单动作的学习一般不会出现"高原现象"。

产生"高原现象"的主要原因是：第一，由于技能的提高，需要改变旧的动作结构和完成动作的方式方法。而动作结构的改进和新方式、方法的采用都比较复杂、困难。在一定的时期内，练习的效果就会处于停顿甚至稍微后退的状态。第二，学习者身体素质的发展不充分，不适应复杂动作技能的要求。当身体素质有所发展时，练习效果就会得到提高。第三，学习者的主观状态，如练习兴趣、情绪和疲劳等，练习中期经过了较长时间的学习，学习者练习的兴趣可能有所降低，甚至产生厌倦等消极情绪，练习就很难进步。另外，在疲劳的状态下容易造成心理活动机能水平的降低，形成生理和心理上的恶性循环，也会导致"高原现象"。但是，在高原期之后，练习曲线又会上升，即表示练习成绩又可以进步。研究者对收发电报技能进行研究发现，在收报练习 13～28 天，成绩一度停顿下来，虽有练习但成绩不见提高。

（3）练习成绩的起伏现象。在动作技能的练习曲线中，可以看到练习成绩时而提高，时而下降，时而停顿，这就是练习成绩的起伏现象。之所以产生这种现象，其原因主要有二：一是由于客观条件有了变化，如学习环境、练习工具以及教师指导的改变等。二是学生的主观条件有了变化，如有无强烈的学习动机和浓厚的学习兴趣，注意力是否集中、稳定，有无骄傲自满情绪，意志努力程度如何。练习成绩的起伏现象，十分常见但如果练习成绩出现明显的下降，教师应该帮助学生分析原因，并加强指导和教育，使得他们的成绩尽快得到提高。

在技能发展的最后阶段，练习成绩相对稳定，不再提高，人们称之为技能发展的极限，但这不是绝对的。一些研究表明，这些极限也可能突破。一般的人，尤其是青少年学生，从掌握动作技能的实际情况来看，具有很大的潜力，且一般难以真正达到个体生理极限。

（4）练习曲线中的个别差异。不同的学生在学习同一技能，或同一个学生学习不同技能时，其练习进程表现出明显的差异。这是由于学生个体的练习态度、知识经验、预备训练情况以及练习方式方法等方面的不同而造成的。

2. 练习方式

除了实际的身体练习外，学习者还可以进行心理练习。1967 年，里查逊（A. Richardson）评述了 11 个有关心理练习的研究。这些研究涉及许多不同的技能，如打网球、倒车、投标枪、肌肉耐力、理解、玩魔术。他的一般结论是，心理练习与作业改进有一定的相关。如果将身体练习与心理练习结合起来，效果更佳。当然，心理练习的效果取决于这样三个因素：①学习者对练习任务是否熟悉。如果学习者从未进行身体练习，则不可能进行心理练习，即使练习也只能是错误练习。②心理练习的时间长短。心理练习的时间不能太长，否则容易产生厌烦情绪，使作业水平下降。③任务的性质。如果任务中认知的因素起的作用较小，反应主要依靠肌肉的线索，则心理练习作用甚微。例如，有人研究了心理练习对单腿站在高杆上突然起跳的影响，结果表明，心理练习对这项技能的改进无明显帮助，因为这个动作可能主要是由脑低级中枢和小脑控制的。

3. 练习时间

动作技能的学习需要充足的练习时间，因此要合理安排练习时间。根据时间分布的不同，练习可以分为集中练习和分散练习。集中练习是指学生在学习一种技能时，在一段较长的时间内对某种技能进行反复地练习。而分散练习是指学生把练习技能的时间分散开来，安排在几个时间段内或几天内来进行，每次练习时间较短。

一般地说，分散练习对连续动作技能学习的效果较好，不易疲劳。对不连续动作技能的学习，现有的研究结论还不明确，有人认为集中练习与分散练习效果一样，也有人认为集中练习效果更好。还有研究表明，当学生初学一种技能时，先进行集中练习，而后改用分散练习，要比单纯的分散练习效果更佳。所以我们在安排练习时间时还应从技能的性质、学生的学习能力以及如何消除疲劳、克服遗忘等方面来考虑，力求做到集中练习与分散练习相结合。

4. 练习方法

动作技能的练习方法有整体练习和部分练习。整体练习是指把学习的动作技能作为一个整体重复加以训练的方法。部分练习是指把一套完整动作分解成同时或按先后次序出现的许多部分，每次分别进行其中一个部分的训练，最后获得完整动作技能的练习方法。例如，游泳包括腿的打水和手臂的划水，这是同时进行的，还包括转头和换气，这是在手臂划水之后进行的。

目前认为，应根据不同性质的动作技能作出不同的安排。如果动作技能由若干局部技能构成，且各个局部技能之间不存在相互协调的问题，那么先进行局部技能的部分练习，而后再进行整体练习，这样效果更佳。例如，打网球的技能包含托起即将着地的险球、封球、扣球和发球四个局部技能，比赛时要将这四个局部技能有机地结合起来，灵活运用。但初学者在练习时应分别进行训练；当有了一定训练基础后，再把这四个局部技能结合起来练习，这样做更有效。但是，如果连续性动作技能的各部分要经常相互协调，那么打破这种协调，孤立地练习某一部分，其效果往往不佳。如游泳，用胳膊划水、呼吸、蹬腿的动作要协调起来构成整体，若孤立地练习这些局部动作往往无助于整个技能的学习。

三、充分有效的反馈

所谓反馈是指儿童运动之后产生的信息，即练习的结果。在儿童动作技能的学习过程中，让儿童及时地了解自己的练习结果，有利于提高练习效率。具体来说，儿童在运动技能练习时，如果能够及时掌握练习的情况，如知道自己的成绩和错误、优点和不足等，就可以把符合要求的、符合目的的动作保留下来，把不符合要求的动作抛弃掉，这样才能有助于迅速地提高练习质量。

一般来讲，反馈来自两个方面：一是内部反馈，即操作者自身的感觉系统所提供的感觉反馈；二是外部反馈，即操作者自身以外的人和事所给予的反馈，有时也称结果知识。前者是个体通过自身的视觉、听觉、触觉、动觉等获取的反馈信息，尤其是动觉反馈的信息最有代表性。后者是教师、教练、示范者、录像、计算机等外部信息源对学习者的操作结果及操作过程的反馈。毫无疑问，反馈在操作技能学习过程中的作用是非常关键的，但对教师而言，怎样给予反馈、给予何种形式的反馈是值得注意的。

（一）反馈的内容

在反馈内容的详细程度对操作技能的影响方面，所得到的结论并不一致。马吉尔（Magill）综合有关研究，提出了三点结论：①只有当学习者进行充分的练习之后，较详细而具体的外部反馈信息才有助于学习；②对于某些操作任务而言，极其精确的外部反馈信息有时并非是最有效的，过分精确的反馈反而导致较差的操作；③精确的反馈能否起作用，与个体能否理解和应用这类信息有关，过分精确的信息如同过分不精确的信息一样，都不易为学习者所应用。简言之，所提供的反馈信息能否为学习者利用，这要视个体所处的学习阶段、学习任务、对信息的加工程度等具体因素而定。

（二）反馈的频率

并非每次练习都必须给予外部的反馈。因为每次都给予外部反馈，容易增加学习者的工作记忆的负担，而且容易导致过分依赖外界，不利于内部动觉体验的形成，也不利于自我发现错误、纠正错误的能力形成。许多研究者都认为，在几次练习之后给予某种总结性的、简要的反馈信息是非常有效的。

（三）反馈的方式

给予何种形式的反馈，要视具体情形而定。也就是说，在技能形成的不同阶段，教师要给学习者提供不同类型的反馈。

在学习的初始阶段，外部反馈的作用较大，因为个体尚未建立准确的动觉感受，不能从运动分析器获取必要的内部反馈信息。这时教师应积极向学生提供关于他们练习时身体动作过程和动作姿势方面的信息，因为这些信息是学生用来改进自己的技能动作的主要线索，而这些信息有的是学生本人很难获得的。这时，教师或者其他旁观者可以提供较多的反馈信息，也可以通过录像或其他手段，记录动作的过程，让学习者自己观察自己，提供真实与客观的信息。这种反馈不仅能纠正学习者的错误动作，还可以克服初学者常常过高估计自己的倾向。

在学习的中期和后期，个体已具有了必要的动觉体验，这时强调内部反馈的作用，可以提高个体对各种肌肉动作的自我调节、控制的能力。教师应指导学生细心体会自己的练习行为并力求发现自己的经验。尽管对每种反馈方式的有效性的研究所得结果不尽一致，但根据具体的操作应用多种反馈方式是必要的。

还要特别注意的是，动作技能的学习不只是肌肉动作层面的学习，其中每一步都包含了认知的重要成分。例如，就算一个老司机在开车的时候，也需要注意当时的交通路况，因为条件在不停地变化，难以完全自动化。一旦你决定改变方向，转弯的技术是自动的，但是转弯的决定是能意识到的，以当时的交通路况为依据，这属于具体领域的策略。为了促进学习这种策略，教师需要给学习者提供多种不同的情境的练习机会。

（四）建立清晰的动觉

动觉是复杂的内部运动知觉，它反映的是身体运动时各种肌肉活动的特性如紧张、放松等。在练习中，实现对动作的动觉控制代替视觉控制是学生运动技能形成的重要标志之一。因此，教师要做到：①指导学生将动作的视觉形象与动觉表相结合起来。②指导学生认真体会动作的动觉刺激，以加速视、听分析器与运动分析器之间，以及运动分析器重的动觉细胞之间的练习的建立。③在练习后期，应指导学生运用视觉控制与动觉控制交替练习的方法，促进动觉控制替代视觉控制的转化。如此逐渐增强学习者的内在反馈的作用，从而提高学习者对各种肌肉动作的自我调节和控制能力。

最后，需要指出，任何学习不只停留在动作和知识层面，情绪情感对学习的结果也有着重要的影响。如果学习者对技能本身没有明确的目标，没有积极的接纳的态度，就难以产生主动的学习。另外，旧的技能的惯性作用往往会阻碍新技能的接受，就算"被迫"学会了新的技能，如果在情感和态度上没有转变，也会疏于使用而荒废。

第三节　小学儿童智力技能的形成与培养

近几年来在对小学生的基本技能的训练中，越来越重视智力技能的形成和培养。智力技能是认知心理学派十分重视的研究课题，但目前尚缺少充足的实验材料依据。智力技能是一种调节和控制智力活动而形成的合乎法则的智力活动方式。它有别于操作活动方式和外部的语言，具有内潜性、简缩性、观念性的特点。它是在不断的学习过程中，在主客体相互作用的基础上，主体通过动作经验的内化而形成的。

一、小学儿童智力技能的形成

（一）加里培林的五阶段模式

关于智力技能形成的问题，心理学界至今仍无定论。苏联心理学家加里培林等人在 20 世纪 50 年代，提出了智力活动按阶段形成的假说，希望解决在科学史上长期以来没有得到解决的智力技能形成问题。在加里培林看来，人的认识活动是由外部物质活动内化为知觉、表象、概念的过程。这个内化过程经历着下列五个基本阶段。

1. 活动定向阶段

活动定向阶段的任务主要是领会活动。在从事某种活动之前先要先了解做什么和怎样做，从而在头脑中形成对活动本身和活动结果的表象，进行对活动本身和活动结果的定向。例如，在学生的加法运算定向阶段中，教师在演示加法运算时了解到，当前的活动是要在演示这种运算时，使学生知道这种运算的目的是要求几个数之和，知道运算的对象是事物的数量，知道运算的步骤和次序以及运算的方法。也就是说，熟悉整个活动结构，了解活动的实际意义，知道正确的活动方式方法。

活动定向阶段可称为智力活动的准备阶段。这一阶段虽然是活动的准备阶段，但很重要。学生在头脑中形成认知活动定向的表象越符合实际，就越有助于智力技能的形成。教师恰当的指导语和提供的范例，对于学生形成正确认知的关键有着重要的意义。学生通过活动定向阶段，不仅了解了活动的目的和所有的对象，还明白了这项智力活动中的操作及其程序。可见，活动的定向是学生进行智力活动不可缺少的调节器，相当于学习信息加工过程中的控制部分，从某种意义上来说，定向水平是决定学生智力活动能否顺利进行的重要因素。

2. 物质活动或物质化活动阶段

物质活动和物质化活动是直观教学中的两种基本形式。物质活动是运用实物的教学，而物质化活动则是物质活动的一种变形，是指利用实物的模型，如示意图、模型、标本等而进行的活动。例如，在学生的加法运算中，可以让他们利用小木棒进行演算活动，也可以利用画片中的小木棒进行演算活动。通过这种物质活动化活动，让他们掌握加法运算的实际操作程序，学会如何进位。

在课堂教学中，无论是对自然科学知识的学习，还是对社会科学知识的学习，我们不可能事事通过直接经验的方式利用物质活动来进行，这时物质化活动便成为一种主要的方式。加里培林认为："任何新的智力在最初都应当不是活动本身，而是作为外部的——物质或物质化的活动而形成的。可见，物质活动和物质化活动两者共同构成了学生智力活动的源泉。"

必须指出，在这一阶段中应该注意先把活动分为各种具体的操作，指出其间的联系，然后再进行概括，使学生从对象的各种属性中，区分出这一活动所需要的属性并归纳出进行这一智力活动的法则。例如，在教师演示分数加法中，学生了解了运算的每一步。即先通分，求出 4 和 3 的最小公倍数作为公分母，然后将每个分数的分子和分母乘以相同的倍数，再进行同分母的分子相加，最后将数简化为带分数。在完成这一活动的运算步骤后，学生就可以归纳出异分数加法运算的一半法则。当然，学生在进行这种概括并熟悉这种概括后，还要将完成这一活动的全部操作进一步简化，并与他们的言语活动结合起来，为过渡到下一阶段做准备。①

3. 有声的外部言语活动阶段

这一阶段是指学生的学习活动已不直接依赖实物或模型，而是借助自己出声的外部言语形式来进行的阶段。儿童一面说一面在脑子里进行计算（口算）便是用出声的语言进行思考的智力活动。例如，在加法运算中，他们能根据题目的数字出声地说出"3 加 2 等于 5"或"8 加 4 等于 12"等。在这一阶段中，他们虽然不用操作实物或模像来进行计算，但他们是用出声的言语来运算的。这样，学生不仅要对这些动作的对象内容进行定向，还要对这些对象内容的词的表达进行定向，根据加里培林所认为"如果没有言语范畴的练习，物质活动根本不可能在表象中反映出来"的观点，正是由于这一出声的言语活动，使抽象化成为可能。因为言语水平的特点就是以抽象的客体替代了物质的客体，这一阶段虽然脱离了实物或模型操作，但它并不是智力活动本身，还不能在学生头

① 陈琦，刘儒德．教育心理学．北京：北京师范大学出版社，2007.

脑中默默地完成活动。

由物质化活动阶段过渡到有声的外部言语的阶段是智力技能形成中转入认知活动形式的开端。学生能摆脱对实物的依赖，而借助于出声的外部言词进行智力活动，对动作的程序作出正确的陈述，在表象的基础上实现分析和综合，进行比较，是智力活动形式的一次质的飞跃。

4. 无声的外部言语活动阶段

由外部的有声言语转化为无声的言语，学生能默不作声地进行智力活动，以默读代替朗读，向内部言语过渡，是以消除嘴唇的不断动作为特征的。在这个阶段，如果要学生突然停止嘴唇动觉，就会引起其不知所措，明显增多回视，下降阅读或计算的速度。这是学生以词的声音表象、动觉表象为支柱而进行智力活动的阶段。从表面看，这种不出声的言语活动是有声言语活动的"言语减去了声音"，似乎很简单。其实不然，这种不出声的言语活动是有声言语活动由言语的声音形象向动作形象转化的途径。这种不出声的外部言语要求对言语机制进行很大的改造，因而这种言语形式涉及重新学习及掌握。这一点在儿童学习由朗读过渡到默读时，表现得较明显。这一阶段在促进智力活动形成的教学中具有相对独立性。

5. 内部言语活动阶段

内部言语阶段是活动达到智力水平的最后阶段，也是名副其实的智力活动形成阶段，即智力活动过程的简约化、自动化阶段。在多次进行某一智力活动以后，这一智力活动就逐渐简约化，省去了某些阶段，并以高速度来进行。这样智力活动的能力便初步形成了。如儿童在阅读中表现为视野的扩大，能根据上下文的意义，不待端详整个句子的结构，就可以迅速而有效地对课文进行正确的理解、识记和评价。在计算中表现为似乎没意识到所需要应用的法则，就能在头脑中自如地运用法则，省略许多环节而得出正确的结论。

(二)冯忠良的智力技能形成理论

冯忠良在长期的教学实验过程中，发现加里培林学派所划分的阶段有的可以合并，名称也可以简化，并于 1998 年提出了原型定向、原型操作、原型内化的智力技能形成三阶段论。

1. 原型定向

原型也叫原样，通常指那些被模拟的某种自然现象或过程。原型定向就是了解智力活动的实践模式，了解外化或物质化的智力活动方式或操作活动程序，了解原型的活动结构(动作构成要素、动作执行次序和动作的执行要求)，从而使主体知道该做哪些动作和怎样去完成这些动作，明确活动的方向。原型定向阶段也就是使主体掌握操作性知识(即程序性知识)的阶段。这一阶段相当于加里培林的"活动的定向阶段"。

2. 原型操作

所谓原型操作，即依据智力技能的实践模式，把主体在头脑中建立起来的活动程序计划以外显的操作方式付诸执行。在这一阶段，活动的执行是在物质与物质化水平上进行的，因而在加里培林及其学派的著作中称之为"物质或物质化活动阶段"。其实，活动的最初形式可以是物质的，也可以是物质化的。在物质的活动形式中，动作的客体是实际事物，是对象本身。在物质化的活动形式中，动作的客体不再是对象本身，而是它的代替物。

3. 原型内化

所谓原型内化，即智力活动的实践模式向头脑内部转化，由物质的、外显的、展开的形式变成观念的、内潜的、简缩的形式的过程。也就是动作离开原型中的物质性客体及外显形式而转向头脑内部，借助言语来作用于观念性对象，从而对事物的主观表征进行加工改造，并使其发生变化。原型内化阶段包括了加里培林及其学派所称的"出声的外部言语动作阶段"、"不出声的外部言语动作阶段"和"内部言语动作阶段"三个阶段。

二、小学儿童智力技能的培养

小学儿童的智力技能主要是在教学中按照一定的发展阶段形成的，因此小学儿童智力技能的培养必须在教学中进行。教师要根据小学生思维发展的特点，采取多种方式培养小学儿童的智力技能。

(一)激发学生学习的积极性与主动性

任何学习任务的完成均依赖于主体的学习积极性与主动性。学习的积极主动性取决于主体对学习任务的自觉需要。对学习任务缺乏自觉的学习需要就不可能有高度的学习积极性，而自觉的学习需要的产生，往往同对学习任务的必要性的认识及体验分不开。由于智力技能本身难以认识的特点，主体难以体验其必要性，因而，在主体完成这一学习任务时，往往缺乏相应的学习动机及积极性。为此在培养工作中，教师应采取适当措施，激发主体的学习动机，调动其学习的积极性。

(二)正确识别问题类型

学生在解答问题时，若能识别问题属于哪一种类型，就能运用相应的认知技能进行解答。如解题时，首先识别是算术题还是代数题；写作文时，知道是写记叙文还是论说文。问题的性质不同，解题的认知技能也就不同。

心理学研究和教学实践表明：妨碍学生识别问题类型的关键因素，在于不能清晰地分析出问题的本质关系。比如，"口答100的一个半的1/3等于多少？"若是注意到一个半等于3/2，这个问题立即可以迎刃而解了。

（三）创设良好情境，使学生形成完备的定向能力

在学生智力技能的形成过程中，活动的定向是很重要的，它对智力技能形成有决定性的影响。在活动的定向阶段，学生的任务主要是了解和熟悉智力活动，知道做什么和怎样做，在头脑里形成关于认识活动和活动结果的表象，以对活动定向。因而教师要重视创设条件，给学生提供和建立起完备的定向基础。学生完备的定向基础应具备三个条件：第一，正确完整地了解问题智力活动的全过程。如做作文，要了解写文章的全过程，即审题（命题）、围绕中心选材、组织文章结构、选词组句等。第二，对智力活动方式有概括的了解，如学生解决"作三角形的高"这一类问题时，应了解这一智力活动方式的概括程序，即从任何一种三角形的任何一个顶点到对边作高的程序，而不是某种特殊的三角形的某一顶点向对边作高的方法。第三，定向基础应由学生独立地提出，而不是由教师把现成的活动方式告诉学生。学生良好的智力活动定向能力，是接受教师在教学中提供的良好的现成模式，经过迁移而建立起来的。因此，教师在教学中不仅要给学生提供良好的实践模式，而且要做到在指导学生理解知识和解决问题时，同时进行思维方式的训练和指导。如在解题时，让学生讲出自己解题的思路：如何概括题意，如何分析条件和要求的关系，如何找到解题的关键，经什么步骤推导或计算出结果来。还可以让具有不同思路的学生发表自己不同的见解，找到最佳思路。经常这样做，学生不只会对学习的问题进行思考，同时也对思维过程和思维方法本身进行思考，这有利于培养学生独立定向的能力。

（四）摆脱思维定势的消极影响

凭借已有的经验去把握问题的本质或关系，一般说来对当前问题的了解会起一定的促进作用，会产生正迁移的效果。但是由于经验具有定势的作用，常常会妨碍人们去揭示问题的本质或关系。例如，一个问题要求"通过四个点作三条直线，不让铅笔离开纸，而能使铅笔回到原出发点"。被试由于定势的作用，认为所画的三条直线不能超过四点的范围，这个条件是被试根据自己的经验加进去的。如果打破这个定势经验，问题则迎刃而解。

（五）合理分阶段练习

智力技能的形成要通过练习。这一练习的过程要经历从物质和物质化活动阶段、出声的外部言语阶段、不出声的外部言语阶段到内部言语活动阶段这一

过程。在教学中，教师应给学生提供这种展开形式的分步练习的条件，使学生在练习中能按模式将智力活动的程序展现出来，并从展开的形式逐渐概括化，从外部向内部，成为熟练的、自动化的活动，从而促使学生智力技能的形成。例如，在小学数学运算教学中，在学生已掌握了加法运算与乘法口诀以后，再进行多位数乘法的连续运算教学时，学生必须学会把两个部分的积递位叠加（错位相加）这一动作方式。这是学生在乘法运算中所要学会的唯一一个新的智力运算方式。对此，必须依据智力动作形成的规律实施分阶段练习。学生掌握这一动作方式后，与已有的知识和技能整合在一起，才能很好地完成教学任务。再如，"求从 1 到 100 各数的总和"这一问题有三种解题思路：第一种，采用 $1+2=3$，$3+3=6$，$6+4=10$，$10+5=15$…逐个相加的方法。这种办法，经师生分析，速度慢，时间长，是较笨的一种办法。这是出声的外部言语阶段。第二种，有的学生在审题时发现，这 100 个数字里，$1+99$，$2+98$，$3+97$…总共有 49 对，然后采用 $(1+99)\times49+100+50$ 的办法解决，这时学生采用了不出声的外部言语阶段。第三种，属于内部言语活动阶段。学生发现各数从左到右都增加 1，从右到左都减 1，如果把这个数列两端的两个对应的数加在一起都相等（如 $1+100=101$，$2+99=101$，$3+98=101$…）现在只要知道有几对这样的数（项数的一半），问题就解决了。于是题的解法为 $\frac{n(n+1)}{2}$，其总和是 $101\times50=5050$。这种解题是运用内部言语找出事物内在关系与规律性，迅速、准确地解决问题。

（六）从部分到整体的指导练习

学生智力技能要达到熟练和灵活掌握的水平，还要经常有进行解题练习的机会，学会从部分到整体的解题方法。比如，数学中的解题技能，可分解为审题、解析、列式、运算、验算来进行；写作技能可分为审题、立意、布局、谋篇等进行。这种复杂的智力技能，宜采取从部分到整体的培养方法。此外，智力技能的培养还可促进学生形成全面观察、分析问题的习惯，学会洞察问题本质和内在联系的方法；运用变式帮助学生克服旧的解题经验造成的思维定势，促使技能迁移等来促进学生智力技能的形成。

（七）适应智力技能形成的阶段性特征，正确使用言语

智力技能是借助于内部言语而实现的，因此言语在智力技能形成中具有十分重要的作用。言语在不同的阶段上，其作用是不同的。言语在原型定向与原型操作阶段，其作用在于标志动作，并对活动的进行起组织作用。所以，这时的培养重点在于使学生了解动作本身，利用言语来标志动作，并巩固对动作的认知，切不可忽视对动作的认识而片面强调言语标志练习。学生过于注意言语

而忽视动作，对智力技能的形成非但无益，还会起阻碍作用。为此，一定要在学生熟悉动作的基础上再提出言语要求，以言语来标志所学动作，并组织动作的进行。此外，在用言语来标志动作时，用词要恰当，要注意选择表现力强而学生又能接受的词来描述动作。

除此之外，教师在集体教学中还应注意学生的个别差异，充分考虑学生所面临的主客观情况，并针对学生存在的具体问题采取有针对性的辅助措施，充分挖掘学生的智力技能潜力。

复习与思考

1. 什么是技能？技能的特点是什么？
2. 什么是动作技能？动作技能的分类有哪些？
3. 动作技能形成的特征是什么？
4. 如何培养小学儿童的动作技能？
5. 什么是智力技能？智力技能与动作技能的关系是什么？
6. 如何培养小学儿童的智力技能？

推荐阅读

1. [美]罗伯特·斯莱文著，姚梅林等译注. 教育心理学. 北京：人民邮电出版社，2011.

2. 冯忠良等. 教育心理学. 北京：人民教育出版社，2000.

3. 李伯黍等. 教育心理学. 上海：华东师范大学出版社，2010.

第七章　小学儿童的品德心理

本章重点
- 品德发展的理论
- 品德形成的心理过程
- 小学儿童过错行为的矫正

　　教育不仅要向学生传授文化知识、发展学生能力，还要培养学生良好的道德品质，使其掌握社会规范，形成适应社会的良好人格。学生品德的形成与发展具有一定的特点与规律，并作为学校对学生进行道德品质教育的心理学基础和依据。因此，认识和掌握学生道德品质形成与发展的规律具有重要的意义。

第一节　品德心理概述

一、道德与品德

　　品德与道德是两个既有区别又有联系的概念。

　　(一)道德

　　道德是由舆论力量与内心驱使来支撑的行为规范的总和。道德是一种社会现象，是在社会生活中，为了维持社会秩序、协调人与人之间的关系，人们必须遵守的共同的行为规范。它与法律不同，法律是依靠强制手段来维护的一种准则和规范，如违反法律就要受法律的制裁；而道德是依靠舆论力量和内心驱使来维护的一种准则和规范，如违反道德准则要受到社会舆论的谴责和自己良心的责备。

　　道德是一种分辨善恶的尺度，它随着社会发展而发展，不同的社会有不同的道德标准。道德也有共同性，例如互助、谦让、尊重他人、尊老爱幼等在不同时代都是社会所提倡的道德标准。

　　(二)品德

　　品德即道德品质，指个人依据一定的道德准则行动时所表现出来的某些稳定的心理特征。它是道德规范在社会成员个体身上的表现。

品德是一种稳定的心理倾向或特征。一个人偶尔一次的行为表现不能判定一个人的品德好坏，只有经常按照某种方式去行事，已成为性格中固定的部分，才能以此判定其品德如何。如某学生，无论遇到什么人有困难，在什么情况下都能对他人真诚帮助，则说明该学生具有乐于助人的好品质。如果帮助别人只限于特定的对象或特定的场合，不能说明此人具备助人为乐的品质，只能说有助人的行为。

品德是通过与道德有关的态度、言论以及一系列的行为举止反映出来的。要了解一个人的品德就要对他行为进行长期的观察和研究。

（三）道德与品德的区别与联系

1. 道德与品德的联系

两者是密切联系的。品德是社会道德规范在个体身上的具体表现，离开了社会道德，也就谈不上个人的品德。个体的品德对社会道德状况有一定的反作用，许多个人品德构成或影响着社会的道德面貌或风气，社会道德就是无数个体品德的概括和集中。

2. 道德与品德的区别

①范畴不同。道德是社会现象，它的产生与发展受社会发展规律的制约，它依赖于整个社会的存在与发展，不以某一个体的存亡为转移。而品德是个体现象。它的形成和发展，一方面受到社会规律的制约，另一方面受个体生理、心理发展规律的影响，它的发生、发展则有赖于具有某种品德的个体的存在。个体消亡了，它的品德也不复存在。

②品德与道德产生的力量源泉不同。道德产生的力量源泉是社会需要。在社会生活中，人们为了维护共同的利益，协调各种社会关系，以保障社会的稳定与发展而制定了道德行为准则与规范。品德产生的力量源泉是个人的需要。个人为了归属于一定的社会群体，为社会所接纳，必须遵守一定的社会道德规范，协调个人与社会、个人与集体、个人与他人的关系，正是这种需要，才促使人们自觉地遵守道德准则与规范，发展与完善自身的品德。

③隶属关系不同。道德是伦理学、社会学研究的对象，品德则是心理学、教育研究的对象。

二、品德的心理结构

品德的心理结构是指品德所包含的心理成分。品德的心理结构非常复杂，它既是多层次、多水平的有机统一整体，又是由多种心理因素交互作用的综合结果。迄今为止，人们在品德心理成分的划分上意见尚未一致。目前较为认可的观点是品德包含道德认识、道德情感、道德意志、道德行为四种心理成分，简称知、情、意、行。

（一）道德认识

道德认识主要指儿童对具体的行动准则以及执行意义的认识，包括道德概念、道德信念、道德评价等方面。其中，道德概念的掌握、道德信念的形成和道德评价能力的发展是衡量学生道德认识形成和发展的主要标志。道德认识在品德形成过程中有十分重要的作用。只有当儿童懂得什么是"是""非""善""恶"，知道应该怎样行动和为什么要这样行动时，才能自觉地产生相应的道德行为。有时候，儿童之所以违反道德正是因为他们缺乏正确的道德认识。例如，把冒险当作勇敢，做出违反纪律的事情。

（二）道德情感

道德情感是一个人根据社会道德标准，从道德的角度理解道德事件时所体验到的情感。一般地说，如果现实生活中的各种事件、自己或别人的行为符合自己的道德认识或自己所维护的道德观念，那么，人们就会产生积极的情绪体验；反之，人们就会产生消极的情绪体验。例如，儿童拾到一件物品还给了同学，他就会感到高兴、快乐。拾到物品占为己有，他就会内疚、不安、担心。这就是正确的情感体验。道德情感是一种自我意志监督的力量，它能使人悔过自新，保持良好的行为。

（三）道德意志

从事道德行为会遇到各种困难，能否坚持做下去，与个人道德意志有关。

道德意志指人们在一定的道德观念指导下，克服困难，以实现一定道德目的的内部过程。它建立在道德认识基础上，是人通过理智去解决内心的道德矛盾并支配自己的道德行为的过程。

道德意志主要表现在两方面：一是符合社会道德要求的动机，战胜不符合社会道德要求的动机；二是抵御现实中的各种诱惑，排除内外干扰，始终坚持道德行为。

（四）道德行为

道德行为是一个人遵照道德规范所采取的言论和行动。一个人是否有正确的道德认识、积极的道德情感、坚强的道德意志，最终只能通过其道德行为来判断。所以道德行为是评价个人品德的主要标志。

道德行为包括道德行为技能和道德行为习惯。道德行为技能的掌握有助于实现道德目的，它将指导道德行为做出对他人和社会具有道德意义的事情，不至于好心办坏事。道德意志调节和控制着人的道德行为，使其贯彻始终，经过多次反复的实践，便形成道德行为习惯。道德行为一旦形成习惯，就可以使学生的道德行为更容易实现，并能进一步转化为道德品质。例如，平时养成认真做作业、积极参加劳动等习惯，久而久之，就会养成认真、准时、爱劳动等优良品质。

一般来说，道德认识是品德心理结构的基础，是道德情感产生的依据。道德情感是伴随着认识而产生的一种内心体验。道德认识和道德情感的深化和交融产生了道德动机。道德动机驱使人以道德意志来实现道德行为。道德行为既可使道德认识、道德情感、道德意志得到检验，又可以深化道德认识，增强道德情感，锻炼道德意志。由此可以看到，品德的四种心理成分是相互联系、相互制约和相互促进的整体。如果某一成分有所偏离，就会相互削弱，影响品德形成。如果对道德观念认识不清，那么道德情感、道德意志、道德行为就缺乏正确的指导思想；如果道德情感体验不深，就会缺少推动道德行为的力量；如果意志不坚定，道德信念就会动摇，情感也不易控制；如果不重视对道德行为习惯的培养，就可能使学生言行脱节，出现只会说不会做的情况。因此，品德的形成是这些心理成分共同发生作用的综合过程。

第二节　品德发展的理论

关于品德发展，心理学家们进行了大量的研究，这些研究对揭示品德发展的规律有重要的意义，下面简单介绍几种理论。

一、社会学习理论

社会学习理论，是将行为主义的学习理论应用于品德学习中。主要代表人物为班杜拉，他的主要观点：大部分道德行为是通过对榜样的模仿而习得的，是可以改变的；影响道德行为的决定因素是环境，榜样示范、替代强化和自我强化在道德行为形成中发挥重要作用，充分利用好这些条件和方法，有助于学生形成良好的道德行为。

班杜拉等人采取实验的方法对品德教育进行了大量的研究。例如：班杜拉将一些 3—6 岁儿童分成三组看一段影片。影片表现的是一个成年男子(榜样人物)对一个如成人般大小的充气娃娃做出种种攻击性行为，如大声吼叫和拳打脚踢。

第一组为榜样奖励组：让这组儿童看到这个"榜样人物"受到另一成年人的表扬和奖励；第二组为榜样惩罚组：让这组儿童看到这个"榜样人物"受到另一成年人的责打(打一耳光)和训斥(斥之为暴徒)；第三组为控制组，只看到"榜样人物"的攻击行为，既没有奖励也不给惩罚。然后把这些儿童一个个单独领到一个房间里去。房间里放着各种玩具，其中包括洋娃娃。在十分钟里，观察并记录他们的行为。结果表明，第二组榜样惩罚组儿童，同第三组控制组儿童相比，他们玩洋娃娃时，攻击行为显著减少。反之，第一组榜样奖励组儿童，在自由玩洋娃娃时模仿攻击行为的现象相当严重。

班杜拉用替代强化来解释这一现象：观察者因看到榜样受强化而间接地受到强化。观察者看到榜样的行为受到奖励，间接引起相应行为的增强；看到榜样受到惩罚，也会产生替代性惩罚作用，抑制相应的行为。

班杜拉和其他心理学者通过大量的实验还得出结论：在儿童社会行为的学习过程中，榜样的影响是较大的。模仿是学生向社会学习，形成品德的重要途径。而且榜样言行一致非常重要，身教重于言教，口头说教不如行为展示的效果佳。成人言行不一致的影响往往是在教师不在场的时候才展示出来。当榜样和说理教育一致时，品德教育才会取得最佳的教育效果。

二、道德认知发展论

道德认知发展理论最早是由瑞士心理学家皮亚杰提出的。皮亚杰在1932年出版的《儿童的道德判断》一书，可以说是研究儿童道德发展的里程碑。

皮亚杰主要采用临床法和对偶故事法对儿童进行实证研究，向被试讲述有关道德方面的故事，然后向儿童提问题，通过儿童回答来判断儿童道德认知水平。例如，他曾经讲过的一个对偶故事：一个叫约翰的小男孩去餐厅吃饭，他不知道餐厅门背后有一把椅子，椅子上有一个放着15个杯子的托盘。他推门进去，门撞倒了托盘，结果15个杯子都撞碎了。另有一个叫亨利的小男孩。一天，他母亲外出前告诉他不要吃果酱，但他妈妈走后他爬到椅子上，想从碗橱里拿出一些果酱，不小心碰倒了一个杯子，结果杯子掉下去打碎了。问：这两个小孩是否感到同样内疚？这两个孩子哪一个更不好？为什么？

他发现儿童道德发展经历从他律到自律的过程，年幼儿童往往认为第一个孩子行为更不好，因为他打碎的杯子多些，是从行为的外部结果去判断行为的责任；年长的儿童则往往认为第二个孩子行为更不好，因为他想偷吃果酱，是从行为者的主观意向或动机来判断行为的责任。

(一)皮亚杰的儿童道德发展阶段论

通过这些实证研究，皮亚杰分析了儿童道德认识发展的特点，把儿童品德发展分为四个阶段：

1. 自我中心阶段（2—5岁）

这个阶段的儿童由于认识的局限性，还不理解、不重视成人或者周围环境对他们的要求，在游戏时，规则或成人的要求对他们没有约束力，而是按照自己的意愿去执行游戏规则。皮亚杰认为这一年龄时期的儿童正处于前运算思维时期，他们对问题的考虑还是自我中心的，把环境看作是自身的延伸，分不清自我与外界，行动易冲动，感情泛化，行为直接受行动的结果所支配。他们的行为既不是道德的，又不是非道德的。

2. 权威阶段（6—8岁）

这个阶段的特点是服从权威。一方面他们绝对遵从成人、权威者的命令；另一方面，他们也服从周围环境对他们所规定的规则或提出的要求。皮亚杰把儿童绝对服从规则要求的倾向称为道德实在论。他指出此阶段成人如果滥用权威、过分约束，对儿童道德的发展是有害的。

3. 可逆阶段（8—10岁）

这个阶段儿童已不再把道德行为准则看成是固定不变的，而把它看作是同伴间共同的约定，如果绝大多数人同意，规则是可以改变的。因此，规则已经具有了一种保证互相行动的可逆特征，我要你遵守规则，我也得遵守规则。判断好坏的标准不再是以权威的言论为标准，而是以是否公平为标准，认为公平的行为就是好的，反之就是坏的。由此可见，儿童的道德判断已经开始摆脱外界的约束，出现了自律品德。

4. 公正阶段（11—12岁）

这个阶段儿童的道德观念开始倾向于真正的公正、平等。公正观念不是一种判断是或非的单纯规则关系，而是一种出于关心与同情的真正道德关系。也就是说，儿童不再刻板地按固定的规则去判断，在依据规则进行判断时会考虑到具体情况，从关心和同情的角度出发去判断。皮亚杰认为公正观念是要维护一种高级平等的关系。

（二）柯尔伯格的道德发展阶段论

美国心理学家柯尔伯格继承了皮亚杰的思想，试图把皮亚杰的理论精炼、发展。他将研究对象扩大到青少年，采用"道德两难故事"让被试作出道德判断，并解释作出这种判断的理由，然后确定被试道德认知发展的水平。下面就是一个道德两难问题的实例。

海因茨的爱人患癌症，生命垂危。医生告诉他只有本镇一位药剂师发明的一种新药可以救他妻子。但这位药剂师要价两千美元，十倍于它的成本。海因茨尽力借钱，勉强凑了一千美元。他找到药剂师请求便宜一些卖给他或者分期付款。可药剂师说："不行，我发明新药就是为了赚钱的。"海因茨无路可走，为了救活爱人，就在晚上潜入药店，偷走了新药。

故事讲完后，要求被试回答：海因茨偷药对不对，为什么？法官该不该给他判刑，为什么？根据被试的回答，柯尔伯格把道德认知划分为三个水平，共包含六个阶段。

第一个水平：前习俗水平

这一阶段的儿童还没有内在的道德标准，他们是根据行为的具体后果和自身的利害关系来判断是非。这一水平包含两个阶段：

①服从与罚的道德定向阶段。这时的儿童服从父母、教师等权威人物，认为凡是受表扬的行为就是好的，受惩罚的行为就是坏的。如赞同海因茨偷药的儿童认为因为不偷药，妻子会病死，他要受到谴责的。反对海因茨偷药的儿童认为偷药被抓住会坐牢，受到惩罚的。

②朴素的利己主义道德定向阶段。这时的儿童判断是以能否满足自己的需要为依据的。能够满足需要的就是好的，不能满足需要的就是不好的。如赞成偷药的儿童认为妻子过去替海因茨做饭、洗衣，现在病了，该去偷来帮助妻子。反对偷药的认为药剂师发明药就是为了赚钱，而赚钱是对的。

第二个水平：习俗水平

这一水平的特点是以是否符合社会的现有准则，是否能够满足他人愿望来判断行为的好坏。它也分为两个阶段。

①好孩子的道德定向阶段。判断行为是否正确，要看这种行为是否能取悦他人，受到他人的赞扬。例如赞同海因茨偷药的儿童认为海因茨是为了救人，而药剂师为了自己不顾别人的死活。反对海因茨偷药的人认为好孩子不应该偷东西，这种行为是违法的。

②维护权威与社会秩序的道德定向阶段。认为正确的行为就是尊重权威、维护社会秩序、尽到每个人的本分。这一阶段的学生判断善恶常会出现相互矛盾的现象。对海因茨偷药的行为，从救治妻子疾病看，无可非议。但偷窃行为又为法律所禁止，因此偷药又是不应该的。每个人不能因为有一些合理的理由去破坏秩序或违背法律，如果那样社会就不成样子了。

第三个水平：后习俗水平

这一水平的道德判断超出世俗的法律与权威的标准，而是以普通的道德原则和良心为评价的基本原则。它也分为两个阶段。

①社会契约的道德定向阶段：这一阶段的人认识到法律与道德规范是共同

约定的，是可以改变的，重要是不违背大多数人的幸福这一原则。他们认为海因茨偷药是触犯了法律，但如果法律允许为牟取暴利而不顾他人死活，那么法律本身存在缺陷。海因茨的行为值得同情，应该从宽处理。处于此阶段的人把法律、道德准则看做是维护社会秩序的一种契约，并持较为灵活的态度。

②普遍的道德原则定向阶段：这一阶段，判断善恶不但要求与既存的道德标准一致，而且要和普通的道德原则，和自己的良心保持一致。达到此阶段的人为坚持崇高原则，可以忍辱负重，甚至作出牺牲。他们赞同海因茨的行为，认为人的生命比财产更宝贵，为了救人于危难，甘愿蒙受屈辱和惩罚的行为是高尚的。这种道德判断突破了既存的规章制度，不是从具体的道德准则，而是从道德的本质去进行道德判断。

柯尔伯格认为，道德认知的发展按照三个水平、六个阶段依次发展，这种发展的顺序既不会超越，更不会逆转。学生的道德判断是通过道德推理的训练得以发展的，道德两难问题是道德推理训练的有效方法。这对我们认识品德发展规律，科学地安排品德教育的内容，有效地进行品德教育是极为有教益的。

第三节　小学儿童品德形成的心理过程

一方面，小学生自身的年龄特点使得他们相信权威、信服教师的言行，这在客观上为小学生品德培养提供了外部条件；另一方面，随着小学生认识能力的发展，知识经验的增多，他们逐渐有能力理解道德行为规范，这为小学生接受品德教育提供了内部条件。我们如果能够利用这些条件，从小学生心理特点出发，采取科学的培养方法，注重从知、情、意、行四个方面着手，一定会收到良好的成效。

一、建立积极定势，消除意义障碍

定势是先于一种活动而指向这种活动的心理准备状态。它使人倾向于以一种特定的方式对外界刺激进行反应，而抑制其他方式的反应。

在学校教育中经常看到，同样的教育方法用在不同的学生身上，往往有不同的反应和效果，原因之一就是定势影响。定势有积极的影响也有消极作用。如果教师在学生心目中有威信，在学生心中留下了积极的定势，他们相信这个教师是好教师，那么学生就容易接受教师的观点，也乐意按教师的要求去做，甚至模仿教师的言行举止；反之，学生对教师或教育要求产生了消极定势，那么教育不但不能获得应有的效果，反而可能使学生对教师和教学内容引起逆反心理，甚至引发师生冲突。因此，教师在道德教育中要注重自身素质的培养，树立良好的道德形象，公正对待每位学生，妥善处理班组事务，争取在学生心目中建立积极的定势。

在教育实践中会看到，有的学生不能正确理解某些道德要求，产生情绪上的对立，拒绝接受教育者的要求和帮助。这是因为该学生产生了意义障碍。意义障碍是指学生头脑中存在着的某些思想或心理因素阻碍他们对道德要求、意义的真正理解，从而不能把这些要求转化为自己的需要。意义障碍产生的原因有：第一，要求不符合学生的需要。比如学生爱玩卡通画，教师怕影响学习，不让玩，没收了卡通画，硬性制止引起了学生意义障碍；第二，要求过于频繁而又不严格执行；第三，由于小学生知识经验的局限，对教师提出的要求产生了误解；第四，教师处理问题不公正。比如学生感到教师偏袒成绩好的或听话的学生；第五，教师言行不一致，不能以身作则，失去了学生的信任。总之，消除意义障碍，解除对立情绪，形成相互尊重、信任的师生关系，有利于提高品德教育的效果。

二、小学儿童道德认识的形成

（一）道德认识的特点

道德认识包括道德概念的掌握、道德评价能力的发展和道德信念的形成三个方面。

小学生对道德概念掌握是由直观的、具体的、肤浅的认识逐步发展到比较概括、抽象的水平。例如，对"好学生"的理解，一年级学生认为好学生就是不打人、不骂人、听老师的话；二三年级则认为学习认真，按时完成作业，能帮助同学便是好学生；小学高年级对其理解则具有抽象的评价，如爱校、爱国等。小学生由于知识经验不足，也易对道德概念产生错误的、片面的理解。如低年级小学生认为，勇敢就是"打架时不怕挨打、不怕痛""别人打我时不软弱，跟他对着打"等，这种肤浅的认识，有可能导致小学儿童出现过错行为。

小学生道德评价能力的发展具有从他律到自律、从效果到动机、从律他到律己的特点。小学低年级儿童由于未能很好地掌握道德行为标准，也不善于独立思考，因此，他们对各种具体行为作出判断时，常常只是重复教师或别人的评价，即他律。例如，小学低年级儿童往往把老师当作道德标准的化身，老师的话就是真理。到9—12岁时，小学生对行为规则的态度发生了重大的改变，他们学会了根据自己的道德标准独立地对别人进行评价，即自律。对老师的话不再盲目听从，他们开始有了自己的看法，甚至对老师有了自己的评价。研究表明，小学低年级儿童在评价一个人的道德行为时，多从行为后果上看问题；到小学中、高年级，他们学会从主观动机上评价个人的道德行为，而且逐步注意把动机与效果统一起来进行评价。儿童评价自己的能力往往落后于评价别人的能力，低年级小学生已懂得用所掌握的道德知识去分析、评价别人，却不善于分析自己的行动。他们说起别人的优缺点头头是道，但对自己的优缺点却说不准确，只有到小学高年级，儿童自我意识能力发展了，儿童才能正确评价自己，由律他变为律己。

道德信念是坚信某种行为准则的正确性，愿意在实践中加以贯彻并能主动维护的道德观念。一二年级时还没有道德信念。他们完成作业不是因为意识到行为规范而自觉地去完成，而是由于教师的要求和威信或自身对作业的兴趣。三四年级时出现初步的道德信念。他们具有明显的完成作业和保持良好纪律的道德愿望，但这些道德愿望自觉性很差，不坚定。五六年级时开始表现具有一定自觉性、独立性和坚定性的道德信念。他们完成作业，遵守纪律，不只是由于教师的要求，而更多的是想取得好成绩，意识到遵守纪律的必要性。

（二）道德认识的形成

①说服讲解，帮助小学生掌握道德知识。通过说服讲解让小学生明白应该做什么、怎样做、为什么这样做。学生的认识提高了，感到有必要了，他们才会自觉地去履行。在说服讲解的过程中，教师应充分考虑学生的心理特点，符合其需要，启发和触动他们的心灵，真正为他们所接受。

②教育者言行一致。模仿是小学生特别是低年级学生品德培养的重要途径。模仿的对象是榜样。小学生往往把教师看作道德是非的公正裁判人，是社会道德规范的化身。教育者的一言一行都潜移默化地感染孩子，所以教师在对学生品德知识传授时，必须言行一致，增强道德教育的可信程度，为学生树立效仿的正面榜样。

③引导小学生在道德实践中体会道德要求的正确性，产生积极的道德情感体验，从而强化道德认识，并产生继续执行道德要求的愿望。例如，教师教育学生助人为乐，不要仅停留在口头说教上，还要引导儿童在实际生活中去帮助他人，并受到教师、同学的赞扬，使其体验到光荣感，从而强化"助人为乐"的道德认识。但是，有时学生帮助他人会遭到他人的嘲笑或误解，产生了对助人为乐的怀疑。这时教师要帮助其消除这种负面影响，使其能正确认识和评价自己的行为，形成道德信念。

④教小学生学会用所掌握的道德准则来调节、支配自己的行为，进行自我

评价。学生在实践中经常会出现道德认识上的冲突。比如：当帮助他人与实现自己的愿望冲突时怎么办？拾到的东西是自己非常喜欢特别想要的怎么办？这些问题导致内心的冲突，容易动摇教师所传播的道德观念。所以教师除了教给学生道德知识外，还应教会小学生学习分析冲突的根源，掌握应对冲突的方法，坚持正确的行为。

三、小学儿童道德情感的培养

(一)小学儿童道德情感的特点

道德情感的发展由不稳定逐步到稳定。小学低年级儿童的道德情感具有不稳定性：一方面变化不一，今天是好朋友，或许明天由于一件小事争执而就成了"仇人"，不说话，不来往；另一方面容易激动，为人做事冲动，容易被一些偶发事件所左右。儿童到了高年级，由于自我意识的发展和认识能力的提高，道德情感逐步趋于稳定。在处理同伴关系等多方面，有了较为稳定的情感体验。

小学儿童的道德情感经历从具体到抽象、由浅入深的发展过程。对低年级学生来说，形象越具体，越易受感染。他们对自己的父母、学校、生活的地方容易产生情感，而对爱国主义情感则较淡漠，他们更容易接近他们生活实际的情感的内容。小学中高年级学生由于接受了一定的道德教育，在实际生活中不断概括、深化各种体验，形成丰富、深刻的道德情感。而且对一些社会问题，甚至最初的人生理想，能引起抽象的道德情感。

(二)小学儿童道德情感的培养

①丰富儿童的道德观念，并使其与各种情感体验结合起来。可以采取两种方法，一种是教师向儿童讲授道德观念时，通过言语启示激起儿童的情绪。例如，教师在讲品德高尚行为时，用赞赏的词句，使儿童产生羡慕、向往的情感体验。反之，在讲不道德行为时，用批评、指责的语句，使儿童产生厌恶、愤慨、羞愧的情感体验。另一种是教师组织儿童参加实践活动时，利用集体舆论，及时表扬与批评，使儿童获得肯定或否定的道德情感体验。比如，就班上或社会上的好人好事或不良现象，组织学生展开讨论，从而产生相应情感体验。

②充分利用感人的道德形象，引起儿童道德情感的共鸣。教育者可以利用现实生活和课本中的典型道德形象去感染儿童，增加学生的间接的道德经验和情感内容。要注意选择道德形象突出、生动、富有感染力，容易激起儿童的情绪活动的道德形象，要接近儿童的生活，不能高不可攀。

③在具体情感体验基础上进一步阐明有关道德观念，使小学生的道德情感体验不断概括、深化。小学生道德情感的发展要经历一个由具体到抽象、由浅入深的过程。教师在培养道德情感时要注意指导其逐步深化。例如：儿童最初爱集体的情感是从自己班级开始，在参加班级活动中形成起来的。在此基础上，教师应引导学生进一步明确集体的含义。个人与集体的关系，使原有的情感深化，避免产生狭隘的小团体主义。

④发扬积极情感，克服消极情感。当儿童取得成绩时感到高兴、自豪，这是积极情感。但因此而得意忘形、骄傲自满则是消极情感。教师在帮助儿童调节自己的情感时，可以通过某些活动，正面激发学生的积极情感体验，克服消极情感。比如儿童攻击他人，可以通过表扬那些与同学友好相处、乐于助人的同学，使其意识到自己的错误行为，消除消极情感。此外，教师在帮助学生克服消极情感时，不能采取简单禁止的方法，否则会加强消极情感，要耐心地改变儿童产生消极情感的错误观念。

四、小学儿童道德意志的增强

（一）小学儿童道德意志的特点

小学儿童道德意志的主要特点是缺乏抵抗诱惑的能力，常常有明知故犯的现象。他们知道行为准则，做错事也脸红、内疚，但就是管不住自己。他们常常在外界的诱惑或内部需要影响下，做出不符合道德要求的行为。这主要是由于小学生缺乏意志力造成的。在小学低年级，这种情况比较明显，到了小学高年级相对有所改变。高年级学生由于道德动机逐渐明确，道德观念和道德情感不断丰富，道德评价能力得到发展，他们已经能抗住一些诱惑，能自觉执行道德行为，即使出现不能抗住诱惑现象，过后他们也会感到内疚并设法补偿。

（二）小学儿童道德意志的培养

①提供道德意志锻炼的榜样，产生锻炼意志的意向。可以利用教材内容、课外谈话、宣传班上好人好事、请英雄人物作报告等方式，帮助儿童形成道德意志的概念，认清锻炼意志的重要性，激发其锻炼意志的动机。

②组织儿童开展锻炼道德意志的练习活动。道德意志的锻炼离不开道德实践活动。实践练习时要循序渐进，有意创设适中的困难情境，引起意志紧张，以激发儿童的主动性和自制力。为了激发学生克服困难的愿望，应当充分利用各种激励措施，如及时奖励、批评、适当的支持和帮助，使其在克服困难中取得成功、坚强勇气和信心。到了小学高年级还可以让学生针对自己的缺点进行自我总结、自我教育。

③针对小学儿童的意志类型，因材施教。儿童的意志品质有个别差异，教师应深入了解每个学生的特点，因材施教。例如：对于软弱、易受暗示的学生应该培养其自觉性、目的性与原则性；对于畏首畏尾、犹豫不决的学生应该培养其大胆、果断的品质；对于萎靡不振的学生则应充分调动他们的积极性；对于缺乏精力或毅力的学生，则要激发其上进心与坚韧性；对于冒失、轻率的学生则应培养其沉着、冷静、耐心的品质。

五、小学儿童道德行为的训练

（一）小学儿童道德行为的特点

小学儿童的道德行为由外部调节向内心自觉方面发展。低年级儿童主要是在教师的要求下，或仿效他人的情况下，而从事道德行为的，依靠的是外力作用。到了高年级，随着道德认识的提高，把教师的要求转化为自己内心的动力时，行为日益自觉化。

小学儿童的道德行为由不稳定、不巩固向稳定、巩固方向发展。小学低年级儿童，由于年幼无知，活泼好动，缺乏自制力。一些良好的道德行为是不稳定、不巩固的。在多方教育下，中高年级学生认识提高，自我管理能力增强，许多良好道德行为日益巩固、稳定下来，成为一种良好的道德习惯。但是小学阶段言与行、认识与行为脱节的情况较为普遍。儿童年龄越小，言与行越一致，往往想什么、就说什么，做什么。随着儿童年龄的增长，言行不一致增大。有时是出于模仿，有时是出于无意，有时是因为缺乏坚强的意志，只说不做。教师应引起重视，培养儿童说到做到。

（二）小学儿童道德行为的训练

①激发儿童从事道德行为的动机。可以采取表扬与批评、奖励与惩罚，对道德行为进行反馈，教育学生领会完成道德行为的实际意义等手段激发儿童道德动机。同时，在采取激励手段时，还要考虑到小学儿童的心理特点，根据学校和班级实际情况进行，这样才能收到良好的效果。

②明确完成道德行为的具体要求和掌握完成道德行为的方式。儿童有了完成道德行为的动机，还必须懂得怎样才能有效地去从事道德行为。比如：要培养儿童讲礼貌的文明行为，在儿童已经有了这种讲礼貌的愿望后，就应该向他们提出具体的要求和使他们掌握实现这些要求的行为方式，告诉他们应该怎样对待教师、同学、父母、客人，怎样行礼、问候、表示歉意等具体做法。这些方法的掌握不仅仅是使学生掌握一些具体的行为方式，更重要的是能够提高其道德认识水平，在条件变化时，能独立、创造性地选择正确的道德方式。

阅读专栏 7-1：

"粗心王"转变记

有个男学生，特别粗心，在家里举胳膊抬腿，不是打翻了壶就是碰掉了碗，做练习也是草草率率丢东落西的。他妈妈一点办法也没有，只好一切都不许这个孩子动手。但在学校里，老师知道他这个毛病后就有意训练他："我的眼镜忘了拿，批改作业看不见，请你帮我拿，可别碰坏了！"这位学生知道老师是离不开眼镜的，小心翼翼地把眼镜拿来了，没有碰坏。

"我口渴了，请帮我倒杯水，可别撒了！"于是，一杯水轻轻地放在老师面前，一滴也没有撒。

每当这时，教师就鼓励他说："不错，你很仔细，事情做得很好，今后就应该这样。"

教师组织学生活动课，让大家做花、学习缝补。就这么练呀，练呀，他终于进步了，变得非常细致有耐心。

③在实践活动中坚持训练。从儿童第一天入学开始，教师就要重视各种道德行为习惯的培养，创设重复良好行为的情境，不给重蹈不良行为的机会，并加强督促检查，持之以恒，使好的行为在实践活动中稳固下来成为一种习惯。

④坚持根除不良道德行为习惯。当儿童已经形成一些不良道德行为习惯时，教师要引导儿童认识到坏习惯的危害性，加强克服坏习惯的决心。对儿童要多加鼓励、帮助，不能总是批评、指责，甚至认为"不可救药"而推卸责任。

第四节　小学儿童过错行为的心理特点及矫正

小学儿童出现的与道德规范相违背的问题行为，往往不稳定，具有情境性，所以我们还不能称之为是品德不良，只能界定为是过错行为。下面我们就来分析小学生的过错行为，提出矫正方法，帮助小学生健康成长。

一、小学儿童过错行为的心理分析

（一）小学儿童过错行为的内涵

过错行为是指儿童在日常生活和学习中，所表现出来的不符合道德要求和学校规则的行为。过错行为的严重性、稳定性还没有达到品德不良的程度，矫正相对要容易一些。过错行为已是品德不良的前奏，如果过错行为得不到及时的矫正，就会发展成为品德不良。我们认为，由于小学儿童处于不成熟、不定型、可塑性很强的年龄阶段，在他们身上表现出来的主要是过错行为。

从总体上看，犯有过错行为的儿童是少数，但对他们的矫正却不能忽视，它不仅关系到过错行为儿童的健康成长，也影响其他儿童的思想品德教育。而且经验表明：过错行为发现得越早，矫正就越容易，效果越好。因此，做好过错的矫正是小学教育心理学需要解决的重要问题。

（二）小学儿童过错行为的表现

过错行为按其表现不同，可以分为以下三种类型：一是调皮捣蛋，不守纪律，不爱学习，没有礼貌，上课坐不住，常做小动作。课堂上常以搞恶作剧逗人发笑为乐趣，以引起别人注意为满足，这类学生一般由"小逗"到"大逗"，由偶然到必然，教师对他们是大问题抓不着，小问题解决不了，直接影响课堂纪律。二是自私任性、自我中心、随心所欲或胆小怕事、自卑怯弱。三是行为粗野、出口骂人、动手打架、损坏公物，有的还欺侮同学，好撒谎骗人，甚至小偷小摸。这类儿童虽人数不多，但破坏性较大。

（三）小学儿童过错行为的心理特点

对过错行为的教育，应根据他们的心理特点，采取与之相适合的教育措施，才能收到良好的效果。

1. 道德认识的心理特点

儿童做错事，不少是由于道德无知，分不清善与恶、美与丑、是与非，往往单凭个人欲望和兴趣行事，有意或无意做出不道德的行为。例如：他们把攻击他人，不听教师的话当作勇敢；把包庇同学的缺点认为是"友谊"；认为谁最胆大，敢破坏纪律，谁就是"英雄"。

2. 道德情感的心理特点

表现为：第一，情感对立。很多有过错行为的学生是在教师批评、斥责、讽刺，在家长的打骂中长大的，他们对教师、家长产生了抵触情绪，凡事对着干，反其道而行之。第二，爱憎错位。对于什么是可爱的、什么是可憎的，有时模糊，有时完全颠倒。他们中的有些人认为给他一些便宜的人就是瞧得起他的好人，而对其产生好感；相反，对他严格要求、管束他的人就是贬低他而产生厌恶感。第三，情感表现不稳定。当他们犯了错误，经过教师谈话后也很内疚、惭愧，痛下决心改变，但下次遇到外界诱因，抵抗不了诱惑又会做出错误行为。

3. 道德意志的心理特点

过错行为的小学生自制能力薄弱，易受外界诱惑或控制。他们经过教师的教育后，在一段时间里会有较大的进步，但在进步中缺乏坚强意志和毅力，常有曲折和反复。因此，教师要认识到过错行为矫正的长期性、反复性，坚持不懈地去抓，彻底消除学生的过错行为。

4. 道德行为的心理特点

过错行为的学生有不少不良行为习惯，不愿接受纪律约束或各种规范的制约。与人交往时欺软怕硬，对强者委曲求全，对弱者逞能显胜、欺凌侮辱；没有养成劳动和学习的习惯，劳动不能有始有终，学习缺乏目的性、自觉性，上课不听讲，课后不完成作业。

二、小学儿童过错行为的原因分析

儿童过错行为产生的原因十分复杂，从总体来说，有家庭、社会以及学校教育等各种因素的影响，也有儿童自身内在不良心理因素的影响。

（一）外在不良环境因素的影响

1. 家庭教育的不良影响

家庭是儿童的第一个课堂，父母是子女的第一任教师，家庭对于儿童思想品德形成有重大影响。过错行为儿童家庭的不良影响主要有以下几种情况：①家风不正。家庭成员有某些恶习，家长本人行为不轨，儿童耳濡目染，模仿了这些不良行为。②缺乏正确管教子女的方法。有的家长教育要求不一致，有严有松，使儿童无所适从或感到有机可乘；有的家长对孩子养而不教，放任不管，出了问题就训斥、打骂；有的家长对孩子过于溺爱，袒护、默许、包庇孩子的不良行为，或者纵容子女处处拔尖、占上风，养成"娇""骄"二气，自私、任性。③家庭结构不良。如父母离异、分居、亡故，造成儿童缺乏教育或给他们心灵带来创伤；或者是父母关系不和，父母与子女感情淡漠，造成儿童孤独、怀疑、自卑自怜、自暴自弃。

2. 社会环境的消极影响

不良的社会风气，西方某些不良思想观念的冲击，大量没有经过筛选的社会信息，金钱至上的错误思想，坏人的教唆，落后非正式群体的影响等都有可能造成小学过错行为的产生。而且对于小学生来说，整个社会是一所大学校，在商店、公园、大街上所观所看都可以成为他们的"教师"，有时候这种教师往往比讲台上的教师有更大的影响和作用。只要社会上存在一些消极的东西，而学校、家庭又未曾及时地引导，学生就容易为这些消极东西影响和感染。

3. 学校教育工作的失误

学校教育是培养学生品德、预防和矫正学生过错行为的主导力量。然而，有时由于教育上的失误，也可能会导致学生过错行为的蔓延与恶化。①忽视德育。错误地理解学校在新时期的任务，忽视了经常性的思想工作，造成德育

"说起来重要，干起来次要，忙起来不要"的现象。②教育方法不当，德育缺乏整体性、层次性、针对性；或方法程式化，对儿童缺乏吸引力；或任意停课，甚至赶出教室、学校，使学生产生了对立情绪。方法不当的问题我们前面专门论述过。③学校、家庭教育脱节。学校要求和家长要求各行其是，甚至是相反的，削弱了学校教育的力量。

（二）内在不良心理因素的影响

虽然小学生容易受外界因素影响，但外因通过内因才能产生作用。所以分析过错行为的原因，不能忽视学生自身心理因素的作用。

①缺乏正确的道德认识。儿童出现某些过错行为，往往是由于"道德上的无知"造成的，他们犯了错误却不知错在哪里，或者是受错误的认识支配而做出错误的行为。年级越低这个问题越明显。

②异常的情感表现。爱憎不明，情感不稳定或对教师产生了抵触情绪，有意违反教师、家长的要求，产生过错行为。

③道德意志薄弱，自制力差。有些儿童虽然有正确的道德认识，但一旦不合理的个人欲望与道德观念发生冲突时，由于意志薄弱，自制力差，不能抵抗不合理欲望诱惑，导致过错行为的产生。例如：有的儿童为了自己先打乒乓球，插队，与同学发生争吵，甚至欺侮低年级的学生。

④不良行为习惯的作用。儿童不良行为习惯的形成，在开始时，往往只是偶然的，但多次做了都侥幸成功，没有受到阻止，得到满意的情感体验，久而久之，终成恶习。如出口骂人、动手打人。不良习惯一经形成，便会推动儿童不知不觉做出错误行为。这种过错行为矫正起来比较困难。

三、小学儿童过错行为的矫正

对于过错行为的学生，作为教育者，应有正确的认识。应立足于教育，满腔热情关怀和转化他们。其次，小学儿童的行为具有很强的可塑性，他们的过错行为大都还未定型，只要及时发现、及时教育是可以转变的。

（一）改善师生、生生关系，消除儿童疑惧心理和对立情绪

有过错行为的学生由于经常受到教师的批评、惩罚，同学的讽刺、歧视，他们往往比较敏感，有戒心、存敌意，常常认为周围的人是厌弃自己的。甚至对真心实意教育他们的教师，也常常采取沉默、回避甚至粗暴无礼的态度，这样教育就很难收到效果。为了消除学生疑惧心理和对立情绪，要从以下几方面入手：一是改善师生关系，尊重、关心和爱护这些学生，动之以情，晓之以理，入情入理方能温暖学生的心。二是教育集体正确对待和热情帮助这些同

学，使其从集体的温暖中受到教育，消除对立情绪，增强人际信任感，改正过错行为。三是教师要有耐心和韧性，不能期望一两次接触后就能和学生感情融洽，就能纠正学生的过错行为，只有"精诚所至"，才能"金石为开"。

（二）提高道德认识，培养辨别是非的能力

是非观念差的学生，不能在出现错误行为时，及时辨别并加以制止，犯了错误后，也不会产生内疚和改正的意向，因而可能会一错再错，变成品德不良的学生，所以提高学生辨别是非的能力，是使学生自愿改正错误行为、坚持正确行为的重要心理因素。

帮助犯有过错行为的学生提高辨别是非的能力，方法多样。可以通过提供有正反两方面经验教训的生动事例或文艺作品，启发、讨论使学生明辨是非，从中得到借鉴，领悟到改正自己行为的必要性与可能性。也可以通过榜样教育，树立好榜样，提供模仿的对象，消除坏榜样的影响以改正错误行为。不管采取什么方法，一旦学生有了进步，就要充分肯定，进一步总结取得成绩的原因，引导他们"更上一层楼"。

（三）锻炼儿童与不良诱因作斗争的意志力

小学儿童往往缺乏抵抗外界诱惑的能力，因此在矫正错误行为的过程中容易受外界诱因的干扰，错误行为出现反复。可以采取这几种方法帮助其矫正：①隔离调整法。让儿童转移环境或暂时避开某些诱因。这种方法是消极的，因为学生很难完全长期地避开诱因，即使能避开，也不能保证在新的诱因下不犯错误。因此，这种方法只能在矫正初期或某些特殊情况下，偶尔为之。②行为考验法。有意地提供一些条件，培养他们独立、自觉地与外部诱因作斗争的能力。如爱逃课的学生记考勤，让爱打架的学生去负责维护纪律等。有意地锻炼以增强在各种环境诱因下能抵抗诱惑坚持正确方向的意志力，以及通过自身道德努力矫正过错行为的自我意识。但教师运用此方法时要注意，这种考验要在一定进步的基础上，并有人监督的情况下慎重使用，而且只许成功，不许失败，否则会强化儿童的过错行为。③活动矫正法。教师有意将过错行为儿童安排在良好环境中，组织他们参加生动、活泼、健康有益的活动，同品德良好的儿童多交往，对他们的进步及时鼓励和表扬，以促使他们内心的改变，从而巩固良好的道德行为习惯。

（四）抓住教育的关键时机，促使儿童转化

儿童过错行为的转变，一般要经历醒悟、转变、反复、稳定的过程。醒悟是指过错行为儿童意识到坚持错误行为的危害性，开始有了改正错误的愿望。这种认识一般在教师引导或事实教育下，学生意识到错误行为的不良后果时产生的。转变是指儿童在行动上开始有了改正错误的表现，教师应及时地对他们行为的微小进步给予肯定、表扬、鼓励，使其转变得到强化。反复是指儿童转变后又重新犯老错误。过错行为的矫正是不可能一次成功的，出现反复很正常，教师应有充分的思想准备，不能气馁或放弃，应该抓反复、反复抓，找出反复的原因，吸取反复的经验和教训。当学生的行为不再出现反复和动摇时，就进入了巩固时期。持久地巩固，就进入了稳定期。这时学生就消除了错误行为方式，形成良好品德。

（五）针对学生的个别差异，采取灵活多样的教育方式

儿童过错行为的表现多种多样，产生的原因也错综复杂。即使同一种过错行为，不同的儿童的原因也不尽相同。因此，在矫正时必须具体问题具体分析。一般说，低年级的小学儿童常常是由于不了解或不理解道德行为准则并出于好奇心而产生过错行为的，对他们应多进行正面诱导，如肯定他们的优点，指出他们行动方式的不当，指导他们采取合理的方法达到目的，并且信任他们，相信他们能勇敢承认错误和改正错误。对于高年级儿童的过错行为，特别是经常反复的过错行为，可以采取较严厉的教育方式，但也要考虑到错误的严重程度、学生的性格特点、性别差异、态度好坏等情况来选择不同方式进行教育，因势利导，对症下药。

学生是在极其复杂的社会环境中成长的，他们不可避免地会出现一些不符合道德规范的行为，只要教育者及早发现、热情关怀、严格要求、合理矫治，有过错行为的学生一定能改正错误行为，培养良好的道德品质。

复习与思考

1. 道德与品德的联系与区别？
2. 品德的心理结构是怎样的？
3. 心理学家关于品德的研究主要有哪些？
4. 如何看待小学生的过错行为？如何矫正小学生的过错行为？

推荐阅读

1. 周宗奎，范翠英.小学教育心理学.武汉：湖北人民出版社，2000.

2. 李红.教育心理学.武汉：武汉大学出版社，2001.

3. 章志光.小学教育心理学.北京：中国人民大学出版社，1999.

4. 章志光.学生品德形成新探.北京：北京师范大学出版社，1993.

5. 冯忠良等.教育心理学.北京：人民教育出版社，2010.

第八章　小学教学设计

本章重点

- 教学设计的含义、理论基础和类型
- 教学目标的分类和设计的心理学原理
- 教学过程的基本问题和基本阶段
- 几种典型的教学策略及选择
- 教学评价的价值取向、步骤

　　随着素质教育的全面推进，长期以来受到传统教学思想的影响的"备课"，由于只设计了教法，忽视了学生的学法，已经不符合当下教育发展的特点，采用教学设计取代传统教学中的备课，已经成为了整个社会发展、人的发展和教育发展的必然要求。我们的教育既要做好宏观的教学设计，又要做好每一单元课堂的教学设计，才能应对发展的复杂性。

　　教学设计也是教育活动非常重要的环节，历来受到了教育工作者的关注。美国行为主义心理学家马杰(R. Mager)指出，教学设计有三个基本问题组成，首先是"我要去哪里"，即教学目标的制定；其次是"我如何去那里"，包括教学内容的确定、教学方法与策略的选择等；再次是"我怎么判断我已经到了那里"，即教学评价与监控。也就是说教学设计一般包括三个环节，即教学目标设计、教学方法和策略的选择、教学评价设计。这三个环节在教学设计过程中要依次进行，在内容上又要相互联系，密不可分，形成一个完整的教学设计系统。[①]

---

　　① 林崇德. 发展心理学. 北京：人民教育出版社，2004.

第一节　教学设计概述

一、教学设计的含义和特点

(一)教学设计的含义

教学设计是以获得优化的教学效果为目的，以教育学、心理学和传播学为理论基础，运用系统的方法确定教学目标，建立解决教学问题和实现教学目标的策略方案，并对方案进行评价、检验和修改的基本理论和操作程序[①]。通俗地讲，就是教师为了达到一定的教学目的，对教什么(课程、内容等)和怎么教(教学组织、方法选择、媒体选用等)进行设计。

教学设计的核心是用系统技术优化教学策略，促进学生的最佳发展。通过对教学需要、教学内容和学生的发展水平特点进行系统的分析，确定教学目标，再采用优化技术建立策略方案，最后通过评价技术来检验和修改方案，从而逐步形成解决复杂教学问题的最优化方案。

教学设计强调预设。教学活动具有明确的目的、复杂的对象、丰富的内容、多样的形式、不同的方法，同时受到各种多变的因素的影响。只有对其进行全面细致的安排和精心巧妙的设计，才能高效地达到预期的目标，完成预期任务，取得令人满意的成绩。因此教学设计是在进行教学活动之前，根据教学目的和要求，对参与教学活动的诸要素和教学的各个环节进行的分析和策划，有助于教学的有序展开。

(二)教学设计的特点

在传统教学中，教师也在进行着教学设计，即为上课所作的一系列的课前准备工作——备课，包括备教材、备学生、备教法、写学期教学进度计划、写课题教学计划、写课时计划，被称为"三备"与"三写"。它要求学生从同一起点出发，采用相同的大纲，设置相同的课程，使用固定的教材，在共同的教学目标引导下，达到相同的重点。这种备课，最终导致了学生学业成绩的悬殊，教学效果难以预测，教师的教学水平和能力难以得到充分的发挥。

教学设计在最大程度上摆脱了传统教学思想的束缚，树立了以学习者为中心的新的教学理念，突出了学生在学习过程中的主体地位。它与传统的备课有

[①]　徐英俊．教学设计．北京：教育科学出版社，2001.

着本质的区别，其特点主要表现在以下几个方面。①

①教学设计是一个问题解决的过程。传统备课的目的是如何达到课标、教参和教材的统一要求，强调考试成绩或升学率。教学设计以促进学生的学习为目的，从学生面临的学习问题出发。因此，教学设计寻求的是教学最优化，强调的是以最合理的方式和最少的投入，最大限度地促进所有学生的全面发展。

②教学设计以学生为出发点。备课的出发点是课标、教参和教材，是根据考试来施教，即考什么就教什么。而教学设计的出发点是学生的个体差异，尤其重视对学生的不同特征进行分析，因材施教。它强调学生的主动性和积极性，注重学生的个体差异，使他们能够在各自的起点上得到最大限度的发展。

③教学设计强调系统方法的运用。备课所思考的主要是教学的内容、方法和步骤，强调的是教学的重点和难点。而教学设计把教学过程视为由多个要素组成的系统，包括教学的问题、需要、内容、学生、目标和策略，直到评价、检验和修改。并且，还要求将学校教育放到整个社会大背景中思考和设计。因此，需要采用系统的思想和方法对教学过程的各个要素及其相互关系进行分析。

④教学设计以教学理论和学习理论为理论基础。备课主要依据的是教师的个人经验，教学的效果也主要取决于教师的个人水平。教学设计依据的是系统的方法，可以保证过程设计的完整性、程序性和可操作性；以教学理论和学习理论为指导，能够保证教学目标、教学程序和教学策略的科学性，从而保证获得最优化的教学效果。

二、教学设计的理论基础

教学设计受到系统理论、传播理论、教学理论和学习理论的影响，这些理论不仅是教学设计的理论基石，还为教学设计提供了方法和技术。这些理论以综合的方式，在教学设计中得到了不同程度的体现。

（一）系统理论

依据系统理论的思想和观点，将教学过程和教学设计视为一个系统。从系统理论所提供的思想和方法出发，为教学设计打开了一个新的视角，为教学设计提供了系统分析方法。而教学系统理论认为教学可以分为教与学两个子系统，每个子系统又分别包括了诸多要素（教师、学生、教学内容、教学方法和教学环境等）。教学系统理论强调教学的整体性，指出教学设计最重要的内容

---

① 刘国权. 小学教育心理学. 北京：人民教育出版社，2004.

就是教师要根据教学目标，对教学系统的各要素进行恰当的组合以达到最优化的教学效果，这也是教学系统理论对教学设计的主要贡献。

（二）传播理论

信息传播是一个双向的互动过程，包括信息、传播者、接受者、传播通道和传播效果五个基本的要素。传播者不仅会影响到接受者；接受者拥有一定的选择机制，在一定程度上也会反过来影响传播者。[1] 在教学过程中，教师的教与学生的学组成了一种互动的教学活动，也包括五个基本要素。传播理论对教学设计的主要贡献在于不但解释了教学过程中各要素之间的动态联系，描绘了教学过程中的信息传播过程，而且指出了教学过程的每一个环节都会影响到教学内容传播的通畅性和有效性，为教学设计者进行教学设计提供了理论基础。

（三）学习理论

学习是教学的基础，只有充分了解学生学习的心理规律，探明不同学习类型以及这些学习的过程和条件，才能有效地进行教学设计。早期行为主义的学习理论通过任务分析和确定学习行为目标，使教学变得具有操作性。认知学习理论使得教学设计开始重视学习者学习的内部过程，重视教学情境中不同知识和技能的发展，重视知识和技能生成策略的研究。建构主义学习理论使教学设计者开始重视教学的整体性和变化性，重视教学内容应该与特定教学情境相联系的学习者知识的获得和运用。简言之，学习理论使教学设计符合学习规律。

（四）教学理论

教学理论是为了解决教学问题而对教学一般规律进行研究的科学，因此教学理论是教学设计的直接理论来源。有关教学理论的研究启示我们：在教学设计时，应该安排使学生掌握学习内容所需要的足够时间，应使学生在学习上积极地花费时间，应加强学生的个别指导，应改进教学来提高学生理解教学的能力，应巧妙地设计教学环境来促进学习过程有效地发生和进行，应侧重学习操作和逻辑结构，应促进平衡过程。教学理论指导了教学设计的具体操作。

三、教学设计的类型

依据不同的标准，可以将教学设计分为不同的类型。

（一）根据不同的层面

可以将教学设计分为宏观教学设计、中观教学设计和微观教学设计。[2]

---

[1] 张大均，郭成. 教育心理学纲要. 北京：人民教育出版社，2006.
[2] 迟艳杰. 教学论. 北京：高等教育出版社，2009.

　　①宏观教学设计。宏观教学设计是指带有全局性的、地区性的教学设计，也属于"教育系统设计"。它往往关注教育、社会和人的发展之间关系的改造，致力于教学体制改革。如若干省市联合进行小学教育课程开发等。

　　②中观教学设计。中观教学设计主要是指校级的课程设置和教学活动，如小学生的培养计划等。它主要是在学科或者若干个单元的层面上进行，相当于"课程设计"或是"学科教学设计"。

　　③微观教学设计。微观教学设计主要是指针对较为短期教学活动的设计。如针对小学三年级语文这一课程、课程中的某一单元，甚至一个课时。微观教学设计的面最广，应用最普遍，也正是教学设计的真正用武之地。

　　（二）根据不同的内容

　　可以将教学设计分为以策略为中心的教学设计、以媒体为中心的教学设计、以系统为中心的教学设计和以课堂为中心的教学设计。[①]

　　①以策略为中心的教学设计。这类教学设计主要指向的是学习策略或教学策略，比如合作教育、创新教育、和谐教育等教育改革实验。

　　②以媒体为中心的教学设计。比如课件的制作、教具的制作、多媒体组合优化教学过程的试验等。

　　③以系统为中心的教学设计。比如一个地区心理健康教育系统的设计、中心小学的教研活动计划、一门新专业或一所新学校的课程设置等。

　　④以课堂为中心的教学设计。比如单元教学计划、课时教学计划等，类似于微观教学设计。

四、教学设计的原则

　　教学过程是一个系统，各个环节和要素都是紧密相连的，针对某一共同的目标发挥各自的作用，从而组成了一个有机的统一体。教学过程的设计既要服从实现当前教学目标的要求，又要符合实现更高层次目标的要求。[②] 因此，教学设计应遵循以下基本原则。

　　（一）准备性原则

　　教学设计首先要以学生为中心，以学生的基本特征和具体的情况为出发点。小学生正处于学习和成长的关键时期，教师要尤其重视对学生不同特征的分析，激发学生最佳内部学习状态。因此，教师既要考虑教学过程的要求，又

①　刘国权．小学教育心理学．北京：人民教育出版社，2004.
②　高亮．浅谈教学设计的原则．赤峰教育学院学报，2003(3).

要考虑学生已有的准备状态，力求所设计的教学从最符合学生的位置起步，从而使每个学生都能有效地学习。

（二）适当性原则

学习类型不同，所要求的教学方法也不同。因此，教学模式、教学媒介和教学方法的设计与选择，既要考虑针对不同的学习类型和学习目的，又要兼顾不同小学生的性格差异，没有任何一种教学方法、教学模式或教学媒介是适合于所有教学过程的。[①]

（三）反馈性原则

教学效果的考评，不能靠"猜测"和"估计"，而是要依据教学过程前后所发生的变化以及对学生作业的科学测量。测评教学结果的不仅仅是为了进行名次等级排序，更重要的是为了获取反馈信息来修正、完善原有的教学设计。

（四）系统性原则

系统性原则，也称为整体性原则，是指在进行教学设计时，一方面要围绕教学系统进行整体设计；另一方面还要考虑外部环境和内部逻辑。在设计时，不能孤立地研究教学中的各要素。外部环境主要指学生所处的周围环境，如教室、课桌、光线等；内部逻辑指教师应该了解学生学习的内在线索，如学生先学什么、后学什么等。在教学设计时要处理好外部环境和内部逻辑的关系，从而更好地体现系统性原则。

五、教学设计的作用

教学设计是教学理论转化为教学实践必不可少的中间环节，概括起来，教学设计对教师具有以下两个重要的作用。[②]

（一）有利于教学工作的科学化和最优化

传统教学中，许多决策的制定都是依靠教师的个人经验和意向。尽管有经验的教师能够取得较好的效果，但是缺乏客观的标准，技术也很难在个体之间进行传递。教学设计是在系统方法基础上设计教学过程，使得教学手段、过程等能够成为可传授的技术和程序，而且强调了教学诸要素之间的适当搭配。因此，其他教师只要懂得了相关的理论，掌握了科学的方法，就能够快速地运用于实际教学活动中。

（二）有利于教学理论和教学实践的结合

为了高效、有序地进行教学设计，人们对教学的机制、教学过程、影响教

---

① 姚本先．儿童发展与教育心理学．合肥：安徽大学出版社，2002.
② 皮连生．教学设计——心理学的理论和技术．北京：高等教育出版社，2000.

学的因素及其相互关系进行了深入研究，并形成了一套完整的知识体系——教学理论。但是从理论到实际运用还需要一定的转换，教学设计作为桥梁起到了沟通教学理论和教学实践的作用。通过教学设计，一方面能够将已有的教学理论研究成果运用到实际教学中，指导教学工作；另一方面能够将教师的教学经验升华为教学科学，充实和完善理论。教学设计有利于将理论知识和教学实践紧密结合起来。

第二节　设计教学目标

一、教学目标的概述

（一）教学目标的含义

教学是人类所特有的一种培养人的社会实践活动，具有明确的目的性。在教学设计时，我们要明确期望达到的教学目标是什么，即学生通过学习活动，在以某一能力为起点的基础上，获得什么样的终点能力。那么，什么是教学目标呢？

教学目标是指教学活动中的主体事先确定的在具体的教学活动中所要达到的教学结果和标准，可以分为课程教学目标、单元教学目标、课时教学目标等不同的层次。它确定了在教学活动结束时，学生在教师指导下应取得的变化。这些预先设定的标准，就是教学目标。比如，某个教学活动结束后，小学生的运算或运动技能水平达到何种程度。教学目标的实现需要教师和学生双方的合作，对教师而言是教授目标，对学生而言是学习目标。[①]

（二）小学教学目标的特点

小学教育在整个教育系统中的基础地位，决定了小学教育目标的特点为全面性、个体性和升学性等特点。[②]

1. 全面性

小学教育目标，旨在对每一位学生进行"养身育心"，以实现小学生的德、智、体、美等方面的全面发展。它向全体小学生实施全面发展的教育，以便为小学生奠定学习、生活和进一步发展的基础。从某种程度上来讲，只有保证小

---

① 迟艳杰. 教学论. 北京：高等教育出版社，2009.
② 黄甫全. 小学教育学. 北京：高等教育出版社，2007.

学教育的质量，才能保证更高阶段的学校教育质量，才能保证为社会输送的各级各类人才的质量。

2. 个体性

一般认为，教育目标具有"个人本位"和"社会本位"的区分。个人本位论主张教育目标应以个人价值为中心，社会本位论认为教育目标应以社会价值为中心。由于小学教育的特殊性，其目标主要表现出个体性的特点。因为在小学教育阶段，社会对小学生的要求是获得基础性的发展，进而为适应时代要求、全面和谐发展奠定基础。因此，小学教育目标既蕴含个人本位的教育目标，又蕴含社会本位的教育目标，需要以丰富多彩的教育活动来实现小学生的全面发展。

3. 升学性

由于义务教育已经覆盖了小学和初中阶段，小学生的毕业定位就是升入初中继续学习。这决定了小学教育目标的升学性的基本特征。小学教育需要以学生的学习结果来彰显自身的价值，最为明显的即达到甚至是超越升入初中的基本标准。但是小学教育活动要防止片面追求升学率，更重要的是要努力提升小学生的学习结果，进而为其升入初中学习打下坚实的基础。

二、教学目标的分类

几十年来，各国的教学论专家和心理学家对教学目标提出了各种不同的分类设想，包括多个水平、多个层次。其中美国心理学家布鲁姆(B. S. Bloom)的教育目标分类与加涅(R. M. Gagne)的学习结果分类系统为教学目标的设置提供了理论指导。[①]

(一)布鲁姆的教育目标分类体系

美国学者布鲁姆将教学目标分为了认知、情感和动作技能三大领域，并从实现各个领域的最终目标出发，确定了一系列目标序列。

1. 认知领域目标分类

布鲁姆根据学生掌握知识和技能的深度，将认知教学目标由低级到高级依次分为了六个层次。除第一级外，其余五级均属于高层次的智力技能范畴。

①知识。是认知领域最简单的目标，指对先前学习过的材料的记忆。包括术语、事实等具体的知识；分类、准则等处理具体事务的方式方法知识；复述原理或概念等知识。

---

① 皮连生，刘杰. 现代教学设计. 北京：首都师范大学出版社，2010.

②领会。是最低水平的理解，指对所获得的信息的理解能力。如能够用自己的话描述某一概念的定义或原理。

③应用。是较高水平的理解，指在特定的具体情况下，能够运用所学的知识来解决问题的能力。比如运用某个原理来解决数学问题。

④分析。是指能够将传达的信息分解成若干要素或组成部分，明确各要素之间的关系和相对结构的能力。分析代表了比运用更高的智力水平，因为它既要理解知识材料的内容，又要理解其结构。

⑤综合。是指能够将各要素、部分组成一个整体，形成新的形势和结构的能力。它既需要对已知的要素进行操作，又需要对未知的要素进行操作。

⑥评价。是指能够根据特定目的对材料或方法的价值作出判断，或能对材料或方法满足标准的程度作出质或量的判断。评价是最高水平的认知结果。

2. 情感领域目标分类

情感是对外界刺激肯定或否定的心理反应，个体的情感会影响到其在行为上的选择。布鲁纳等人依据价值内化的程度，将情感领域的教学目标分为由低到高的五级。

①接受或注意。是指学习者愿意接受或注意某一特定的现象和刺激。例如，参加班级活动、静听讲解等。它是低级的价值内化水平。

②反应。指学生乐意参加或主动参与。例如，完成教师布置的作业、参加小组讨论等。

③价值化。指学生将特殊的对象、现象或行为与一定的价值标准相联系，并以该标准来指导自己的行为。

④价值观的组织。指学生将多种不同的价值标准组合在一起，克服它们之间的矛盾、冲突，并开始建立内在一致的价值体系。

⑤价值或价值系统的性格化。指学生通过对价值观体系的组织，逐渐形成个人的品性。达到这一阶段以后，行为是一致的和可以预测的。

3. 动作技能领域目标分类

布鲁纳等人在创立教育目标分类理论时，只意识到了这一领域的存在，但并未确定具体的目标体系。目前应用较多的是辛普森（E. Simpson）的七级分类。

①知觉。指运用感官获得信息来指导动作。

②定向。指对固定动作的准备。包括心理定向、生理定向和情绪准备（意愿活动）。知觉是其先决条件。

③有指导的反应。指能在教师的指导或说明书的指导下，表现出相关的动

作行为，是复杂动作技能的早期阶段。它包括模仿和尝试错误。

④机械动作。指学生的反应已经成为习惯，能自信地熟练完成动作。这一阶段的学习结果包括各种形式的操作技能，但动作模式并不复杂。

⑤复杂的外显反应。指包含复杂动作模式的熟练操作，即能以最少的时间和精力表现出整套动作技能。操作的熟练性以迅速、精确和连贯协调作为指标。

⑥适应。指技能的高度发展水平，学生能够修正自己的动作模式以适应特殊的装置或满足具体情境的要求。

⑦创新。指创造新的动作模式以适应具体情境。强调以高度发展的技能为基础的创造能力。

（二）加涅的学习结果目标分类体系

美国心理学家加涅认为学生学习的结果有五种类型，即言语信息、智慧技能、认知策略、动作技能和态度，这五种结果都属于能力的范畴。前面我们已对这五种作过解释，此处不再赘述。

三、小学教学目标设计的心理学技术

下面将以小学数学为例，来说明小学教学目标设计的步骤，以及小学教学目标陈述的技术。

（一）小学数学教学目标设计的基本步骤

小学数学教学目标的设计通常包括四个阶段：目标分解，确定单元教学目标、分析学习任务，初步确定课时教学目标、综合考虑，优化课时教学目标、合理陈述教学目标。①

1. 目标分解，确定单元教学目标

将学期目标纵向分解成若干单元教学目标，这是教师确定教学目标的第一步。首先，根据学习单元要求选择学习任务，分析各项学习任务的关系，并将学习任务组成学习单元。然后，对单元教学目标进行合理的陈述和归类，即重点说明通过本单元的学习，学生应懂得什么、做什么。它回答的是"小学生要达到什么规格"的问题。

2. 学习任务分析，初步确定课时教学目标

这一阶段的重点是从单元教学目标出发进行任务分析，初步确定可操作的课时教学目标。在实际操作中，要做好三个方面：

---

① 杨庆余. 小学数学课程与教学. 北京：中国人民大学出版社，2010.

①分析教学内容，确定教学的逻辑起点。例如，我们需要对能力维度进行分析，先要弄清数学目标规定要求学生获得的能力是什么，然后分析必须具备的次一级能力是什么。以此类推，直到分析到数学教学的逻辑起点。

②从学生实际出发，确定学习者的认知起点。

③综合分析结果，初步提出课时教学目标，即学生经过学习后欲达到的理想状态和程度水平。

3. 综合考虑，优化课时教学目标

在初步确定课时教学目标之后，还需要对照布鲁姆或加涅等人的教学目标分类理论，对既定的教学目标进行优化，防止出现模糊或遗漏等情况。但是，无论教学目标如何全面，在实际课堂教学中，还是会有意外情况发生，需要教师对既定的目标做出调整。因此，教学目标的设计并未一次性完成的，往往需要经过多次的修改和完善。

4. 合理陈述教学目标

最后，还需要选用合适的方式，将课时教学目标准确地表达出来。小学数学教学目标的陈述中需要较高的技术性和技巧性，对过程性目标和情意目标的陈述，要有很强的灵活性和变通性。因此这一阶段的重点就是合理、清晰地陈述课时教学目标。

(二)小学数学教学目标的表述技术

合理、清晰表述小学数学教学目标，是实现教学目标的基础。对此问题，主要形成了行为观、认知观以及两种观点相结合的陈述方法和技术。[①]

1. 行为目标的陈述

行为目标也称为操作目标，是指用可以观察和测量的学生行为来陈述目标，是一种具体的、可观察的、可操作的教学目标。在表述课堂教学目标时，采用描述行为的术语代替描述内在心理状态的术语。如："学生在拿到乘法计算题的试卷后，能以一分钟一题的速度完成一系列三位数的乘法运算，准确率为95％。"

美国著名心理学家马杰(B. F. Mager)认为，一个好的行为目标陈述应该具有三个要素：

①表述行为，说明通过教学后，学生能做什么，如"画出直角三角形、锐角三角形"。

②表述条件，指学生在什么情况下表现行为，如"使用三角尺画出直角三

---

① 张大均，郭成. 教育心理学纲要. 北京：人民教育出版社，2006.

角形"。

③表述标准，规定符合要求的作业标准，如"10 次中若能有 8 次正确画出直角三角形"，就算基本认识了直角三角形。

2. 内部过程与外显行为相结合目标的陈述

行为目标是以行为主义的刺激—反应模式为基础，只要确定具体的刺激和反应，陈述的目标也就具体了。但坚持学习认知观的心理学家认为，学习的实质在于内在心理的变化，因此，教育的目标不是具体的行为变化，而是内在能力或情感的变化。格朗伦德(N. E. Gronlund)于 1978 年提出了采用描述内在心理过程和外显行为表现相结合的方法来陈述目标，即可以先用描述内部过程的术语陈述概括的教学目标，然后用可观察的行为作例子，使这个目标具体化。这种内外结合观既可以避免认知目标或情感目标的模糊性和抽象性，在一定程度上又可以防止行为目标的表面性和机械性。

例如，关于"平均数"一课的目标陈述：体验数学与生活的密切联系，增强学习数学的信息；激励学生积极进取；了解城市建设的成就。考量了心理和行为两个层次，将情感与行为教学目标有机融合并渗透教学过程中。

3. 表现性目标的陈述

为了弥补上述两种方法的不足，美国学者艾斯纳(E. W. Eisner)提出了表现性目标。表现性目标是指每一个学生在与具体教育情境的相互作用过程中的个性化表现。[①] 它关注的是学生在活动中表现出来的在一定程度上属于首创性的行为反应，而不是预先设定的教学目标。

这种目标明确要求学生应该参加的活动，但不明确规定每个学生在活动中应该学习到什么。它强调的是学生反应的多元性，而不是同质性。例如，将"6～10 的认识和加减法"课时教学目标陈述为：在运用已学知识解决问题的过程中，能进行简单的思考，体验算法的多样性。这一表述重点指出了学生学习活动和行为的具体情境，还允许学生有不同的表现，呈现出很强的开放性。

但是在日常小学数学教学目标设计过程中，不能拘泥于某一种陈述技巧或形式，必须根据教学标准、教学内容、教学对象和教学条件等因素，灵活地陈述教学目标。

---

① 张华. 课程与教学论. 上海：上海教育出版社，2000.

第三节　组织教学过程

一、教学过程的概述

（一）教学过程的含义

教学过程的概念有狭义和广义之分。狭义的教学过程是指一节课或一个单元的教学所占用的时间。广义的教学过程是指师生在共同完成教学任务中的活动状态交换和时间流程，包含了相互依存的教与学两个方面，包括制订教学计划、备课、上课、作业布置、评价反馈等。它是一种特殊的认识过程，也是一个促进学生发展的过程。

（二）教学过程的特点

教学过程作为教育过程的一种形式，具有两个基本的功能：一是使科学文化知识得以传递，促进人类社会的发展；二是使学生的身心得到发展，促进个体自身的发展。但教学过程作为认识的一种特殊形式，以学习间接经验为主，是一个发展过程。因此，教学过程具有以下三个特点。[①]

1. 具有很强的目的性

教学过程是一种有目的、有计划、有组织地开展的教育活动。教学大纲是教学活动最基本的依据，它确定了教学活动的目标，规定了教学的科目和每一个科目教学内容的广度和深度。教学内容、教学方法、教学形式都是为实现教学目标服务的；而教学内容是依据教学大纲编制的，教学方法、形式的选择与运用又受到教学目标、教学内容的制约。因此，教学过程是一个目的性明确、计划性很强、组织性很严密的教学活动。

2. 教与学的双边活动过程

教学过程是教师指导学生进行学习的过程，既包括了教师教的一面，又包括了学生学的一面。在教学的双边活动中，教师的教和学生的学是相互依赖、相互渗透的过程。教是在已有学习基础上的教，学是在教的指导下进行的学，彼此之间进行着信息的交流传递和往来反馈，使教学过程形成了一个动态开放的系统。因此，教学过程的教与学是相互作用、共同活动的。

---

① 李朝辉．教学论．北京：清华大学出版社，2010.

3. 是一种特殊的认识过程

教学过程是学生在教师的指导下进行学习的一种特殊的认识过程,既遵循人类认识的一般规律,又具有自己的特殊性。其特殊性主要表现在:①认识对象的特殊性。在教学过程中,学生的认识对象主要是间接经验,而不是发现目前人们未知的东西。②认识条件的特殊性。学生的认识活动是在教师的指导下有计划、有组织地进行,能够少走弯路,提高认识的效率。③认识任务的特殊性。在教学过程中,学生不仅要掌握教材上的知识、了解事物及其发展规律,还要掌握科学的认识方法,发展自己的智力和能力,形成科学的世界观和道德品质。

(三)教学过程设计的原则

1. 发挥教师主导作用、体现学生主体地位的原则

教学过程设计的最基本原则就是教师为主导、学生为主体。[①] 教师的主导作用主要体现在引导学生主动获取知识,创设良好情境,培养学生的综合能力。学生的主体地位主要体现在能充分发挥学习积极性,让他们有更多的参与机会,使他们不仅是学会,更重要的是会学,从被动地接受知识转变为主动地获取知识。

2. 遵循学生的认知规律和学习心理的原则

不同年龄阶段个体的心理特征不同,认知规律和学习特点也有所差异。年龄越小的个体,知识经验较少,感知能力较差,以具体形象思维为主,无意识注意占据主导地位。随着年龄的增长,知识经验和感知能力都相应地有所提高,个体能够通过一定的意志努力将注意力集中于学习活动,思维也从具体形象思维逐步过渡到抽象思维。教学过程必须遵循这些认知发展规律,符合某一阶段学生特有的认知要求,教学才能获得满意的效果。

3. 体现一定的教学方法的原则

教学方法是教师和学生为共同实现教学目标而采取的方式,包括教师教的行为和学生学的行为,两者相辅相成。教师要根据学科特点、学习内容、教学目标、学生的特点来选择教学方法。

二、教学过程的基本问题

长期以来,在教学过程中一直存在着一些人们争论不休的问题,主要包括四个方面:教师与学生的主客体关系、掌握知识与发展智力、教学中的认知与

---

① 徐英俊. 教学设计. 北京:教育科学出版社,2001.

情感、接受学习与发现学习。[①]

（一）教师与学生的主客体关系

主体是指实践活动和认识活动的有目的的承担者；客体是指实践活动和认识活动所指向的对象。关于教师与学生的主客体关系问题的争论，不同的学者有不同的看法，其主要观点有以下四种：

①教师主体、学生客体说。这种观点又被称为"教师中心论"，认为教师才是教学活动的主体，学生只是客体。因为教学是教师通过传授知识而影响学生的过程，执行者是教师，学生只是作为接受传授和影响的对象。

②学生主体说。这种观点认为学生是教学过程的主体，教材是教学过程的客体。因为教学过程是学生通过认识活动获得发展的过程，活动的承担者是学生，活动指向的对象是教材，所以学生是主体，教材是客体。关于教师的地位，又有不同的看法：一是认为教师只是起辅助性的作用，即"学生中心论"；二是认为教师起主导性作用，学生是教师指导下的主体，即"教师主导，学生主体说"。

③学生双重地位说。在教学过程中，学生既是教师施加影响、传授知识的对象，即客体；又是学习活动的承担者，即主体，因此学生是处于主体和客体的双重地位。具体有两种观点：①就教的活动而言，教师是活动的承担者，居于主体地位；学生是活动的承受者，居于客体地位。就学的活动而言，学生是活动的主体，教材是客体。因此学生处于一种双重地位。②认为教师和学生是互为主客体的。一方面，教师会影响学生，因此教师是主体，学生是客体；另一方面，教师是学生认识、影响和学习的对象，因此学生是主体，教师是客体。

④教师与学生双主体说。这种观点认为，教师和学生都能有目的、能动地从事各项活动，因而都是教学活动过程的主体，而教材是客体。具体包括三种观点：①平行主体说。在教的活动中，教师是主体，教材是客体；在学的活动中，学生是主体，教材是客体，所以教师和学生是平行的主体。②尽管教学过程包括教师的教和学生的学，但二者在目的、手段和对象上是相同的，是复合在一起的，所以教师与学生是复合主体，教材是客体。③教师与学生之间的相互作用是一种交往活动，二者是一种主体与主体之间的关系，共同面对教材这一客体。

在实际教学过程中处理教师与学生之间的主客体关系，需要注意的是：

---

① 韩桂风. 现代教学论. 北京：北京体育大学出版社，2003.

①教师要充分发挥教的主导性，即一方面教师要充分发挥自己的主观能动性，自觉地把握好教的活动；另一方面，教师的教要以学生的特点为基础，有效地发挥教师的主导性。②要充分发挥学生的主体性。在学习过程中，要引导学生积极主动地参与确定学习目标与制订学习计划，自觉地进行自我调控。

（二）掌握知识与发展智力

在心理学上，对知识的概念有广义和狭义之分，广义的知识包括两类：一是陈述性知识，即"是什么"的知识；二是程序性知识，即"怎么做"的知识。狭义的知识就是指陈述性知识。而智力是指个体的一般能力，包括观察力、注意力、记忆力、思维力和想象力，但不包括具体的知识经验。

智力是能力的一般成分，知识是能力的特殊成分，二者构成完整的能力结构，掌握知识和发展智力是促进能力发展的两个不可分割的方面。教学培养学生的能力，一方面是要向学生传授知识；另一方面是要发展学生的智力。在教学中，处理掌握知识和发展能力的关系时，应该做到以掌握知识为主，因为个体各种实际能力的形成与获得是以知识为条件的。而教学对学生智力的发展作用是有限的，并不能使学生的智力获得很大的发展；另外智力虽然对个体的成功起着重要的作用，但并不能决定个体的能力和成就。掌握知识和发展能力是相互制约、相互促进的，一方面智力的发展水平制约着知识的掌握；另一方面知识的掌握又能促进智力的发展，因此，要将掌握知识和发展能力有机地结合起来，才能全面地提升学生的能力。

（三）教学中的认知与情感

教学过程既是一个认知过程，又是一个情感过程。认知和情感可以作为教学的目标，也可以作为教学的手段。广义的认知是指人们认识事物的整个心理过程，包括感知、记忆、想象和思维等，即信息加工过程。而情感是与认识相对的，反映的是客观事物与个体自身需要之间的关系。

作为个体心理活动的两个方面，认知与情感之间关系密切，共同构成一个不可分割的整体。二者之间的相互作用主要表现在：第一，认知与情感构成一个整体。个体的任何一种行为都包含着认知成分和情感成分，二者的划分只是相对的。第二，认知对情感的作用。一方面认知是情感产生的主导性因素，只有通过对客观事物属性的认识，揭示客观事物对个体的意义，才能产生相应的情感；另一方面，认知发展能够促进情感的发展。第三，情感对认知的作用。情感是认知活动的动力系统，决定了个体的趋近或逃避倾向，以及在不同领域中愿意付出的认知努力程度。

在教学活动中，教师和学生之间不仅包含有传递知识、掌握知识和智力训练的认知活动，还包含着各种情感活动，比如教师充满感情地教，学生充满感情地学。首先，在教学目标上，要注意认知目标和情感目标并重。即在教学中，既要具有引导学生掌握知识、形成良好认知风格的明确目标，又要具有形成学生积极的个性倾向的明确目标。其次，在教学过程中，要注意认知与情感相结合。即在教学过程中要充分考虑认知因素和情感因素，使得教学富有成效。

（四）接受学习与发现学习

接受学习指学生通过教师的材料呈现来掌握现有知识的一种学习方式。所有学习的内容都是以确定的方式由教师传授给学生，学生并不需要进行任何独立的发现。发现学习是指学生通过自己发现知识形成的步骤，以获取知识和形成探究性思维的一种学习方式。

接受学习与发现学习是两种相对的学习方式，二者之间既有联系，又有区别。在实际教学中，要处理好二者之间的关系。第一，从总体上说，学校教育应该是以接受学习为主，发现学习为辅。因为学生只有在早期通过吸收、接受人类文化最基本的知识，才能在较短的时间内达到较高的发展水平和社会化水平。学校教学最重要的任务就是让儿童掌握大量的人类实践活动所积累起来的知识。而发现学习有助于培养儿童的探究精神，是学校教学必不可少的内容。第二，接受学习和发现学习的地位并不是固定不变的。随着学校教育层次的变化，二者的地位也会相应地发生变化，学生的教育过程就是由接受学习走向发现学习的过程。

三、教学过程的基本阶段

教学过程是教师与学生按照教学规律和原则进行的分步骤、分阶段教学。对于学校教学，以小学数学课堂教学为例，主要包括前期组织准备、任务提出、内容理解、学习评价四个阶段。[①]

（一）前期组织准备

课堂教学活动不能简单地理解为课堂 45 分钟内的活动，实际上在进入课堂之前已经发生了，即课堂教学的前期准备活动。这些准备活动包括：教师教学的前期设计，学生学习前的认知准备，教学环境、教学资源和教学手段的前期开发。

（二）任务提出

小学数学课堂教学必须围绕明确的任务展开。明确地呈现学习任务是有效

---

① 杨庆余. 小学数学课程与教学. 北京：中国人民大学出版社，2010.

地开展小学数学教学活动的关键。一般认为，任务呈现的主要有以下方式。

1. 情境呈现

教师预先设计一个有效的问题情境，然后师生一起对情境进行表征，进而提出数学问题，确定学习任务。这种任务形成有利于学生认知策略的建构。

2. 复习导入

教师有目的地组织旧知识复习活动，让学生在这种活动中形成认知冲突，从而突出学习任务。例如，学习分数时，先复习"均分"旧知识；然后将均分对象变为"1"，学生产生了认知冲突。这种任务形成有利于知识的迁移。

3. 直接呈现

教师在课堂开始时，通过言语和文本将学习任务直接呈现出来。例如，学习四边形时，教师直接说出"我们已经认识了长方形和正方形。今天一起来学习一种新的图形"。

（三）内容理解

小学数学课堂教学最根本的任务就是使学生理解数学知识，因此这也是课堂教学的中心环节。但是这一环节的目标并不是简单地让学生知道"是什么"，更重要的是引导学生理解"为什么"；不是简单地让学生"学会"，更重要的是让学生学会"如何学会"。

（四）学习评价

评价也是一个重要的环节。评价活动贯穿于整个课堂之中，不能将它与师生的数学教学活动分离。而且，评价的目的是帮助学生反思自己的学习过程，调整学习方式，而不能简单地看作是教师调控课堂教学的手段。最后，评价活动也并非总是以教师为主，更多的应该产生于学生之间的交流和分享活动中。

以上以数学课堂教学为例，说明了教学活动的基本环节。广义的教学过程也具有相似的五个基本阶段：心理准备、领会知识、巩固知识、运用知识、检查效果。

第四节　选择教学策略

一、教学策略的概述

（一）教学策略的含义

从教学设计的角度看，教学策略指为了高效地达到既定教学目标而采取的综合措施，即在确定教学目标以后，教师要根据既定的教学需要、教学条件、教学任务和学生的特征进行综合性的思考，有针对性地选择相关的教学内容、教学组织、教学方法和技术，形成有效的特定教学方案。它是教学设计中最重要的环节。教学目标及其相关分析主要解决的是"做什么"和"做到什么程度"的问题，是对教学结果的设计；而教学策略的制订主要解决的是"如何做"的问题，是对教学行动的设计。[①]

（二）教学策略的特点

教学策略具有以下五个方面的主要特征。

1. 教学策略的指向性

教学策略是为实际教学服务的，策略的选择是指向具体教学目标的。教学策略只有在具体的条件中才会发挥它的价值。因为教学策略都是针对特定的问题情境、教学内容和教学目标的，并不存在一劳永逸的教学策略。当完成了某一既定任务时，一个策略的应用目的就已经达到，教师必须探索新的策略。

2. 教学策略的综合性

教学过程是一个相互联系、相互作用的整体，其中任何一个子过程都与其他过程有着千丝万缕的联系。因此，在选择和制订教学策略时，必须连同教学需要、教学所要解决的问题、教学的内容和学生的特征一起进行综合性地思考。在此基础上，对教学进程和师生之间相互作用方式做出全面的安排，并在实施过程中及时地给予反馈和调整。

3. 教学策略的可操作性

教学策略不是抽象的教学原则，它是针对教学目标的具体要求制订的，是可供教师和学生参照执行的方案，具有与之相对应的方法、技术和实施程序。因此，教学策略必须具有可操作性。从这个角度来说，教学策略就是达到教学目标的具体实施计划或方案，可以通过转化为教师的外部动作来实现教学目标。

4. 教学策略的灵活性

教学策略不是万能的，不同的教学目标应该采取不同的教学策略，不存在对所有情况都适用的教学策略。同时，教学策略与教学问题之间并不是完全的一一对应关系。同一策略可以用来解决不同的问题，不同的策略也可以用来解决相同的问题。另外，教学策略的运用还会因为问题情境、目标、内容和教学对象的不同而不同。当面对同一教学对象时，不同的教学策略会产生不同的效

---

① 刘国权. 小学教育心理学. 北京：人民教育出版社，2004.

果；面对不同教学对象时，即使采用相同的教学策略教授相同的内容，也会产生不同的效果。

5. 教学策略的层次性

教学具有不同的层次，达到教学目标的手段和方法会因为教学层次的不同而不同。教学策略既可以由理论推演而来，又可以是对教学实践经验的总结和概括。由于理论推演和经验概括的水平不同，教学策略也就适用于不同的教学层次。另外，不同层次的教学策略之间是相互联系的，较高层次的策略可以进一步分解为较低层次的教学策略，并指导和规范较低层次的策略。

(三)制订教学策略的依据

有效教学策略的制订或选择的基本依据主要包括教学目标、教学对象、教学实施者等方面的因素。[①]

1. 教学目标是制约教学策略制订或选择的决定性因素

教学策略是完成特定教学目标的方式，不同的教学目标和教学任务需要不同的策略去实现。例如，同样是科学课程，如果目标是掌握基本原理，提高学习兴趣，那么制订策略时应考虑与日常生活紧密联系，增加趣味性和实用性；如果是培养有科学天赋的学生，激发其探究的欲望，那么制订策略时应考虑给予有一定难度的材料，满足其求知欲。教学目标是制订和选择教学策略的前提。

2. 学生的初始状态是制约教学策略制订或选择的基础

教师的教是为了学生的学，教学策略要与学生的基础条件和个性特征相符合。学生的初始状态是指学生现在所具有的知识、技能水平心理发展水平等。这些初始状态决定了教学起点，教学策略的制订和选择必须考虑学生在智力、能力、学习态度、班级学习氛围等方面的初始状态。对学生初始状态的分析是制订和选择有效的教学策略的基础。

3. 教师自身的特征是制约教学策略制订或选择的重要条件

教学策略的有效运用是通过教师来实现的，因此，每个教师在制订和选择教学策略时都要考虑到自身的知识、能力、性格等各方面的条件，尽量选择符合自己特征的教学策略，扬长避短。教师只有在教学中实现教学内容和个性的有机结合，才能真正提高教学效果。

4. 教学环境制约教学策略制订或选择的有效性

教学环境是教学活动赖以进行的重要因素，包括有形的物质环境和无形的

---

① 张大均，郭成. 教育心理学纲要. 北京：人民教育出版社，2006.

心理环境。尽管教学环境表面上是相对静止的，但实质上却对教学过程发生着潜移默化的影响，并系统地影响教学活动的效果。所以在制订教学策略时，要充分考虑现已具备的客观条件。

5.教学内容的特点影响着有效教学策略的选取

内容决定方式。一般来说，不同学科性质的教材，应采取不同的教学策略，而某一学科中的具体内容，也要采用与之相适应的教学策略。

二、几种典型的教学策略

(一)掌握学习的教学策略

1.掌握学习教学策略的含义

掌握学习是由美国心理学家布鲁姆提出的一种适宜于后进生并能够促使全体学生都得到发展的教学策略。该策略是将学习内容分成若干个小的单元，学生每次只学习一个小的单元，然后参加考试，直到学生以 80％～100％ 的掌握水平通过考试时，才进入下一个单元的学习。

布鲁纳认为，学生学习上的个体差异并不是个体所固有的，大多数都是人为的和偶然的，在适当的学习条件下，好与差、快与慢的学习特性是可以改变的。

2.掌握学习教学策略的程序

以包含 30 篇课文的一册小学语文书为例来说明掌握学习教学策略的应用。

(1)小的、分离的单元。首先将 30 篇课文划分成 8 个教学单元，每个单元的教学时间为两周。

(2)逻辑序列。按照直线式或层次式安排好互相衔接的材料，将各个单元按照一定的规则进行逻辑序列的排列。

(3)掌握水平的检验。确定每个单元的掌握目标，这些目标要具体、可观察。然后进行教学。在学生每一个单元学习结束时，通过考试来检验其掌握水平，只有学生达到 80％～90％ 掌握水平时，才能进入到下一个单元的学习。

(4)提供指导措施。学生并非能够一次性通过考试检验，对于需要帮助的学生，教师要提供有针对性的教学方法、参考书、个别指导等额外的帮助或练习。

(二)先行组织者的教学策略

1.先行组织者教学策略的含义

先行组织者是奥苏贝尔提出的一种教学策略，是指开始上课时呈现一种起组织作用的抽象概括程度较高的材料，即将教学的起点确定为学习层级的较高点，先呈现一般的、较抽象的概念和原理作为先行组织者，然后再逐步分化，最后达到融会贯通。

2. 先行组织者教学策略的程序

先行组织者策略的指导思想就是通过提高学生原有认知结构的可利用性、可辨别性和稳定性，促进学生学习中的认知同化。以四年级语文《天鹅的故事》为例。其教学过程一般包括三个步骤：

(1)先行组织的呈现者。采用学生熟悉的语言呈现先行组织者材料，为新的学习提供一个认知的框架。如：老师在正式进行本课识字之前，引导学生回忆，在之前生字词的学习过程中，强调应注意哪些方面，总结的一般学习方法是什么。

(2)新知识的讲授。在此阶段，既要注意维持学生的注意，又要对学习材料进行清晰的组织。新材料可以通过讲授法，也可以通过其他方法，如小组讨论等方式呈现。例如：教师可以按照学生给出的答案顺序进行识字教学，并要求学生先自主学习，然后再进行当堂汇报。

(3)巩固新旧知识的联系。其目的是加强学生把新知识与教师提出的先行组织者的联系。教师可采用的措施有：第一，提示学生如何对新知识的具体细节进行归纳；第二，提问学生，看其是否理解新知识，是否能够将新知识与原有知识进行联系；第三，让学生自己提问，对学科的内容进行评价。如：课堂汇报完毕以后，老师给予补充和适当强调，以巩固学生新学的知识与旧知识之间的联系。

(三)科学探究的教学策略

1. 科学探究教学策略的含义

舒赫曼(R. P. Schuhmann)在认真观察科学家的创造性探索活动的基础上，依据布鲁纳的"发现学习"教学策略，通过科学分析而提出了科学探究教学策略。布鲁纳和舒赫曼认为，学生天生对一切事物都有兴趣，这种自发的好奇心会驱使他们在遇见陌生的现象时尽力寻找原因。因此，教师的作用是积极地为学生创设问题情境，鼓励学生提出问题、分析问题、提出假设并找到问题的解决方案。

2. 科学探究教学策略的程序

以小学数学内容"积与因数的大小关系"为例来说明科学研究教学策略主要包括四个阶段：

(1)教师要向学生呈现一个问题情境。向学生提问：现在有两个数，如果要是他们的结果最大，加、减、乘、除四种运算，你会选哪一种？学生会给出自己的答案。

（2）学生独立地收集信息并进行实验。给学生呈现两个数字，让学生自己利用四种运算来验证。如 3 和 5、3 和 0.5。

（3）在学生收集信息并进行实验后，教师应鼓励学生自己对问题做出解释。教师要让学生比较两组数据的结果，鼓励学生对结果进行猜想。

（4）组织学生共同讨论，帮助学生对解决问题的过程进行反思。让学生将自己的发现在小组内进行交流，相互探讨、补充；然后小组汇报，集体交流；最后老师进行讲解，帮助学生理解规律。

（四）合作学习的教学策略

1. 合作学习教学策略的含义

合作学习教学策略是采用异质性小组作为基本形式，以小组成员的合作性活动为主体，以小组的目标达成为标准，以小组的总体成绩为奖励和评价依据的教学策略。[①]

教师要采用合作学习的教学策略，必须先树立课堂教学观：第一，不仅要重视教师与学生的交往，更要重视学生与学生的交往；第二，要建立融洽的师生关系和生生关系，充分信任每一个学生，帮助他们在交往中找到自己最恰当的位置；第三，要面向全体的学生，教学交往要尽可能地实现学生之间的直接交往；第四，教学交往是为了实现一定的教学目的，因此，要根据不同的教学目的创设多种教学交往形式。

2. 合作学习教学策略的程序

以小学四年级的一篇选读课文《这片土地是神圣的》为例来说明合作学习教学策略的实施环节。

（1）目标分析。在开始阶段，教师要帮助学生对教材进行教学目标分析。这篇课文属于选读课文，通过本文的教学，要求学生能梳理文章的结构，理解文章表达的对土地的热爱之情，感受作者浓郁的抒情风格和独特的抒情方式。

（2）分组活动。将全班学生分为 4～5 人的若干个小组，学生先独立阅读课文，再根据理解，设计 5 个自认为重要的问题，并做好解答，然后小组谈论交流。

（3）教学巡视。教师要不断巡视，对于设计较好的小组要给予表扬。对于个别学生，可以进行个别辅导。

（4）成果展示。采用一定的形式，将学生的所有学习成果进行展示。例如

---

① 夏凤琴. 教育心理学. 北京：高等教育出版社，2010.

让每个小组向全班同学展示本小组设计的问题。

（5）即时评价。评价包括两种：一是自评，即学生自我评价；二是互评，即组内学生之间的相互评价和小组之间的相互评价。例如：其他同学可以回答上述提出的问题，也可以指出问题设计的优点和缺点。最后，老师还要对优秀的小组进行奖励。这样，使学生在自主学习的基础上通过合作探究，既培养了提问意识和能力，又弥补了个人考虑问题不全面、不彻底的不足，激发学生学习的兴趣。

三、教学策略的选择

教师承担教学任务时，应注意教学策略选择的有效性，既要考虑教学策略是否能够实现教学目标，还要考虑教学策略是否能够提高或保持学生学习的积极性。因此，教师在选择教学策略时，尤其要注意以下四个方面。

（一）教学策略的指导思想

任何一种教学策略都是以一定的教学理论和学习理论为指导思想，教学策略不同，指导思想也存在差异。当前的各种教学理论和学习理论既有真理性，又存在局限性。因此，教师在选择教学策略时，必须首先考察其指导思想，充分了解其理论背景，明确该教学策略的优势和不足，做到扬长避短。如果指导思想不正确，就难以保证教学目标的实现，也不利于学生的学习积极性的保持和提高。

（二）教学目标的特点

教学目标是制约教学策略选择的决定性因素。教学目标不同，所应采取的教学策略也不同。例如，对于认知性目标，选择教学策略时应重视对知识点进行系统的组织和优化，采用最优化的教学设计，力求最大限度地缩短学生从较低的认知水平到较高的认知水平的发展历程；对于情感性目标，应重视对教材本身所蕴含的情感因素进行挖掘，充分发挥教师自身情感的优势，促使学生逐渐由被动地接受反应向主动地追求转变，使学生从中受到熏陶，形成价值观念并内化为自己的品质；对于技能性目标，应重视帮助学生对"为什么要这样做"的明确，引导学生认真地思考和观察，使其能够容易地掌握技能。

（三）教师的心理特点

教师的心理特点是影响教学策略制定或选择的有效性的主观因素，包括教师的教学观念、知识经验、教学风格、心理素质等。在教学过程中，由于教师是教学策略制定、实施和监督的主体，因而教学策略的选择或制订会倾向于与其教学观念、知识经验、教学风格、心理特征相一致。当教师接受了某一教学理念时，便会采用与之相对应的策略。知识经验丰富的老师，能够根据各种具体的教学环境和学生的需要，有针对性地选择或制订相应的教学策略。另外，教师的教学风格和心理特征也在一定程度上制约着有效教学策略的选择和制订。

(四)学生的心理特点

教师的教学策略的选择也会受到学生的心理特点的影响。因为学生的认知特点决定了什么样的教学策略是有效的，所以，教师在选择或制订教学策略时要充分考虑学生的思维结构和心理发展的阶段性，并采取相对应的形式和策略。另外，学生的情感、意志、个性倾向等其他心理品质也会影响到教学策略的选择或制订，需要教师灵活地运用各种教学技能，采用多种教学形式来引导学生的学习活动。

总之，教师在选择或制订教学策略时，既要重视分析目标和学生起始状态，又要努力发挥自身主观能动性，充分利用自身特征中的积极因素来促进有效的教学策略的选择或制订，还要注意克服教师自身特征中的消极因素的不利影响。

第五节　实施教学评价

一、教学评价的概述

(一)教学评价的含义

迄今为止，对于教学评价的定义尚无统一的看法。许多学者从不同角度对其进行了界定，这主要与评价发展的不同时期人们对教学评价的认识不同有关。[1]

具有代表性的定义是，教学评价(evaluation of teaching)是指评价者在收集教学过程中必要信息的基础上，依据一定的标准对教学目标的实现程度进行判断和决策、反馈和调控的活动过程，是教学工作中的一个重要环节，其实质是一种对教学活动和教学效果做出价值判断的过程。其构成包括评价者、评价对象、评价方法、评价标准等基本要素。它不仅为教师调整和改建教学提供了充足的反馈信息，而且是家长、学校和社会了解学生学习情况、鉴别学生成绩

---

① 张大均，郭成．教育心理学纲要．北京：人民教育出版社，2006.

的主要方式。

(二)教学评价的原则

好的教学评价方法可以促使小学教学工作向积极的方向发展，但是错误地使用了评价方法或是评价标准不恰当，会阻碍教学的开展。因此教学评价的积极作用的发挥，需要遵循以下的原则。[①]

1. 科学性原则

科学性是指教学评价应该按照教学评价活动本身的客观规律进行，采用科学的评价指标体系作为标准，在此基础上对评价对象做出价值判断。小学教学评价必须以正确的教育思想和教学理论为指导，遵循课堂教学的规律、原则和特点。

2. 客观性原则

客观性原则是指教学评价必须采取实事求是的态度，以客观事实为基础，严格执行评价标准，不能掺杂个人情感和主观臆断。因为教学评价的目的在于给学生和老师以客观的价值判断，如果缺乏客观性，就会导致做出错误的教学决策。

3. 发展性原则

发展性原则是指教学评价应该以激发学生的学习积极性、促进学生的全面发展和提高教学质量为目的。教学评价并不仅仅是单纯的评价，更重要的是使学生能够从中发现自己的优缺点，了解今后一定时期内的发展方向。从教育管理的角度，教学评价能为教师教学提供指导。

4. 整体性原则

小学教学涉及教师的教和学生的学双向活动，也是促进学生知识、智能、个性发展的关键时期。构成教学过程的各个要素不仅独立发挥作用，而且相互关联、相互影响，形成整体的功能。在具体评价时，评价者要注意处理好教与学、知识和技能的传授与智能的发展、教学与教育这三个关系。

5. 主体性原则

主体性原则是指在进行教学评价时，承认学生在评价中的主体位置，充分发挥其主观能动性，使其自觉、积极地参与评价活动。因为教学评价的最终目的是为学生的发展服务的，学生发展的需要就是确定评价标准的依据。因此，教学评价的实施要转向以学生为主体的评价，提高学生的主体意识，增强学生对教学评价的参与感和自我体验。

---

① 李朝辉. 教学论. 北京：清华大学出版社，2010.

（三）小学教学评价的作用

任何教育评价都有自己特殊的作用。小学教育评价主要有四大作用。[①]

1. 促进小学生学习与发展

小学教学评价的首要作用是通过评价促进学生的学习和发展。在小学教育中，主要表现为：首先，通过评价指标的确定，有效地为学生的学习定向，明确要完成的学习任务、达成的学习目标。其次，通过评价过程的开展，学生可以从教师或者自己的评价中，及时了解学习的进程和表现情况，形成一种反馈通路，使学生的学习过程实现自我调节的良性循环，进而获得不断发展。最后，评价也是一种激励手段，小学生学习的顺利进行，最主要的条件就是学生具有学习动机。自我检查和评价有助于学生对学习过程和学习结果的了解。

2. 改进小学课程

我国小学教育课程改革的一个重要方向就是学校和教师成为课程研制的主体。因此，小学教育评价还要针对课程发展本身进行评价，如课程方案合理的程度、课程与学生的互动情况等。良好的小学教育评价可以有效地促进课程的完善。

3. 优化小学教学

小学生的学习和小学教师的教学是一个问题的两个方面。小学生的学习要求的理想的效果，必须要在教师的指导和协助下才能完成。通过小学教育评价，教师可以在指导和帮助学生展开学习过程中，找到改进教学行为与策略的基本依据，从而改善自己的教学工作。另外，评价还为学校各项教学决策提供了客观的依据，从而改进学校课程开发与管理的能力，使之发展出更适合学生需要的学习文化。

4. 提升小学教育

小学教育是一个整体，小学教学评价具有提升学校教育质量的作用。通过评价，学生学习与发展得以实现，课程内容和形式得以完善，教学质量得以优化。另外，通过评价，小学的办学理念得以更新，小学教育思想得以发展，小学教育环境得以优化，小学教育活动得以创新。这都能够促进小学教育质量的整体提升。

二、小学教学评价的价值取向和类型

（一）小学教学评价的价值取向

当前，由于教学评价作用的错误理解，许多教学工作者对评价感到失望，

---

① 黄甫全．小学教育学．北京：高等教育出版社，2007．

或是曲解了教学评价的结果。这主要是教学评价的价值取向问题。与其他阶段的教学不同，小学教学评价有着自己独特的价值取向。总体而言，小学的教学评价重视动态的、持续的教与学的过程和学生的表现与进步；具有多标准、多形态的特点、强调基于真实性的背景驱动的评价等。[①]

1. 以"发展取向"代替"甄别选拔"

传统教学评价在很大程度上都是基于甄别选拔的目的，通过对学生的不同能力水平和对知识的不同掌握程度的区分，将每个儿童分配到相应的社会地位上去。在小学教育实践中，其具体表现为通过评价来对学生进行等级排序，然后依据优秀的等级给予相应的奖励和社会地位，比如"三好学生"、班干部等。但当代小学教学的评价应该注重学生的发展。一方面，评价是为了给学生提供反馈信息，指出其在学习中所存在的问题，防止走入误区；另一方面，评价是为了给学生提供自我强化的机会，促使其在认知、情感、态度、道德行为规范和价值等方面获得进步，为以后更好地学习和发展奠定基础。

所有对教学的评价，最终都是指向学生学习的，即都要为学生的学习服务，以学生的学习为基本立足点，促使学生的潜能能够获得最大限度地发挥。

2. 以"整体关联"代替"唯智倾向"

传统教学评价的标准具有单一性，更多的是依赖于某一团体的或阶层的价值观确定的单一标准。但人存在的意义在于其功能性的本质，即在与他人的关系中得以存在，因此，教学评价应该通过结合与评价有关的各方面的活动、融汇多种价值观，形成普遍接受的多元标准。

心理学家加德纳认为：儿童的智力并不仅仅表现为传统意义上的一般智力，而是存在多种不同的智力。以此为基础形成的多元智力评价模型，为教育评价提供了新的依据和视角。另外，小学教学评价还要关注学生参与学习活动的态度，在学习活动中表现出来的实践能力、合作精神和创新精神，对学习方法和学习策略的掌握情况。这一切使得学生的学习评价成为了一个相互关联的整体。

3. 以"动态生成"代替"静态表现"

教学评价不仅需要对学生学习的最终结果进行评价，还需要以一种动态的眼光对学生在学习过程中的表现进行评价，即小学教学评价除了关注学生现在的表现和最终的结果表现，还要关注学生在学习过程中的进展情况，关注其动态变化过程，关注其所形成的可持续发展和终身学习的能力。动态演化成为了

---

① 黄甫全．小学教育学．北京：高等教育出版社，2007.

看待学生成长和发展的基本价值观念，但这一价值取向还涉及过程评价和结果评价、形成性评价和总结性评价相统一的问题。一般而言，动态生产的价值取向首先强调的是过程评价和形成性评价占据主导地位，关注学生学习的过程；其次强调的是以发展的眼光来看待学生的学习活动，关注学生的进步和发展。

4. 以"多元主体"代替"一元权威"

传统的教学评价大多数是由教师和权威专家进行的，这是一种一元化的评价活动。根据当代小学教育发展的趋势以及小学生学习的特点和目的，对教学的评价需要的是一种多元化的评价主体，即将学生、家长、教师、专家甚至是相关的社会人士都纳入到评价共同体中。

多元主体在教学评价实践中的主要表现就是自评和他评的相互结合。自评是指学生根据自己的评价标准体系对自己的学习活动或发展状况进行自我评价，其实质是一个自我认识、自我分析和自我提高的过程。目前，自评受到了越来越多的重视，尤其是在以发现学生的问题，促进学生的发展为目的的发展性评价中。但是自评最大的缺陷在于缺乏一个客观的统一标准，其主观性太强，容易导致对成绩或问题的估计与实际水平不相符合的情况。因此，需要将自评和他评两种方式整合起来使用，既有利于他评的结果被学生接受，也有利于发挥评价所具有的激励和调节作用。

(二)小学教学评价的类型

教学评价活动多种多样，根据不同的标准可以分为不同的类型。①

1. 根据教学评价的标准

根据教学评价的标准不同，可以将教学评价分为相对性评价、绝对性评价和个体内差异评价。

(1)相对性评价。指学生与团体中其他成员比较而进行的评价。其评价标准是设在团体之内的，即把个人的成绩和其他成员的成绩比较，从而明确自己在团体中的相对位置。它的基本特点是评价对象群体的整体情况决定着每个成员的水平，标准源自该群体，也只适用于该群体，标准会随着群体的不同而发生变化。相对性评价的标准适合于以选拔为目的的教学评价活动，但是容易导致激烈的竞争，对教学产生负面的影响。

(2)绝对性评价。指对完成既定目标的程度进行的评价。这种评价的标准是设在评价对象所在团体之外的，与团体没有直接的关系。其特点是评价标准不受评价对象群体状况的影响，评价结果的好坏只与自身的绝对水平有关，与

---

① 李朝辉. 教学论. 北京：清华大学出版社，2010.

所在群体无关。绝对性评价关心的是对象是否达到目标以及达到的程度，是以达到目标的形式把评价内容表现出来的，因此，它适合于以鉴定资格和水平为宗旨的教学评价活动。

(3)个体内差异评价。个体内差异评价是一种把个体的过去和现在进行比较，或者把个体的有关侧面进行相互比较，从而得到评价结论的教学评价活动。其评价标准来源于个体的内部。个体内差异评价充分考虑了个体的差异和发展，能使评价者和评价对象准确地了解到个体的优点和缺点，以及努力的方向，也不会给学生造成竞争压力。在教学实践中，它常作为改变后进生的措施而被使用，并获得了很好的效果。

2. 根据教学评价在教学活动中的阶段

根据教学评价在教学活动中的不同阶段，可以将教学评价分为诊断性教学评价、形成性教学评价和总结性教学评价

(1)诊断性教学评价。又称为准备性评价，是指在教学活动开始之前，为使计划更加有效地实施而进行的评价。其目的是通过对教学中可利用的条件、教学环境和教学背景以及学生的能力、知识、学习特点等方面做一定的了解和分析，为教学设计提供相关的依据。

(2)形成性教学评价。又称为过程评价，是指在教学活动进行的过程中，为改进和完善教学活动而进行的对学生学习过程及结果的测定。其目的是为了明确活动运行中存在的问题和改进的方向，及时地修改或调整活动计划，以期获得更加理想的结果。形成性评价主要有三种形式：一是为课堂教学提供即时反馈的即时性评价，如对学生在课堂提问中回答的认可；二是课堂小测验或家庭作业，有利于教师对全部学生当堂学习情况的了解，并及时地做出教学调整；三是单元小测验，有利于教师对全部学生在某一时期学习情况的了解，并做出教学中的调整。

(3)总结性教学评价。又称为事后评价，是指在课程或一个教学阶段结束后，对学生学习结果的评定。这类评价一般是在学期或学年结束时进行。其目的是评价学生的学业成绩与学生达到教育目标的程度，确定学生在后续教学活动中的起点，为制定新的教学目标提供依据。评价的概括水平一般较高。

3. 根据教学评价在教学活动中的作用

根据教学评价在教学活动中的不同作用，可以将教学评价分为水平性评价、选拔性评价和发展性评价。[①]

---

① 迟艳杰. 教学论. 北京：高等教育出版社，2009.

（1）水平性评价。对学生现有的知识、能力水平和发展状况的考察，其主要依据是课程和教学大纲，可以是对学生学习一段时间之后的检验，也可以是对教学全过程的检验。其目的是通过对学生现有水平的掌握，为以后的发展提供资料。

（2）选拔性评价。在学生之间进行的横向比较，即依据一定的标准对学生在某一方面进行的检测，比如学业成就。其目的是甄别优劣，选拔人才，最典型的就是升学考试。

（3）发展性评价。教师运用有效的方法和评价工具，收集学生学习表现信息，判断学生综合素质的发展程度，促进学生进步的评价过程，是对学生现有的发展水平的考核，其目的是为了更好地改进学生的学习，促进学生的发展。

三、小学教学评价的范围与步骤

（一）教学评价的范围

从广义上讲，教学活动的范围就是教学评价的范围。在实际教学评价过程中，人们往往根据需要的不同，选择不同的范围进行评价。目前，较为广泛的教学评价主要是围绕着以下三个方面进行的。[①]

1. 教学结果

这是教学评价最传统，也是最主要的范围。对教学结果的评价是总结性的评价，侧重于对学生知识、技能的掌握和提高程度，以及一般能力和学科能力的发展程度的测定。对教学结果进行评价，可以帮助人们从整体上了解教学质量，判断教学目标的达成程度和教育任务的完成程度。

对教学结果的评价只能反映教学的总体水平和质量，不能全面地反映教学过程中各个要素的发展变化及其原因，不能及时地提供调控信息，所以还必须对教学过程中的动态行为进行评价

2. 教师的教学行为

对教师教学行为的评价是在动态的教学过程中进行的，所得评估结果具有诊断性和及时性。教师的教学行为多种多样，不同的具体行为，评价的着重点也存在着差异。从教学环节的角度看，教学行为包括备课、上课、批改作业、学习考查等一系列的具体行为。从其他的角度看，还可以将教师的行为分为教学设计行为、组织实施行为、课题管理行为、人际交往行为等。总之，教学行为的评价是教学评价的一个主要组成部分，有利于提高教学评价的全面性和准

---

① 夏凤琴. 教育心理学. 北京：高等教育出版社，2010.

确性。

3. 学生的学习行为

课堂中，学生的学习行为是丰富多样和不断变化的，是在教与学的双向活动中变化发展的，即学生的行为既受到教师行为的影响，也反过来影响教师的行为。以往的教学评价大多只关心学生学习的结果，以对学习结果的评价代替对学习行为的评价，既缩小了教学评价的范围，又会影响评价的效果。通过对学生课堂行为的动态观察、评价，可以获得大量的真实的资料，有助于了解、判断教学现状及其效率，提供改进学生学习、提高教学质量的信息。

(二)小学教学评价的步骤

一般的教学评价过程主要包括以下六个步骤。①

1. 依据对象，制定标准

在评价开始前，首先要明确教学评价的问题、目的、对象和内容。在教学评价过程中，还需要制定教学评价标准。评价标准的确定是教学评价的关键环节，它在很大程度上决定着评价结果的信度和效度，决定着评价工作的成败。

尽管不同的策略和方法对标准的制定会有不同的具体要求，但是理论上，评价指标的确定必须以科学的教学思想为指导，以教学大纲和教学评价的目的为依据，从而确定哪些因素是需要评价的，哪些因素是不需要评价的，哪些因素是主要的方面，哪些因素是次要的方面，使得评价指标成为评价目的的具体化。

2. 制订计划，确定方案

在确定了评价标准后，就需要制订计划和方案。计划是对整个评价过程在时间上的统筹；方案则是把时间、地点、人员、资源、方法、技术、流程等进行组合安排，作为评价进行的依据。

评价的方法很多，需要根据评价的目的、标准进行选择，既要注意评价方法的全面要求，又要分清主次，同时要讲究实效，使方案具有科学性、灵活性和实践性。

3. 收集信息，整理资料

收集系统信息进行判断是教学评价的重要前提，包括课程设置、活动组织的情况、实施教学的资源和条件。根据方案收集与学习活动相关的各种信息和资料时，要注意考虑先在因素、实施因素和结果因素。教学评价的信息收集要从主体和客体两个方面来进行，因此，教学评价主要包括两大类的信息：一是

---

① 黄甫全．小学教育学．北京：高等教育出版社，2007.

客体本身的以及它与其他相关可以之间关系状态的信息；二是价值主体需要的信息。

计划是实施教学评价的行动纲领，如果不按照计划实施评价，就会使得评价工作不能有序地进行，导致工作紊乱，效率低下。因此，在这一阶段，评价者需要合理地运用上一阶段选择的方法，保证信息收集和整理的达到一定的质量要求。这一阶段的工作质量将直接关系到评价结果的准确性和可靠性。

4.分析资料，做出判断

采用不同的方法收集到的资料具有不同的表现形式，而且相对零散，尤其是运用质性研究方法获得的资料。研究者需要运用各种技术对收集到的信息和资料进行整理和分析，从那些复杂和零散的资料中获取有价值的信息，然后得出结果，做出判断。

对评价资料的处理，既可以是量化的统计分析，也可以是质性的资料解读。研究者不管采取何种方法，都要求是对学生、教师、课程以及学校发展的内在的真实表现的探求，而不是表面的假象。

5.形成报告，推广反馈

这一阶段的主要任务就是在信息分析的基础上，对教学评价信息进行综合性的描述、判断，按照一定的形式形成书面文件，并根据评价所要解决的问题与评价的目的，对结果做出解释，并为教育教学决策者提出相应的意见和建议，向学生和教师提出反馈意见，肯定成绩，指明努力和改进的方向。

教学活动的评价报告，应该注重学生、教师、课程以及学校的可持续发展，因此报告中的结果等级或分数应该重点反映学生、教师、课程以及学校的动态发展和完善的进程，以及在这个动态进程中体现出小学学习活动的价值和学生的进步状况。即评价报告既要体现一次学习活动的进程和结果，还要有意识地将其作为下一次学习的基础。

6.进行元评价，反思提升

提供反馈后并不意味着一次评价活动已经结束。元评价是指在一次教学评价活动之后，为了检查评价过程和结果的合理性而对评价工作本身进行的评价，其实质是一种评价的自我反思和提高。元评价的目的是检验评价工作的质量，为及时地纠正错误、增加工作的有效性、提高今后的工作水平提供有效的信息服务。

对教学评价工作进行再评价，是保证评价工作可靠性和有效性的重要措施，有利于提高评价结论的客观性、权威性，有利于教学评价目的的实现。关于教学评价的元评价，主要包括：教育评价理论基础、教育评价理论框架体系、教育评价结构与功能、教育评价方法体系即监控机制等。

复习与思考

1. 什么是教学设计？教学设计的理论基础有哪些？
2. 什么是教学目标？教学目标的分类。
3. 请说明教学过程中存在的基本问题。
4. 请说明几种典型的教学策略。
5. 小学教学评价的价值取向和步骤。

推荐阅读

1. 夏凤琴. 教育心理学. 北京：高等教育出版社，2010.
2. 徐英俊. 教学设计. 北京：教育科学出版社，2001.
3. 姚本先. 儿童发展与教育心理学. 合肥：安徽大学出版社，2002.
4. 张大均，郭成. 教育心理学纲要. 北京：人民教育出版社，2006.
5. 李朝辉. 教学论. 北京：清华大学出版社，2010.
6. 韩桂凤. 现代教学论. 北京：北京体育大学出版社，2003.

第九章　小学班级心理辅导

本章重点

- 小学儿童心理发展的特点
- 小学儿童心理健康的表现
- 学校心理辅导的原则与途径
- 班级心理辅导的要素

　　人的一生是一个适应过程，学校心理健康教育的重要任务之一是帮助孩子适应。学校心理辅导的目标可分为发展性目标和防治性目标。班级心理辅导是以团体动力的理论和团体心理辅导的技术为基础，以解决学生成长过程中的共性问题为目标，以班级为单位开展的一种集体心理辅导活动。小学班级心理辅导主要解决学生的发展性目标，通过提高全体学生学习与生活、人际交往和社会适应性等方面的心理素质，充分开发他们的潜能，促进他们心理健康。

第一节　小学儿童心理健康

　　从个体的生理发育与社会成熟的角度出发，人的一生可以划分为婴儿期、幼儿期、儿童期、青少年期、成年期和老年期六个阶段，每个阶段都有不同的发展任务和发展危机。儿童期从 2 周岁开始到 12 周岁止，又可细分为前期和后期。小学儿童的年龄正处于儿童后期（6—12 岁）。小学时期是儿童发展历程中的一个重要时期，是儿童开始学校生活的第一个阶段，是儿童学习掌握各种基本技能、掌握人类科学文化的基础知识，并为进一步学习打基础的时期。小学时期也是儿童个性发展的重要时期。

一、小学儿童心理发展的一般规律

　　小学生自从走入学校大门的第一天起，便翻开了人生新的一页。他们在学校里学习知识、接受教育，在认知、情感、意志、性格等多方面都发展很快。教师和家长应了解小学生的心理特点，遵循其心理发展规律开展教育和教学活动。

（一）小学儿童心理发展的特征

1. 小学初期儿童心理发展的特点

小学 1～2 年级的儿童，其大脑的高级神经活动的基本过程较幼儿有所增强。这一阶段，学生的条件反射比以前更容易形成，形成后也比较巩固，不易泛化，从而保证了学生能学习更多的内容，并对学习的内容进行精确的辨别。在学习过程中主要依赖第一信号系统。小学视觉感受性增长速度最快，在体育学习活动中运用视觉的机会特别多，学生初步掌握左右方位的相对性。观察事物与学前儿童相似，观察的目的性、持续性、概括性都较差。观察事物往往注意事物的新鲜性、有趣性或是较为明显的特征。

刚入学的儿童擅长具体形象记忆，儿童的有意记忆、有意再现逐渐发展。儿童往往易于掌握具体、可感知事物的概念。已经能够掌握一些简单的概念，并能进行初步的判断、推理，但不能自觉地调节、论证自己的思维过程。儿童想象力在幼儿的基础上，随着生活经验的不断丰富、知识的增长，能按照教师的要求，进行相应的想象活动，其想象富于模仿性、再现性，想象往往是事物的简单重现，儿童想象常常与现实不符，往往更容易被童话、动画等吸引。

此阶段儿童的注意的特点是以无意注意为主，既没有预定的目的，也不需要意志努力，喜欢注意新奇有趣、吸引人的事物和学习材料；他们的注意力容易分散和转移。事物、人物、活动的形状、颜色、声音、形象等具体的刺激比较容易引起他们的注意。注意的稳定性较差，易受新奇刺激的吸引，注意保持的时间短暂，约为 20 分钟，注意范围比较狭小，不善于分配自己的注意力，不善于根据活动任务把注意力从一件事情主动转移到另一件事情上。

学习兴趣是促使儿童自觉从事学习活动的一种重要的推动力，是一种特殊的学习动机。小学初期儿童的求知欲主要表现为提问、探索、摆弄物体；美感的产生容易受事物外部特征的影响，对美的体验仅仅与事物的具体形象相联系。他们还不善于真正的学习活动，要使小学儿童能把学习当作是一种有目的、有系统的专门活动来对待，关键在于发展他们的目的性和自觉性等意志品质。要向学生提出明确的学习任务，如指出作业的具体要求是什么、应当记住什么等；教会学生掌握完成任务的方法，如怎样观察、怎样思考、怎样运用知识去解决问题等。

小学初期的儿童其情绪往往是与个别具体事物相联系的，情绪稳定性较差，情绪容易冲动、较外露，情绪的调控能力较差。他们往往依赖外部的他控来调节自我情绪。他们的行动缺乏明确的动机与目的性，常常是按教师和家长的要求去行动。意志的自觉性较差，常需要外力督促检查才能完成任务，低年级的学生自制力很差，易受外力和情绪的影响，而表现出冲动性的特点。

小学低年级的儿童批判性和独立性的自我评价能力较差，他们喜欢肯定自己的行为和活动，以被动调节行为为主。自我意识处于上升时期，道德感逐渐形成，判断是非的标准，往往与具体行为现象联系。没有出现道德信念，这一阶段的学生道德意志薄弱，坚持性差；道德行为往往是通过不自觉的模仿形成的。

2. 小学中期儿童心理发展的特点

处于小学 3～4 年级的儿童，其大脑高级神经活动的基本过程进一步增强，条件反射比以前更容易形成，且形成后也比较巩固，不易泛化，从而保证了学生能学习更多的内容，并对学习的内容进行精确的辨别。在学习过程中神经第一信号系统仍然起主导作用。在观察、了解事物的过程中视觉还占重要的地位。此外，观察事物的目的性、持续性、概括性都有了明显的提高。

他们比较概括地、灵活地掌握左右概念。在教师的帮助下，逐渐学会进行比较、分析、观察事物的特点发现各部分的关系及部分与整体的关系，揭示事物的内在联系。逐渐能将自己的注意力集中到规定的学习内容上，并保持一段时间，中年级的学生迅速转移注意力的能力逐渐提高。已经具有初步的判断、推理，能较为自觉地调节、论证自己的思维过程。

小学 3～4 年级学生的想象力随着生活经验的不断丰富、知识的增长，能进行相应的想象活动，其想象富于模仿性、再现性，想象往往是事物的简单重现，并逐渐与现实相联系。有意注意有了迅速的发展，能够根据预定的目标，将注意力集中于相应的事物和学习材料上。注意的稳定性有了明显的提高，注意保持的时间约为 25 分钟，注意范围逐渐扩大，注意力的分配水平提高，逐渐学会根据活动任务转移注意力。学习动机仍然与学习兴趣密切相关，但此时的学习兴趣已包括直接兴趣与间接兴趣。从小学三年级开始，儿童的学科兴趣开始分化，逐渐发现自己感兴趣的学科。自我意识有了一定的提高。

学生开始真正的学习活动，已经能把学习当作是一种有目的有系统的专门活动对待，尝试自己去进行观察、思考、运用知识解决问题等活动。

学生的情感开始与抽象的价值相联系。但其情感稳定性较差，情感容易外露，情感的调控能力较差，甚至出现自我控制的下降趋势。行动开始具有一定的目的性，不只是按照教师和家长的要求行事，也会根据自己的目标去行动。同时，外力和情绪对其行动仍然具有较大的影响。此阶段儿童的自我评价已具有一定的批判性和独立性。他们的自制力还比较差。道德感不断增强，在理解道德概念时，已能与社会标准相联系，道德信念处于萌芽期。道德意志的坚持性有所提高，道德行为开始从不自觉的模仿向自觉的坚持方向发展。

尽管小学中期的学生已经开始认识到自己应为自己的行为负责，但他们仍会表现出行为的不随意性，由于学生的注意分配能力有限，意志控制能力较差，尚不能完全做到对自己的实践活动进行有意识的调节和控制。情感逐渐转化为与社会、集体相联系，学生道德概念的掌握比较准确，学生自制力有了显著的发展，学生不仅可以指出自己的优点，也能指出自己的缺点，并逐渐学会根据一定的原则进行评价。出现初步的道德信念，但自觉性和坚定性不够。道德行为从直接到自觉、从短浅到远大、从不稳定到稳定、从满足个人到满足社会的方向发展。

3. 小学高年级学生心理发展的特点

小学高年级的部分学生开始进入青春发育期，出现明显的第二性征。进入青春期的学生对异性会产生特殊的内心体验，性意识开始萌芽，渴望了解性知识，探索生命的奥秘。

此阶段的学生自我控制能力出现第二个上升期。随着儿童的抽象逻辑思维的逐渐发展和辩证思维的初步发展，他们的自我意识更加深刻，逐渐发展为以内化的行为准则来监督、调节、控制自己的行为，而且开始从对自己的表面行为的认识、评价转向对自己内部品质的更深入的评价。道德信念表现出一定的自觉性和坚定性。自我意识又出现第二个上升期，学生行为自我控制能力发展较稳定，但由于青春期的到来，女生的行为控制能力略呈下降趋势。

情绪自我控制能力迅速上升，逐渐发展趋于平衡。情绪的自我控制能力在性别上的差异十分显著，在整个小学阶段，大部分男生的情绪控制能力好于女生。到了六年级，学生的认知领域越来越丰富，自我意识基本形成，情绪体验稳定、持久，情绪控制能力有明显提高。随着年龄的增长，学生的独立性和评价能力也逐渐增强，他们不再无条件地服从、信任教师。尽管学习动机仍然与学习兴趣相联系，但此时学生的间接兴趣有了明显的发展。表现出集体主义、责任感、荣誉感、正直、勤俭、善良等良好品质。学生情感的稳定性日益增强，能调节与控制自己的情感。逐渐学会独立、自觉地发出有动机和目的意志行动。可以在全面评价自己行为的基础上自觉地克服缺点。

在整个小学阶段，学生由最初的对学习的过程和对学习的外部活动感兴趣，到逐渐对学习的内容、对需要独立思考的作业感兴趣。学生的学习兴趣逐渐分化，产生对不同学科内容的初步分化性兴趣。学生对有关抽象知识的兴趣在初步发展着。游戏因素对学生学习兴趣的影响逐渐降低。同时，高年级学生行为的自觉性有了长足的进步。

（二）小学儿童社会交往的特征

1. 小学初期儿童社会交往的特点

人际交往也叫人际沟通，指个体通过一定的语言、文字或肢体动作、表情等表达手段将某种信息传递给其他个体的过程。人际交往是和谐相处的一部分，是人际关系的具体表现形式。进入小学以后，儿童相互交往的频率大大增加，共同参加的社会性活动也进一步增多，其社会性交往也变得更富有组织性。社会认知能力得到发展，他们能更好地理解他人的动机和目的，与他人进行互动，同伴间的交流更加有效。[①] 小学初期同伴交往有几个基本特征：①与同伴交往的时机更多，交往形式更复杂；②儿童在同伴交往中传递信息的技能增强；③儿童更善于利用各种信息来决定自己对他人所采取的行动；④儿童更善于协调与其他儿童的活动；⑤儿童开始形成同伴团体。[②] 低年级的儿童在刚进入小学校时都对教师充满了崇拜和敬畏，对教师怀有特殊的尊敬和依恋之情。教师的要求甚至比家长的话更有权威。

2. 小学中、高年级儿童社会交往的特点

小学 3～6 年级的儿童相互交往频率进一步增加，共同参加的社会性活动越来越多。他们与父母的交往水平呈明显下降趋势，整体上，三年级的儿童与父母交往的水平最高，而六年级的儿童与父母的交往水平最低。此阶段的小学生与陌生人的交往水平呈上升趋势，而与父母和教师的交往水平呈下降趋势。[③] 3～6 年级小学生的同伴交往保持了较高的水平，形成的同伴团体进一步巩固，逐步建立了与同年龄群体的依恋关系，形成了对同龄人群体的依恋之情，积极寻求和培养亲密的朋友圈子。他们更加关注同龄群体的评价、赞同和指导。随着学生年龄的增长，知识经验的增加，他们对教师的崇拜和敬畏已经具有较高的认知水平，不自觉与盲目的成分大大减少，学生对教师的指导与要求有一定的分析与判断能力，并有了很大的选择性。他们能够依据自己对教师素质、能力、魅力等的认知评价来决定对教师的态度。

二、小学生心理发展的健康问题

小学儿童在心理发展的健康问题上，有以下几点是比较突出的。

（一）学习适应

学习能力对小学儿童的心理健康具有举足轻重的作用。从上学的第一天

---

① 金盛华. 社会心理学. 北京：高等教育出版社，2007.
② ③董丽，沃建中. 3～6 年级小学生人际交往发展特点的研究. 中国临床心理学杂志，2005(1).

起，小学生便开始有了特殊的社会责任和义务——学习。学习是培养小学生个人良好心理品质的主要途径，是适应社会的基本路径，也是他们的最大任务。小学生要顺利完成学习任务，就必须在生活习惯、情感、意志、智力等方面能够适应学习活动的组织形式和内容。他们在学习过程中，还必须遵守成人社会所制定的规则，按照社会要求去培养自己的身心素质，掌握基础文化科学知识。由于小学生身心发展的个体差异，可能存在不同程度的学习适应问题，如果问题不能得到及时的解决，有可能引起小学生焦虑、厌学等一系列心理健康问题的出现。

（二）智力的发育

智力是人认识世界的一般能力，是理性的核心。智力发育正常也是儿童心理健康的重要标志。儿童心理学和心理卫生学的一些研究表明，儿童许多心理问题的发生都与其智力的发育异常相关，智力发育的落后将导致儿童一系列的问题。对于小学儿童来说，智力的发展既是他们完成学习任务的基础，也是影响其良好个性形成和心理健康发展的重要因素。

（三）自我认知能力的发展

自我认知能力是指儿童通过对自己行为的观察而达到对自己的心理状态的认识，也就是儿童对自身主体的感知、理解和评价过程。小学生正处于身心全面发展阶段，只有认识自身状况，确立完整的自我概念，知道自己在集体生活中的角色，才能使自己的行为适应教育环境的要求，发挥学习的主动性和创造性。儿童的自我认知是通过与他人相互影响而逐渐形成的。自我认知能力不足，缺乏对自己行为的察觉和辨别能力，就不能正确认识自己与他人、他人与他人之间的关系，这类学生在学校常常和同学发生纠纷，不懂得怎样与同学融洽地相处，校园人际关系恶劣，也容易成为他人嘲弄和欺负的对象。因此，自我认知能力是影响儿童获得良好社会性发展的核心因素。美国人本主义心理学家罗杰斯认为，自我认识能力的发展对生活的一切方面具有深远的影响。成长中的儿童需要逐步认识到真实自我与理想自我之间的差异。缩小这一差异的成功努力会促进他们积极的自我概念的发展，但过分严重的或不现实的自我意象差异时常与否定、压抑和精神障碍相关。心理学家罗碧·凯斯进一步认为，儿童社会性发展的一个基本条件，是自我认知同他人理解之间能够逐步达到平衡。如果一个儿童的自我认识能力比较差，不能对自己作出切合实际的认识，就很难完成角色识别与角色定位，其社会化发展也就失去了赖以存在的基础和根据。显然，这将影响小学生良好人际关系能力的形成和发展。

（四）情绪的不稳定性

心理学家比斯库认为，儿童是在不断学习、判断和感受的人，他们的情绪常常是无意义的。由于理智感尚待形成，其情感主要由情境决定，波动性大，不能自觉地、灵活地控制自己的情绪。第五，自我控制能力水平较低。小学阶段是培养儿童自我控制水平的关键期，但其整体表现出较低的自我控制水平。与情绪的不稳定性相联系，小学儿童的自觉性、自制性、坚持性等意志品质，尚在形成中，往往不能有效地进行自我控制。

三、小学儿童的心理健康

我国著名心理学家林崇德将小学生心理健康的特征概括为敬业、乐群和自我修养等三个方面。敬业是指学习方面的心理健康，即能从学习中获得满足感，从学习中增进体脑发展，从学习中保持与现实环境的接触，从学习中排除不必要的忧虑，从学习中形成良好的学习习惯。乐群是指人际关系的心理健康，即能了解彼此的权利和义务，能客观了解他人，关心他人的需要，诚心的赞美和善意的批评，积极沟通保持自身人格的完整性（不放弃自己的原则和人格，保持个性差异）。自我修养则指自我方面的心理健康，即善于正确地评价自我，通过别人来认识自己，及时而正确地归因，能够达到自我认识的目的，扩展自己的生活经验，根据自身的实际情况确立抱负水平，具有自制力。

（一）小学儿童心理健康的标准

殷炳江主编的《小学生心理健康教育》将小学生心理健康的标准归纳为以下几点：

1. 正常的智力

智力发育正常与否是衡量小学生心理健康的重要标准之一。正常的智力是小学生学习、生活和成长所必需的最基本的心理条件。如果一个小学生的智力明显低于同龄人的水平，则属于智力发育不正常，一般认为智商90～110为中等，110～120为偏上，120～130为聪明，在130以上者为天才。相反，智商80～90为偏下，80以下为弱智。通常我们会把智商90以上者都看成是正常。

2. 稳定的情绪

一个心理健康的小学生，一般是心境良好，愉快、乐观、开朗、满意等积极情绪状态占主导，但同时又能随事物对象的变化而产生合理的情绪变化。所谓合理的情绪变化是指当有了喜事时感到愉快，遇到不幸的事时产生悲哀的情绪。此外，还能依场合的不同，适当地控制自己的情绪。

3. 适度的反应

人的行为反应是存在差异的，有的反应敏捷，有的反应迟缓。但是，这种差异有一定的限度，超过一定的限度就不正常了。反应敏捷并非反应过敏，反应迟缓不等于无反应。对事物的反应强度应视事物的作用的大小而定。反应异常敏感或异常迟钝都属不健康的表现。对外界事物毫无反应，对重大刺激无动于衷或反应微弱都是不正常的现象；而对任何事物都反应强烈，一点小事就大惊小怪，心惊肉跳，稍有意外就惶惶不可终日，偶遇挫折就无法忍受等，都是心理适应不良的表现。

4. 和谐的人际关系

具备健康心理的小学生，善于理解、尊重、信任和帮助他人，以真诚、谦让的态度发展和保持和谐的人际关系，乐于与人交往。相反，远离亲友、集体，独来独往，可能意味着开始出现人际关系的失调。与集体总是格格不入，没有友伴，很少与人往来，是人际关系不良的表现。

5. 心理与行为符合年龄的特征

不同的年龄阶段有不同的心理和行为特征。心理健康的小学生，应具有与自己年龄特征相符的心理和行为。如果心理和行为经常偏离自己所属的年龄特征，如老气横秋、老态龙钟或天真撒娇，一会儿哭一会儿笑，都是不正常的。

6. 能够适应学习生活

一个心理健康的小学生通常喜欢上学，觉得学习是一件令人愉快的事，感到轻松；对学习内容往往抱有浓厚的兴趣，乐于克服学习上遇到的困难，学习效率较高。

(二)小学儿童心理健康的表现

一般来说，心理健康的小学生能够做到：①刻苦学习，努力争取优异成绩。心理健康的儿童具有一定的学习自觉性，能够集中注意力，并克服学习中遇到的各种困难，自觉完成学习任务。②喜欢参加集体活动，乐于与同学交往。他们能够在学习、生活上关心和帮助他人，热爱班集体，与同学建立友好关系，并受到同伴的欢迎和喜爱。③热爱劳动，不断提高自己的生活能力。他们应在生活中愿意尽量多干些自己力所能及的事情，有一定的自理自控能力，尽力做到自己的事情自己干，遇到困难努力去克服。在劳动中不怕累、能吃苦，愿意经受锻炼和考验。④快乐和充满好奇。他们感到生活新奇和美好，喜欢动脑筋，乐于提问题，他们的生活是快乐和无忧无虑的。⑤懂得小学生必须遵循的社会道德规范。注意从他人角度评价自己的行为，有不断自我完善的要求与计划。

总之，小学阶段是个体心理发展的关键时期，作为教师，应重视培养小学生健康的个性心理品质，为其一生的成长打下良好的基础。

第二节 学校心理辅导的目标、意义和原则

教育部《关于加强中小学心理健康教育的若干意见》认为，中小学心理健康教育是根据中小学生生理、心理发展的特点，运用有关心理教育方法和手段，培养学生良好的心理素质，促进学生身心全面和谐发展和素质全面提高的教育活动，是素质教育的重要组成部分，是培养跨世纪高质量人才的重要环节。

一、学校心理辅导的目标

学校心理辅导是指在一种新型的建设性的人际关系中，学校辅导人员运用专业知识和技能，给学生合乎其需要的协助与服务，帮助学生正确地了解自己、认识环境，根据自身条件确立有益于个人发展和体会生活目标，使其能克服成长中的障碍，在学习、工作及人际关系等各个方面，调整自己行为，增强社会适应明智的抉择，充分发挥自己的潜能。

学校心理辅导的一般目标与学校教育目标是一致的。但心理辅导毕竟只是学校教育的一个方面，其目标应有自己的独特之处。综合多数学者意见，心理辅导目标的重点是：帮助学生认识自己，接纳自己，管理自己，认识、掌握周围环境，同环境保持适应，帮助学生解决面临的问题，应付危机、摆脱困难，并增强应对逆境与压力的能力和勇气；使学生能去除特殊症状、改善行为、化解负向的或冲突的思想与情感，指导学生作选择、作决策、制订行动计划，鼓励学生探索、寻求生活意义，认清自己内在潜力与资源，充分发挥个人潜能，使其能过健康的、有意义的、充实的生活。

综上所述，可以把心理辅导的一般目标归纳为两个方面：第一是学会调适，包括调节与适应。"适应"处理的是人与周围环境的关系（包括人际关系）问题，调整的重点是人的行为。"调节"处理的是个人内部精神生活各方面及其相互关系，调整的重点是人的内心体验。第二是寻求发展，就是要引导学生确立有价值的生活目标，担负起生活责任，扩展生活方式，发展建设性人际关系，发挥主动性、创造性以及作为社会一员的良好的社会功能，过积极而有效率的生活。这两个目标中，学会调适是基本目标，以此为主要目标的心理辅导可称为调适性辅导；寻求发展是高级目标，以此为主要目标的心理辅导可称为发展性辅导。

二、学校心理辅导的意义

学校心理辅导是 20 世纪教育改革运动中出现的新观念，是现代心理学、教育学、精神医学、生理学、社会学等学科理论与学校教育实践相结合的产物。20 世纪 50～60 年代以来，在世界许多国家，特别是在世界一些发达国家和地区，学校心理辅导的理论与实践都有了长足的进展。心理辅导在某种意义上已成为现代学校的一个重要的标志。我国在 20 世纪 80 年代中后期，学校心理卫生、心理咨询与辅导工作开始受到关注，并有了快速的发展。

在学校开展心理辅导，有利于预防心理疾病，维护学生心理健康；有利于少年儿童社会化和人格的健全发展，有利于旨在全面提高学生素质的教育思想的贯彻；有利于促进社会主义精神文明建设。学校心理辅导多方面的积极作用是其本身的一系列特点所决定的：心理辅导比较重视学生个体发展的内在需求，即关心学生的发展是否符合社会要求、关心学生个体合理需要是否得满足；学校心理辅导涉及学生认知方面的改善，但它更重视学生动机、情感、个性的发展；心理辅导以信任的、民主的、建设性的师生关系为前提条件，强调师生间的真诚态度和互相尊重；心理辅导注重于学生自主能力的挖掘，强调依靠学生自我探索来解决面临的问题；心理辅导重视学生个别的差异，容纳并尊重个人的独特。学校心理辅导的功能使其成为学校教育教学工作的必须补充，它与教学工作并列，被喻为现代学校的两个车轮。[①]

三、学校心理辅导的原则

学校心理辅导的原则是在学校开展心理辅导整个过程中应该遵循的一些基本指导思想。

(一)面向全体学生原则

学校心理辅导的功能在于通过学生的引导、指导、协助和服务，来促进学生的成长和发展。从本质上看，心理辅导是日常教育教学活动的有力的配合与合理的补充，因此应面向包括正常学生在内的全体学生。心理辅导要面向全体学生可以在有效辅导全体学生时，积极影响个别学生少发生问题或将问题解决于萌芽期。面向全体学生原则要求辅导教师在制订心理辅导计划时要着眼于全体学生；确定心理辅导活动的内容时要考虑大多数学生共同需要与普遍存在的问题；组织团体辅导活动时，要创造条件，让尽可能多的学生参与其中，特别要给那些内向、沉静、腼腆、害羞、表达能力差、不大引人注目的学生提供参

---

① 雷伍明．学校心理辅导的意义和作用．社会心理科学，2005(3)．

与和表现的机会。

(二)预防与发展相结合原则

有人将心理辅导的功能与目标分为三个层次：矫治、预防和发展。矫治功能指矫治学生不适应行为，消除或减轻少数学生身上存在的轻中度神经症症状，帮助学生排除或化解持续的社会技能，学会用有效的、合理的方式满足自己的需要，提高人际交往水平；学习自主地应付由挫折、冲突、压力、紧张、丧失等带来的种种心理困扰，减轻痛苦、不适的体验，防止心理疾患产生，保持正常的生活秩序与工作效率。发展是指协助学生树立有价值的生活目标，认清自身的潜力和可以利用的社会资源，承担生活的责任，充分发挥个人潜能，过健康、充实、有意义的生活。

学校心理辅导兼有矫治、预防与发展三种功能，不过就整体而言，应该是预防、发展重于矫治。贯彻这一原则于心理辅导实践要把握以下几点：

(1)心理辅导应在学校教育的早期阶段就开始进行，最好是在小学生入校时就开始进行。小学初期的儿童其心理发展尚未定型，可塑性极强，通过学校心理辅导活动，可以帮助他们塑造良好行为习惯，即使个别儿童有某些心理或行为问题，只要及时给予关怀和辅导，便会有显著的改善。

(2)心理辅导工作应及时主动，宜未雨绸缪，注意防微杜渐。保持开展适合学生各年龄段的认知、情感、行为等方面的训练辅导活动常态化，为学生提供对其成长有益的经验，增强其适应能力。

(3)辅导教师要有高度的专业敏感性。对于那些社会处境不利的学生、生活发生了重大变故的学生、自我期望偏高而又屡遭挫折的学生，应及早发现征候，重点实行早期干预。

(三)尊重与理解学生原则

"尊重与理解"，是心理辅导过程中对待学生态度以及师生关系方面应该遵循的基本原则。尊重，就是尊重学生的人格与尊严，尊重每个学生存在的权利，承认他是不同于其他人的独立的个体，承认他与教师、与其他人在人格上具有平等的地位。理解，则要求教师以平等态度，按学生的所作所为、思考、感受的本来面目去了解学生。被他人理解，意味着受到他人的关注、与他人之间达到心灵沟通，从而产生一种"遇到自己人"的感觉。心理辅导之所以要遵循尊重与理解学生原则，首先是因为只有当心理辅导教师尊重学生时，学生才会尊重自己，珍惜自己的成绩和进步，关心自己的荣辱，体验到做人的尊严感。而自尊、自重、自信正是健全人格的重要特征，是心理辅导所要追求的重要目标之一。其次，在心理辅导中，学生如果被教师尊重和理解，他就会信任教师，愿意向教师倾吐内心的思虑、惶恐、苦闷，这种良好的师生关系，是心理辅导获得成效的基本条件。贯彻这一原则应注意以下要点：

1. 尊重学生个人的尊严，以平等的、民主的态度对待学生

在辅导过程中，教师不能居高临下地训斥学生，不能羞辱、挖苦、讽刺学生，不能用粗暴的、强制性的手段解决学生身上的问题。需要的是对学生的无条件的关怀和接纳。不论学生在谈话中反映出来的观点和情绪感受是如何的消极、不正常、与教师的观点相悖，教师都要尊重他、接纳他，认真倾听他的诉说，体会他的内心感受。

2. 尊重学生的选择

明确每个学生都有选择的能力和做决定的权利，具有选择目标以及达到目标的手段的自由。辅导教师只是向学生提供资料和建议，为学生做出选择提供认知前提，并引导学生理解对自己的选择承担责任；辅导教师不能强迫学生做选择。

3. 运用同感技术加深对接受辅导学生的理解

辅导教师要"透过受辅学生的眼睛看世界"，与学生"感同身受"。在与学生谈话中，教师不但要理解学生明确表达出来的思想和感受，而且要觉察出学生故意回避或以隐喻形式透露出来的深层含义，并把这种理解反馈给学生，使学生感受到教师对他的尊重、理解和接纳，而敞开心扉，对自己的内心世界做更自由的、深入的探索。

（四）学生主体性原则

在心理辅导中尊重学生的主体地位，充分发挥学生作为辅导活动主体的作用。这是因为：①心理辅导的基本功能是促进学生成长与发展，而成长与发展从根本上说是一种自觉的主动的过程。如果学生缺乏主动精神，缺少受辅动机，强行"被辅导"，则这种辅导必定会因学生的抗拒、冷漠和敌意而毫无效果。正如西方谚语所说："你可以牵马到河边，但不能强迫它饮水。"②心理辅导是一种助人自助的过程。"助人"只是手段，让学生"自助"才是目的。它所要追求的目标是发展学生自我理解与自我指导的能力、自主地把握个人命运与独立地应付生活挑战的主体精神。只有当学生以参与者的身份积极投身心理辅助活动时，这一目标才有可能达到。③儿童期是学生自我意识、独立倾向快速发展时期。处于这一时期的学生渴望通过自己独立思考与主动探索解决面临的问题，检验个人影响环境和控制自己的能力。他们对外界的压力和成人的过度说教往往表示反感。在辅导过程中，教师既要给学生提供一定的帮助，又要注意充分发挥学生主体作用，使学生独立个性的需要得到满足。因此，主体性原则

对于小学生的辅导具有特殊的意义。贯彻学生主体性原则应考虑到以下几个方面：

1. 心理辅导要以学生需要为出发点

心理辅导内容的选取与安排应充分考虑学生的需要，围绕学生关心的实际问题来进行。这样的心理辅导才能唤起学生的兴趣，成为学生自觉的需求。

2. 鼓励学生"唱主角"

心理辅导是师生合作完成的活动，教师的作用是从旁协助，提供建议，因此应注意突出学生的主体地位。在活动设计中要给学生发挥想象力的空间；在辅导过程中要鼓励学生发表看法、宣泄情感、探索解决问题的办法。在与学生沟通的过程中，作为协助者，教师应避免使用"你听我说""我告诉你"之类的命令式、灌输式的口吻，宜用诸如"我能体会""原来如此""请继续讲""你的意思是不是这样""请听听我的意见""我想作一点补充""如果这样看是不是更全面"等鼓励性的、商量式的话语。

3. 以开展活动为学校心理辅导的基本形式

在专门设计的心理辅导活动中，学生的主体地位容易得到充分的体现。这样的心理辅导活动会吸引较多学生参加；可以满足学生自我表现的欲望，为展现学生创造才能提供舞台；可以使学生进入特定情境，有更充分的情感投入。

（五）个别化对待原则

重视学生个别差异，强调对学生的个别化对待，是学校心理辅导的精髓。前面提到的"面向全体学生原则"是就心理的对象而言；这里所说的"个别化对待原则"是就辅导的具体方法而言，两者并不矛盾。实际上我们只有对具体问题作具体分析，个别化地对待每一个学生，才能给全体学生提供有效的服务。

世界上没有两片完全相同的树叶，更没有两个完全相同的人。学校教育和心理辅导的目的不是要消除学生个人身上的这种独特性以及学生之间的差异性，而是要使每个学生的独特性、独创性在积极的方向上得到最充分、最完美的体现。由于学生个体的成长发展是一个主动的过程，而不是纯粹依靠外力实现的"塑造""捏造"的过程。心理辅导教师必须承认、重视、认清工作对象的个别差异，对学生实行个别化对待，针对每个学生身心特点，采用灵活多变的辅导策略，因势利导，扬长避短，才能收到好的效果。贯彻个别化对待原则，应注意以下要点：

1. 注意对学生个别差异的了解

学生的个别差异是实施个别化对待的基础。心理辅导教师要了解学生的共性，更要注重了解学生的个别性、差异性。不完全依赖心理测评工具，要通过一对一、面对面的接触来真正了解学生。在个案辅导中，如何恰当处理由学生害羞、自卑、防卫心理带来的沟通障碍，真实地了解受辅学生的需要和问题，是一项需经长期训练才能掌握的专门技术。

2. 区别对待不同学生

心理辅导是一种颇具弹性的助人行为。在团体辅导中，共同组织的活动并不会对团体中的每个成员产生相同的影响；在个别辅导中，也不存在适用于每个学生的、一成不变的辅导策略。心理辅导教师应将每个学生看作是一个具有不可重复性的独特存在，充分考虑学生的年龄、性别、个性等特征，灵活运用学校心理辅导的原则和技术。

(六)整体性发展原则

心理辅导追求学生人格的整体性发展。从社会价值取向看，它重视学生德、智、体全面发展；从满足学生自我完善的需求看，它注重学生知、情、意、行各方面协调发展。心理辅导的对象是完整的活生生的人，而不只是人的智能侧面，或仅仅是人的心理障碍。贯彻这一原则应考虑到：①树立学生个性全面发展的观念。不论从事哪一个领域的辅导，都要关注学生人格整体的完善；②不宜把心理辅导课程变为单纯的知识传授课。心理辅导涉及学生知识、社会技能、情感、态度、价值等方面的学习，而不仅是让学生掌握知识。因此开展多种多样的活动就显得十分必要。

(七)坚守诚信保密的原则

严格保密和坚守诚信，是维护心理辅导工作信誉以及保障心理辅导工作正常进行的第一需要，这是能否有效进行辅导的根本性问题。辅导教师必须做到为来访学生保守秘密，尊重个人隐私，这也是从事心理辅导工作者必备的基本职业道德和义不容辞的职责。

(八)采取灵活互动的原则

心理辅导是一个需要双方互动互促的过程，外因是变化的条件，内因才是变化的根据。坚持辅导原则的同时，要灵活地应用各种辅导理论、相关知识、疏导方法、沟通艺术；利用电话、网络、书信、面对面等多种方式，以达到心理辅导的最佳效果。

第三节　班级心理辅导的途径方法

学校心理健康的重要任务之一是帮助孩子适应。台湾著名辅导专家吴武典说："要了解一个学生，最好从他的班中去了解；要改变他的行为，最好应用班级的团体历程去改变。"也就是说，改变一个学生的最好的方法是运用班级心理辅导的方式。而班级心理辅导是在团体情境下进行的一种心理辅导形式。它通过团体内交互作用，促使个体在交往中通过观察、学习、体验来认识自我、探讨自我、接纳自我，调整改善与他人的关系，学习新的态度与行为方式，以达到良好的适应和开发内部潜能的助人过程。班级心理辅导主要针对学生的发展性目标，应把发展性辅导放在第一位。

一、在班级开展心理辅导的途径

班级心理辅导活动课是学校"心育"发挥其发展性、预防性功能的重要载体，是一种具有中国本土化特色的团体辅导方式。班主任作为现代教育工作者的角色之一，应该是三种角色的集合：教师角色、班级管理者角色、心理辅导员角色。小学班主任教师应认真考虑如何扮演好每种角色，做到解决什么样的问题，用什么样的方法。班主任在管理班级中对学生的心理健康教育，实际上就是解决学生在成长过程中的发展性问题。一般来说，在班级开展心理辅导有以下途径。

（一）班主任以良好的心理素质来影响学生

著名教育家乌申斯基说："没有教师对学生的直接的人格方面的影响，就不可能有深入性格的真正教育工作，只有人格能够影响人格的发展和形成。"班主任的人格就是教育的力量，用自身的美好的心灵去塑造学生健康的心灵。因此，班主任对学生全面健康地成长起着重要的作用，只有心理素质高的班主任才能培养出心理健康的学生。建立良好的心理素质系统，保持健康的心理状态，才能成功地扮演班主任心理辅导的角色。班主任在小学生心目中的形象和师生关系的好坏，对于小学儿童自我概念的形成、生活目标的确定、身心健康的状况都具有深远影响。如果班主任自己心理不健康，学生的心理健康就没有保证，为此，班主任必须努力提高自身的心理素质，承担起培养有健全人格学生的重任。

（二）营造良好的班集体氛围

开展形式多样的集体活动，营造和谐的班级氛围是提高学生心理素质的有效途径。生动活泼的集体活动可促进小学生的同伴交往，建立团结、合作、友爱、互助的人际关系，体验生活在集体中的乐趣，使具有不同才能的学生都可以获得表现自己、展现不同、取得成功的机会。以班级氛围的沃土滋养学生身心的和谐发展。

（三）以主题班会的形式对学生进行团体辅导

近年来，班会作为班主任疏导教育学生的一种形式，被班主任赋予了新的功能——心理辅导的功能，这种班会也被称为班会心理课。主题班会前应有所准备，摸清学生的心理发展脉络，加以适当的引导，以确保班会的正确导向。召开班会的过程中，教师要善于发现学生表述时言语和情感上的细微变化，理解学生没说出的深层次意思，寻找学生群体趋向，及时调整或补充自己的计划，以解开学生心中的症结。班主任利用主题班会对学生进行心理辅导时，首先要认同学生的想法，然后有意识引导，使学生通过积极思考，自然地改变原有的不正确观念或想法。但同时必须注意，避免揭露学生隐私，防止出现新的心理问题。班主任要充分调动学生畅谈自己看法的积极性，通过同学间的互补，使学生放下心理负担。

（四）在处理学生间的矛盾时，着重学生心理层次的分析

心理健康教育注重的是人的发展性的问题，在处理学生的矛盾时，就不能简单地以对或错论是非，还要多问几个为什么，为学生提供多种选择的思考，让学生的心理在自悟中得以成长。

（五）将心理学常识讲座引进课堂

在学校心理健康教育工作中，班主任是最适宜的角色，将心理学常识引进课堂，让学生获取一些基本的心理学知识，对于帮助他们了解自己、了解他人有积极的意义。但要注意讲座不能"满堂灌"，也不能把讲座当作班级心理辅导的主要形式，应该用具体实例展开心理学讲座。

总之，班主任在教学管理工作中开展心理健康教育需要的是转变观念，借鉴心理辅导的理念与方法，从与学生积极"沟通"开始，最好是结合日常班级管理工作来进行。给学生一些空间，让他们自己往前走；给学生一些时间，让他们自己去安排；给学生一定的条件，让他们去锻炼；给学生设计问题，让他们去找答案；给学生一些困难，让他们去解决；给学生一些机遇，让他们去抓住；给学生设计冲突，让他们去讨论；给学生竞争对手，让他们去竞争；给学生权力，让他们自己去选择；给学生出题目，让他们自己去创造。

二、班级心理辅导活动的方法

班级辅导活动是学校心理辅导的主要手段。它类似于学校主题班（队）会，主要是针对学生共通性问题开展的辅导活动，它以班级为实施单位，根据需要可分为若干小组开展同一主题的活动；它以学生为主体，充分发挥学生的自主性，以学生的需要为前提，采取讨论、表演、训练等生动活泼的形式，达到了

解自己、了解环境、使自我和环境相适应的目标。吴增强先生提出班级心理辅导活动需要四项基本内容：①确定活动主题；②明确活动目的和要求；③进行理论分析；④提出具体操作步骤等。[①]

下面分别介绍讲授法、集体讨论、角色扮演、心理训练、自我反省法、心理测练法及作业法等辅导活动的具体方法。

（一）讲授法

讲授法就是针对学生可能遇到的生理、学习、生活、交往等方面的心理健康的知识，开展系统的讲座活动，让学生了解一定的心理健康常识，对自己可能遇到的各种问题有一定的心理准备，并能采取一定的预防措施，做出正常的应急行为，并自我调整心理。

（二）集体讨论

以学生成长中产生的心理问题为话题，组织讨论，让全班同学充分地发表意见，畅所欲言，通过讨论逐步形成集体的共识。根据团体动力学理论，这种班级形成的共识可以有力地影响集体中的个人观念和行为（例如解决厌学问题、文明举止的问题等）。活动过程一般应有这样几个步骤：①辅导教师指导学生阅读典型材料或故事；②分小组讨论，使同学们能充分发言，谈想法；③全班交流，可采取小组推荐代表发言谈感受，也可采取辩论方式交流；④教师归纳总结。

（三）角色扮演

角色扮演也称为心理剧，即根据一定的辅导目的进行的情景设计。旨在让学生通过对活动情景的感知与体验，解决心里的疑惑和障碍，并且促使其行为的改进。活动设计的特点在于它的隐蔽性，即在不知不觉中，让学生有所收益。在团体辅导中，心理剧是十分重要且有效的辅导方法。辅导教师担负着分派角色和总体协调的职责。首先，辅导教师要从学生生活、学习中发现问题，确定活动主题，进行理论分析。然后要帮助学生明确他要解决的问题，辅导教师或辅导教师与学生共同从学生学习、生活中挖掘素材，创设情景，设计出生动有趣的剧本，在学生自愿的前提下分派角色，进行演练。当出现问题时立即中止演出，组织学生讨论、分析，启发他们想出解决问题的多种方法，如心理剧的不同结尾，然后继续演出。同一个节目可以交换角色进行多项重复。心理剧结束后进行总结、评价，并布置课后练习，让学生把活动中学到的东西迁移到实际生活中去。

---

① 吴增强．班主任心理辅导实务（小学版）．上海：华东师范大学出版社，2010．

（四）心理训练

心理训练是为了培养学生的某些技能而设计的一些训练活动。例如观察力、注意力、记忆力、意志力、情绪调节等训练。人的不少技能是后天训练获得的，完全可以通过辅导者精心设计的程序来训练。心理训练一方面要矫正学生的某些不良行为和习惯，提高他们某方面的学习技能。另一方面，从积极的意义上看，心理训练有助锻炼学生的意志力，养成言行一致的行为方式。班级心理训练的方式有三种：①心理体验。进行这方面训练的关键在于辅导教师要精心地设计教育内容和教育方式，使学生从中充分地感受、体验、领悟。如"深呼吸放松法训练""肌肉放松法训练"；一般来说"深呼吸放松法训练"适用于考试紧张等时间紧迫的情况下用，"肌肉放松法训练"适用于对付那种长期的、弥漫性的紧张。②自我反省教育法。通过教师的指导，学生自己提出任务，主动制订计划，自觉控制自己行为的教育，它是最好的教育。自我反省教育是学生通过反思促使自己的内心世界不断调整的过程，教师要利用一切可能的条件和机会为学生提供自我教育的机会，使学生进行心理调整训练。③实践磨炼。深入生活、生产实践活动，接受实践的考验，能使小学生的多种心理素质将能得到锻炼，并能相互影响，全面综合地得到发展和提高。

三、班级心理辅导活动操作要领

概括我国各地小学第一线的班主任开设班级心理辅导活动课的大量课例，总结出班级辅导活动操作方法上的"八重八不重"要领，可供参考。

（一）重感受，不重认知（是"不重"，不是"不要"）

辅导不是说教，不是安慰，不是训导，也不是逻辑分析；辅导是心灵的碰撞，是人际的交流，是情感的体验，是帮助一个人自助的过程。心理辅导的过程是学生的认知结构、情感体验、行为方式在辅导教师的帮助下进行调整、重组、统合的过程。这个过程是一个主动的过程，而不是单纯依靠外力实现的"塑造""教育"的过程。开设班级心理辅导活动的目的，是要促使学生在团体动力的影响下，审视自己的内心，反思自我的成长，思考学习，思考人生，思考自我与外界的关系，以推动自我的完美发展。在这样的活动过程中，学生只要能在某一个问题的某一方面真正有所感悟、有所触动、有所体验，那就是一种成长、一种发展。反之，如果学生只是记住了几个心理学的概念术语，能说出心理健康的一些基本常识，但却没有情意活动的介入，没有情感体验作为其认知的强化、迁移以及感染、疏导自我的动力，那么，这个过程依然不能说是个体成长发展的过程。

（二）重引导，不重教导

班级辅导主要应该是"非指示性的"，教师不应该对学生作强制的说理和武断的解释，必要时采用的暗示、忠告、说服等手段也只能最低限度地使用，即力求"随风潜入夜，润物细无声"。辅导，一为"辅"，二为"导"。"辅"者，扶助，辅佐，非主要之意也。"导"者，引导，疏通也。心理辅导，重在"导"，难在"导"。这个"难"，就难在引导上。引导，要注意契机，还要注意分寸。此外，"引导"总是通过问题来"引"和"导"的，所以，教师要善于抓住时机，及时提出引导性的问题，而这恰恰是班级辅导活动中教师最难以把握的一点。关于"不重教导"，不是不要适当的教育指导，我们认为，辅导主要应该是非指示性的，辅导应该以学生为中心，但也不能排除辅导教师必要的指示、暗示和忠告。因为小学生年龄尚小，许多方面还需要成年人的扶助，尤其是班级心理辅导课，一般只有短短的四十几分钟，不可能像个别辅导那样可以多次访谈，在一两个月甚至更长的时间里进行非指示性的会晤，耐心等待当事人的自我成长。在这种情况下，辅导教师必要的指示和点拨有"催化剂"效应。

（三）重口头交流，不重书面活动

这是很容易被教师忽视的操作规范，它是辅导过程有没有动态气氛的关键。班级团体辅导与个别辅导的最大区别，就在于学生是通过群体交流产生的影响力来调整自己的认知、态度、情感和行为的。班级团体辅导的重点应放在学生与学生的交互作用上，主要通过学生之间的相互影响力来达到辅导的目标。而"不重书面活动"不是不可以进行书面活动。一些游戏、测验、自我描述，有些行动计划是必须动笔的。从辅导活动的实践经验来看，动笔不可过多，时间不可过长，否则容易冲淡团体氛围。

（四）重目标，不重手段

班级辅导活动最重要的是把握好辅导理念和辅导目标，如果只考虑形式和手段的新颖，很可能会导致舍本求末。现代化教学手段的辅助可以为心理辅导课增添不少色彩，但这种手段的使用一定要服从于辅导目标的需要。事实上，在条件简陋的偏远地区小学，如果教师熟谙心理辅导理念和辅导目标，活动设计又比较贴近学生实际，尽管未能采用现代化教学手段，却同样可以开出效果较好的班级心理辅导活动课。

（五）重真话，不重有无错话

罗杰斯曾经提出，指导者必须具备三种基本态度，那就是共情、真诚、无条件关注。信任使人感到安全，信任才能敞开心扉。说真话难免会有错话，对学生在成长过程中出现的错话持宽容和理解的态度，可强化学生自我向善的意向与努力。团体辅导者的基本任务是创设良好的氛围，一种对团体成员接纳与信任的气氛，可以使每个成员不必防卫及隐藏自己，自由自在地表达自己，这样才能使团体辅导产生效果，并促使当事人的改变和成长。所以，在班级心理辅导课上，教师要努力培植一种讲真话、讲实话、不讲套话的风气，形成一种团体内的规范。作为成长中的小学儿童，在宽松自由的环境中，难免会口无遮拦地说错话，其实这也是出自他们对教师和团体的真诚和信赖。辅导教师在此时，一定要给学生以真心诚意的宽容和谅解，使每个学生可以不必担心批评指责，不必戴着面具掩饰自己，适当的表露真情对儿童人格的健康发展极为有益。

（六）重氛围，不重理性探讨的完美

班级辅导是建立在成员之间相互信任、关心、了解、接纳的氛围中的一种互动的人际交往过程，每个成员的心扉就是在这种人际氛围中打开的。因此，催化出温暖、安全的团体氛围远比完美的理性探讨重要得多。班级团体辅导的有效性主要依赖于通过辅导教师的行为所建立起来的班级社会氛围，这一氛围可以引发学生积极的回应，并导致学生认知和行为的变化。所以，营造坦诚、信任的团体氛围，消除学生对自由沟通和交流的防卫心理，是辅导教师最重要的责任、最主要的任务、最高超的技能，也是班级团体辅导活动最基本的环节。事实上，要追求一个完美的理性结论是容易做到的，但是这种完美的理性结论，远远比不上学生积极参与、十分投入地沟通交流，甚至面红耳赤争论不休时所产生的那种心灵震撼力和对人的启迪来得深刻。

（七）重应变，不重原定设计

班级辅导活动是一种双边多向的交互影响的过程。辅导现场的群体心态是千变万化的，教师必须灵活地引导辅导活动的发展方向，不可刻板行事。班级心理辅导活动的发展和推进往往是随机的、动态的。在师生双边多向和多种形式的交互作用下，学生的潜在能力会随时随地被激发出来，各种奇思妙想、各种生动的生活经历，会在瞬间涌出，学生往往会妙语连珠、才思横溢，整个现场会变得生机勃勃、充满智慧的挑战、充满童稚的生命活力，每个学生都会真切地感受到自己生命的意义和价值。因此，辅导教师必须随机应变，随机引导，特别是要及时抓住涉及的学生的共性问题，并能充分展开。

（八）重自我升华，不重教师概括总结

领悟是学生自我调适、促进自身发展的关键，它往往伴有深刻的认识飞跃。即使学生的自我升华还比较幼稚，教师也不可越俎代庖。班级辅导活动课的结束部分，应该是学生借助自己的内省、同学的回馈和辅导教师的建议等，对自己的认知体系进行整理和重建的重要环节，这个环节应该让学生主动参与来完成，而非由辅导教师的总结替代。

复习与思考

1. 小学生心理发展的健康问题有哪些？

2. 调查分析班级心理辅导活动课的辅导技巧。

3. 案例分析：一位小学语文教师留作业，要求背诵王之涣的《凉州词》。东东同学认真地背，很快记住了，并且给妈妈背了一遍，然后就高高兴兴地出去玩了。可是第二天在语文课上，教师提问他，没想到他把后两句给忘了。教师责问他："为什么不完成作业？"东东说："我昨天都背下来了！"同学们叽叽喳喳地议论起来："没背出来，还撒谎呢！""背出来了怎么现在不会呢？"同学们的话像针一样刺痛了东东的心。他委屈极了，趴在桌子上哭了起来。请根据东东的情况，分析如何指导小学生科学地进行复习。

4. 请根据小学生同伴团体发展过程的理论对下面的案例进行分析。

案例：小峰在七岁那年上了小学一年级，他的班级里共有45名同学，刚入学时他总是一个人玩耍，显得很孤单，他很想和班里的兵兵、田田成为好朋友，随着接触次数的增加，他逐渐和兵兵、田田、彬彬、小浩等熟悉起来，他们的关系也越来越好。到了小学三年级时，兵兵的学习成绩是他们中间最好的一个，其他好朋友都特别崇拜他，兵兵的威望特别高。随着时间的推移，小峰、兵兵、田田等十几个小伙伴，每天在一起学习、游戏，成为形影不离的"小团队"了，他们的队伍有共同的约定和规则，并且每个人都要对他们的集体负责，兵兵就是这个"小团队"的负责人。此时，在班级里还有好几个像他们这样的小团体，每个团体都有自己的队员和首领。到了五年级的时候，兵兵领导的"小团体"和其他的小团体联合在了一起，大家共同学习，一起游戏。兵兵又再一次被推选为这个大集体的"小领袖"。

推荐阅读

1. 王敬群. 心理卫生学. 天津：南开大学出版社，2005.

2. 彭小虎. 小学生心理辅导. 上海：华东师范大学出版社，2012.

3. 吴增强. 班主任心理辅导实务(小学版). 上海：华东师范大学出版社，2010.

第十章　小学教师心理

本章重点

- 小学教师心理素质的内涵
- 小学教师的角色认知
- 小学教师威信的构成
- 小学教师专业成长的途径

人的素质结构应是一个由自然素质、心理素质、文化素质和社会素质综合而成的一个整体，是一个开放的、有序的、分层的系统。心理素质处于素质结构的中间层次。教师作为人类文化的传递者和智能的开发者，对社会延续与发展起着桥梁和纽带作用，对提高全民族的科学文化素质和思想道德素质起着极为重要的作用。

小学阶段是人的一生中接受系统、正规教育的初始阶段，是儿童思想、品德、体质发展、知识经验、学习习惯以及个性形成的奠基时期。儿童个体知识的启发与人格的塑造，均有赖于良师高素质的专业知识和高尚道德情操作为动力。故而教师素质，不仅指教师在育人过程中稳定的必备的职业品质，同时也是教师职业形象、育人知识与育人能力的综合反映，是"教师在教育教学活动中表现出来的，决定其教育教学效果，对学生身心发展有直接而显著影响的心理品质的总和"。①

目前，我国的基础教育正试行由应试教育向素质教育的转轨。《中国教育改革和发展纲要》指出："中小学要由应试教育转向全面提高国民素质的轨道，面向全体学生，全面提高学生的思想道德、文化科学、劳动技能和身体心理素质，促进学生生动活泼地发展。"这对小学教师心理素质和角色扮演都提出了更高要求。

---

① 林崇德等.教师素质的构成及其培养途径.中国教育学刊，1996(6).

第一节　小学教师心理素质与角色认识

在我国的基础教育中，提高小学教师素质是小学实施素质教育的关键所在。

一、小学教师的心理素质

心理素质作为教师的心理品质和个性特点，不仅是教师提高自我素质的需要，同时也对学生的心理发展速度和水平有着重要影响。

(一)教师心理素质的内涵

所谓素质，是指人在一定的社会条件下，为使自己的身体、道德、知识能力、人格等素质持续发展进行的自觉的修习涵养及其综合发展水平。教师心理素养即教师心理素质，一般意义上包含知识与修养两个层面。知识层面体现在教师具有较系统的心理学知识，并能运用这些知识去完善自我，指导教育教学和处理各种关系的实践；修养层面体现在具有良好的认知、情绪控制能力、坚定的意志力、良好的适应能力与自我调适能力等，并能积极主动地、有意识地提高自己的心理素质。

(二)小学教师心理素质的构成

教育工作是塑造完美个性的工作，教师的职业是用心灵去浇灌心灵的职业。苏霍姆林斯基说："我们工作的对象是正在形成中的个性的最细腻的精神生活领域，即智慧、感情、意志、信念、自我意识。这些领域也只能用同样的东西，即智慧、感情、意志和自我意识去施加影响。"小学教师所扮演的社会角色具有多重性和复杂性的特点。任何一位小学教师都握着一把开启儿童智慧之门的钥匙，这把钥匙是否好用，不仅依赖于教师知识结构的层次，更多来自于教师的心理品质和个性特点。

国内外的大量研究显示，小学教师独有的心理品质与个性特点，构成了小学教师特有的心理素质的内容。它是教师个体先天因素与后天因素有机的结合体。应包含认知、情感、意志品质、人格特征及能力等方面的内容。

1. 小学教师的认知特征

(1)敏锐的观察力。敏锐的观察力是教师了解学生借以获得教育依据的重要能力。教师要根据学生的外部表现了解学生的个性和他们的心理状态，甚至从某一心理表现推知学生将要出现的下一个心理表现的内容，这种观察力，是有才干的教师极其重要的特征。

有良好观察力的教师，常常善于从不同的场合，或在不同的时间里有目的、有计划、有系统地观察学生的心理表现，能从学生细微的表现中，洞察到他们的知识、智力和个性发展等情况，以及通过学生的眼神、表情、动作、姿态，了解自己的教学效果，从而较为正确地观察和评价自己，以便发挥自己的长处，弥补自己的短处。

(2)善于分配注意的能力。一个好教师是善于分配自己的注意力的。在讲课时，教师的注意既要集中在教材内容及表达方法的思考上，又要注意学生听课的表现和神态，还要从学生的表情、姿态的反馈中，注意调整自己的教学内容、速度和方法。这就是说，教师讲课时，一边讲课，一边板书或演示，一边要观察学生，还要用自己的语言、声调、手势暗示不守纪律的学生。因此，教师在课前应尽量熟悉教材，精心安排授课计划；同时课下要多接触学生、了解学生，减少课上的紧张情绪，也有利于课堂教学中合理地注意分配。

(3)清晰的记忆力。教师良好的记忆主要表现在对教材、学生、活动及学生反映等情况的明晰识记方面。教师备课后要记住教材内容与课堂设计；要根据学生的性别、身高、胖瘦、外部特征和个性特征来记住学生的名字、认识学生，特别是在一个新班面前，迅速、准确地叫出学生的名字，说出他的爱好、特征，学生会认为是教师对自己的注意和重视；能将与学生在一起举行过的有意义的活动或与个别学生的接触以及学生反映的情况，在相当长的时间后清晰、准确地再现出来。这样能使学生感到教师对自己的关注，觉得教师是可亲、可敬而又信得过的，从而提高教师的威望，有利于教师完成自己的工作。

(4)思维的创造力。教师是"手持金钥匙的人"，是"塑造学生心灵的工程师"，这就需要教师具有思维的创造力与创新精神。教师思维的创造力，在教学上的表现是：教师能根据教学大纲的要求，教材的难、重点及学情，选用适当的教学方式，用浅显易懂、层次丰富的语言，创造性地把知识传递给学生；在教育工作上，思维的创造力表现在要根据不同的教育对象、不同的教育情境，因材施教，因时、因地、因人制宜；而对待自己和别人的教学经验，要有分析，有批判地接受，会取长补短，有创新精神。同时，教师思维的创造力还体现在学生身上，要通过各种方式发展学生的创造性思维，提高他们发散思维的能力。

(5)丰富的想象力。具有丰富想象力的教师，能够根据学生的个性特点和智力水平，预测他们发展的动向，及时给予影响引导。教师具有丰富的想象力，才能在教学中培养学生的想象力。想象力也是教师完成教学任务所不可缺少的心理因素。

2. 小学教师的情绪、情感

(1)教师的爱。爱是教师教育学生的基础和开始，是教师的基本心理品质。一个好教师必须是既爱教育事业又爱学生的典范。爱教育事业，表现为对教育工作的高度责任感、荣誉感、事业心以及把爱倾注在自己的学生身上。爱学生，教师才能毫无保留地贡献出自己的精力、才干和知识，使学生的身心得以健康发展。教师的情感对学生有直接的感染力，教师认真负责、一丝不苟的治学态度，精益求精的工作作风，教师对所教学科的热爱，对难题的钻研，对真理的探索、热爱和维护，对偏见和谬论的鄙弃和厌恶，都能感染学生，增加学生的理智感，激发学生的求知欲望。教师所表现出来的高尚道德情操，对学生有榜样示范作用。

(2)稳定的情绪与丰富的情感。情绪和情感是人对客观事物是否符合人的需要而产生的态度的体验，是人对客观事物的一种特殊反映。教师的情绪与情感是课堂教学的晴雨表。尤其在小学教育过程中，小学生由于生理、心理年龄的限制，情绪的易感性和情境性特别突出，很容易受到来自于教师积极或消极的情绪影响。因而教师应该能较好地自我调节、控制及管理情绪，恰当地表达自己的喜、怒、哀、乐。经常保持乐观、坚定的精神状态，以饱满的热情去引导、感染学生健康心理的形成。

(3)正确的教师期待。教师把具有各种各样个性的学生用某种观点来分析，从而提出不同的要求，称为教师的期待。期待学生成才，这是教师很重要的心理品质，教师的期待是与情感紧密相连的。罗森塔尔把教师的期待的效果，称为皮可马利翁效应。有研究认为，教师对学生寄予某种希望时，他会肯定与鼓励学生，用赞赏的目光看待学生，这样日积月累，学生会产生对教师更深的信赖，对自己会提出更高要求，更加努力地完成任务。

3. 小学教师的意志品质

教师要做到能深刻地影响学生和克服教育工作中的一切困难，需要有坚韧不拔的毅力和持之以恒的坚持性。意志对任何事业的成败都具有决定性意义，良好的意志对教师尤为重要。小学教师的工作中充满了矛盾和挫折。这是由教育对象和教育环境的复杂性决定的。因此，教师必须具备良好的意志品质，才能适应这一要求。比如有些教师在转化后进生时，常常要反反复复地做工作，要看到他们的差距，更要看到他们的被掩盖的积极因素；要能容忍他们的反复，给他们充分的时间。在这一过程中，教师不仅要有热心和爱心，还要能表现出极大的耐心和恒心，才可能取得最后的成功。

4. 小学教师的人格特征

一个健全的教师，除了有高深的学识之外，还需要具备良好的人格，使学生乐于接近，方能发挥教师的主导作用。人格是一个人的性格、气质、能力等各种特征的总和。在小学教师应具备的良好人格特征中，最重要的有以下几项：

(1)高尚的品德和坚持真理的坚定信念。教师待人接物要诚实，做人要谦虚，要公正无私，对某些学生不能有偏见，对自己的言行要重视，要"躬自厚而薄责于人"。同时，教师作为社会文化的传递者和塑造学生完美人格的工程师，必须要有较强的正义感、理智感和维护真理的坚定信念。这是因为，教师在课堂上传授给学生的不仅是知识，更重要的是探索真理、讲究科学、维护正义的精神。因此，教师在讲台上一定要有鲜明的科学态度和维护真理的坚定立场。在这方面，马寅初先生给我们树立了光辉的榜样。

(2)积极热情、乐观稳定的状态。教师的状态是一种重要的教育因素。要保持一种积极热情、乐观稳定的状态，需要教师具有积极乐观的人生态度、开朗豁达的良好性格、对己对人的宽容精神。当然，作为一个普通人，教师也会有自己的喜、怒、哀、乐，也会有生气、发怒的时候，关键是要让学生明白教师为什么会这样。正如苏霍姆林斯基所说："真正的教育者是一种情绪丰富的人，他同样强烈地感受着喜悦、忧愁、激动和愤怒。问题在于，要让儿童感到教师的这些人之常情当中，包含着正直、有道理。"

(3)良好的人际关系。小学教师只有和学生打成一片，和学生活动在一起，情感融洽在一起，才能真正了解学生。学生也更容易在这种温馨的氛围中，倾吐自己内心的真情。教师在学生面前，不因欣喜而手舞足蹈，不因忧愁而愁眉苦脸，不因惧怕和震惊而手足无措、目瞪口呆，也不因疾病而精神不振，始终保持旺盛的精力，这样才能感染学生，取信于学生。

(4)教育的机智和责任心。教育机智是一种教育的艺术。善于急中生智，这是教师根据学生的知识经验、身心特点及其个别差异等各方面的情况，迅速、灵活、准确、巧妙地采取有效措施，培养学生智力，发展学生个性的一种能力。而在具备一定知识和能力之后，教师的责任心便成为一个极重要的条件。瑞安斯(D. G. Ryans，1960)的研究表明，有激励作用、生动活泼、富于想象并热心于自己学科的教师，其教学工作较为成功，学生的行为更富于建设性。因为他们工作的动机不是为了应付上级检查，而是为了促进学生在德智体诸方面全面发展和健康成长。

(5)全面的教育、教学能力。苏联学者彼得罗夫斯基提出，教师必须具备教学能力、创造能力、知觉能力、表达能力、交际能力、组织能力六种能力；美国佛罗里达州为合格教师规定了1276条能力，归纳起来主要有四方面：一是促进儿童智力、情感和身体发育的教育能力；二是运用信息的能力；三是"临床实践"的能力；四是研究教育问题的能力。

　　根据小学教师的教育教学实践，我们认为作为一名优秀的小学教师必须具备以下几种能力：第一，全面、深入了解学生的能力。教师要想教好学生就要全面、深入地了解学生，这是取得教育成功的前提。要做到全面、深入的了解学生，就要具备敏锐的观察力和较强的思维能力。教师敏锐的观察力是洞察学生内心世界、掌握学生心理活动特点并以此为基础进行有针对性的教育的前提条件，是一个优秀教师必须具备的基本能力。第二，人际沟通能力。教师的基本工作方式就是通过人际沟通来开展教育、教学活动。因此，教师的人际沟通能力就是一种直接影响教育、教学效果的基本能力。人际沟通能力包括语言表达能力和运用非语言沟通手段的能力。语言表达能力是搞好教育、教学的关键条件。善于清楚地、有说服力地表达自己的思想是优秀教师的基本心理品质之一。教师的语言要内容具体、言之有物、言之有理、言之有据，同时又要做到简明扼要、清楚明白、连贯流畅、生动活泼、有感染力。教师在使用语言时，还要善于运用语音、语调、语气等副语言来增强表达的效果。做到快慢适当、高低适宜、抑扬顿挫、轻重缓急恰到好处。教师的语言还要富于情感和学会使用学生的语言，使学生心情愉快，并有亲切感，从而提高教学效果。非语言沟通通常是借助手势、体态、表情等非语言沟通方式来进行的。研究表明，在人际沟通尤其是情绪、情感信息的传递中，非语言沟通方式所起的作用要远远超过语言本身的作用。第三，教育诊断与指导能力。教育诊断是运用教育诊断和心理诊断的技术与方法对学生的发展状况及存在问题进行分析、评价并找出解决问题方案的过程。教师只有具备这一能力才能有效地帮助那些在学习、生活、交往、发展方面遇到困难的学生排除干扰、克服困难、解决问题，在成长的道路上获得新的发展。教师要做到这一点，必须具备各种相关的知识，掌握基本的技术。比如教育诊断与评价的理论与方法、心理测量的原理与方法、心理辅导与咨询的理论与方法等。第四，获取新知识的能力。教育要能适应社会迅猛发展的需要，教师就必须不断学习、不断提高教育教学水平，用新的知识来充实自己的头脑，用新的观念来指导自己的行动。

二、小学教师的角色认知

　　角色的概念源于戏剧舞台用语，指演员在舞台上按剧本扮演的某一特定任务。1934 年社会心理学家乔治·米德（G. H. Mead）首创运用角色概念来说明个体在舞台上的行为并将角色一词其引入心理学中。通常被定义为人在社会关系中的特定位置和与之相关的行为模式，反映社会赋予个人的身份与责任。[①]

　　　　全世界是一个舞台

　　　　所有的男男女女不过是一些演员

　　　　他们都有下场的时候

　　　　也有上场的时候

　　　　一个人一生中扮演好几个角色

　　　　　　　　　　——莎士比亚：《皆大欢喜》

（一）教师的角色意识

教师的角色意识，就是指教师对自己所扮演的社会角色规范的认知和体验。教师的角色意识是教师自我意识的一项重要内容，只有形成明确的角色意识，教师群体才能形成一个符合社会要求的职业行为规范，教师个体也才能不断地调节、完善自己的职业行为，很好地完成教师的社会职责。教师角色意识一般由角色认知、角色体验和角色期待构成。

1. 角色认知

角色认知是指角色扮演者对角色的社会地位、作用及行为规范的认识和对与社会的其他角色的关系的认识。角色认知是角色扮演的先决条件，一个人能否成功地扮演某种角色，取决于他对这一角色的认知程度。作为一个认识过程，角色认知贯穿于角色行为的整个过程中。对于教师来说，只有具有清晰的角色认知才能在各种社会情境中恰当地行事，达到良好的社会适应。教师角色认知的实现是教师通过学习、职业训练、社会交往等，了解社会对教师角色的期望和要求。

2. 角色体验

角色体验是指个体在扮演一定角色的过程中，由于受到各方面的评价与期待而产生的情绪体验。一般来说，这种体验因主体行为是否符合角色规范并因此受到不同评价而有积极与消极之分。例如，责任感、自尊感或自卑感都是教师在角色扮演过程中产生的情绪体验。

3. 角色期待

角色期待是指角色扮演者对自己和对别人应表现出什么样的行为的看法和期望。它是因具体人和情境的不同而变化的。教师的角色期待是教师自己和他

---

① ［美］乔治·米德. 心灵，自我及社会. 上海：上海译文出版社，2005.

人对其行为的期望。角色期待包括两方面：一是自我形象，即个人对自己的行为期望；二是公众形象，指他人对某一特殊角色的期望。这两者是相互作用和相互影响的。教师只有对教师角色的社会期待不断地认同与内化才能尽快地把社会期望转化为自我期待，从而减少角色混淆与角色冲突。

（二）小学教师角色的特殊性

一般地说，基础教育的"基础"有两层含义：一是个人成长发展的基础，二是个人教育历程的基础，即接受更高一级教育的基础。这一时期是一个人发展的关键时期。小学儿童所具有的天真、对成人的依赖、可塑的性格、极强的好奇心与吸收能力等特质使此阶段成为接受教育的黄金时期，教育的核心任务是帮助儿童学会并热爱学习，学会学校生活并为以后的学习和形成积极有为的人生态度打下坚实的基础。而对于小学教师来说，学生的年龄越小，教学的难度就越大。为了教好这些似懂非懂的孩子，常常是小学教师要比大学、中学的教师艰难得多，可以想象一个没有事业心、责任心的人是难以担当此任的。此阶段的教师相对于其他各教育阶段的教师来说，既有共性又独具特殊性。这种特殊性是来自小学儿童的向师性和独立性上。一方面，小学生就像花草树木之趋向于阳光一样，趋向于教师。教师要充分利用小学儿童的向师性，以身作则，为其师表，满怀热情、真诚相待，竭尽全力促进他们成长。另一方面，小学儿童身上也存在着独立性因素。每个学生都是一个独立的人，都有自己的头脑、自己的性格、自己的意愿、自己的思想，有着独立于教师之外、不依教师的意志为转移的自己的精神世界。儿童的思维方式不同于成人，教师不要代替学生思考，应让学生自己去明白事理，应给学生自主学习的空间，引导学生去观察、分析、想象和感受事物，体验独立思考和独自完成任务所带来的喜悦。

（三）小学教师的角色定位

教师是人类生活舞台上的一个重要角色。他的演出地点主要在学校。随着社会的不断发展变化，学校的功能亦随之复杂和多样化，它促使教师的作用也发生了变化，教师需要站在改革的前列扮演多元化的角色以适应现代教育发展的需要。面对小学儿童这样一个比较特殊的群体，小学教师应扮演好以下角色：

1. 学习的启蒙者、促进者

小学是正规学校教育的开端。儿童入学后，学习成为他们的主要活动任务和形式。入学之初，儿童对于"什么是学习""为什么要学习"和"如何学习"的问题还处于混沌状态，需要教师的谆谆教诲、耐心的启发诱导和训练强化，直至帮助儿童掌握学习技能、养成良好的学习习惯。小学教师无疑是给小学儿童全面打基础，扶助他们走上学习之路的启蒙者，这也是小学教师首要的和最突出的角色特点。

在启蒙教育过程中，教师应成为儿童学习的促进者与指导者。教师要根据不同儿童发展的特点和要求，科学设计教学指导方案，并根据自主学习、自我发展的原则引导儿童独立地、创造性地学习。教师要善于培养和激发儿童的学习动机，要不断地提出问题来引起儿童探究的兴趣，利用变式和操作练习等方法帮助儿童加深对知识的理解。另外，教师也要为儿童的探究学习提供支架，在学习的初期，可以通过教师的示范、提示和儿童之间的启发帮助等手段让儿童从中获取知识；而在往后的学习中，这种学习方式应逐渐让步于儿童自己独立的探索学习，以逐步掌握学习技能并形成良好学习习惯，培养学习能力。

2. 教学活动的合作者

后现代主义教育理论认为，在教育过程中，教师与学生是彼此平等共生的关系，教师不再是知识的权威，而只是"平等中的首席"。作为"平等中的首席"，教师的作用从外在于学生情境转化为与这一情境共存。教师与学生可以在讨论、对话中共同向前，教师将乐于面对学生，与学生一起探索，达成共识。教师不能以操纵、控制和灌输的方式教育学生，应通过建立"平等、民主、自由、合作"的交往关系和伙伴关系对学生进行教育。

3. 积极情感的熏陶者、塑造者

教师在指导学生有效学习的同时，也要重视对他们进行情感教育和道德情操的陶冶。小学阶段是儿童情感发展和变化的关键时期，伴随着学习与交往的扩大、生活经验的不断丰富，小学儿童情感的发展出现了新的特点。情感的丰富性、稳定性和可控性随年龄的增加而增强。高级情感如道德感、理智感和美感在学校教育的影响下也进一步发展起来。在这个阶段，教师的态度和情感对儿童心理的发展产生着重要的影响，教师是儿童情感的熏陶者和塑造者。

根据小学儿童情感发展的特点，小学教师在情感教育中，尤其要注重儿童情绪调节和控制能力的培养。由于小学儿童神经系统的兴奋性较强，又缺乏控制力，仍存在着易冲动、暴躁等不良情绪倾向。小学教师应有针对性地对他们进行教育和指导，向学生传授一些有效控制情绪的方法。如：感到愤怒时，可以通过转移注意力或向亲密的人诉说不满和痛哭等方法来调节、释放情绪；感到烦躁时，可通过读书、写日记、倾诉等改变心境；在非常兴奋时，也要学会保持冷静等。

4. 心理健康的维护者、辅导者

教师要维护小学儿童的心理健康。一方面，要注意优化自己的言谈举止，避免对小学儿童心理的不良刺激。教师在小学儿童心目中具有重要地位，一句亲切的话语，一个鼓励的眼神，都可能使小学儿童感到精神振奋，带来自信和愉悦的心情。教师要自觉地从维护小学儿童心理健康的高度，审慎思考和对待师生交往中的一切问题，坚持以正面教育为主，尊重和关爱小学儿童，不断增强他们的信任感、安全感和勇气，不断消除萌发在他们心理上的各种阴影和障碍，促使他们轻松愉快地学习和生活。同时，教师要以身作则，努力躬行实践"学为人师，行为世范"的职业信条，以自身的模范行为教育影响小学儿童，不断优化教育环境，排除各种不良刺激，以维护小学儿童的心理健康。另一方面，教师要重视和加强对小学儿童心理发展的教育引导工作。小学儿童的心理正处于发展和尚未定型的时期，具有可塑性、过渡性、闭锁性、动荡性、易逆反、易受暗示、易激动等特点。由于受知识、阅历、经验教训、实践锻炼的局限，小学儿童的自我认知、自我调适、自我承受和自我控制能力还不够强，较普遍地存在着学习、生活、人际交往、环境适应、个性完善等方面的心理问题，需要教师的引导帮助，才能使他们朝着健康的方向发展。

5. 行为规范的示范者、引导者

小学儿童学习和掌握社会道德规范，形成道德行为技能和良好的行为习惯的过程，是家庭、学校和社会影响共同作用的过程。其中，学校思想品德教育和教师的示范、引导作用是非常重要的因素。这既是小学儿童身心发展的客观要求，也是社会托付给学校和小学教师的重要责任之一。小学儿童对教师有很高的认同感，他们对教师的信任和服从远甚于其父母。他们视自己崇拜的教师为楷模，有意无意地模仿其行为。这些都为小学教师对儿童进行行为规范教育、示范和引导提供了必要的前提和基础。

教师对小学儿童进行行为规范教育、示范和引导，首先要坚持知、行统一的原则，让儿童在明理的基础上，自觉学习和实践道德规范。其次要优化教育与管理相结合，不断完善思想道德教育与制度管理、自律与他律互相补充和互相促进的运行机制，有效地引导和规范儿童的行为。再次，要加强训练指导。教师要遵循儿童道德发展的普遍规律，选择适合小学儿童身心成长特点和接受能力的教育内容，采取深入浅出、循序渐进、灵活多样的形式和方法，有针对性地对他们进行教育训练。儿童道德素质和行为规范的形成，是一个主体建构过程。因此，教师要根据儿童发展的特点，通过具体指导，训练强化，使其掌握行为技能并形成良好行为习惯。作为引导者，教师要通过精心设计问题情境，引导儿童质疑、探究、发现和总结，使儿童从感悟中提高认识、掌握道德规范和提高执行规范的自觉性。同时，教师要注意教育活动的生成性，使教育方式更符合小学儿童的实际，便于儿童接受，引导儿童主动地学习。当然，教师还应该引导儿童充分利用课堂资源，走向生活，走向社会和自然，在社会大环境里学习和探索。

第二节　小学教师威信的心理分析

苏联教育家加里宁说过："如果教师很有威信，那么，这个教师的影响就会在某些学生身上留下永远痕迹。"事实证明，学生对他崇拜的有威信的教师的劝导，能言听计从，乐于接受；就是对于教师的课也特别看重，能主动按教师的指导和要求去认真学习。相反，对于那些没有威信的教师则会持消极的态度。教师威信是教师有效地进行教学和教育工作的必要条件。有威信的教师做工作往往事半功倍，容易受到学生的欢迎。

一、教师威信

（一）教师威信的涵义

最早触及教师权威这一问题的是法国教育社会学家涂尔干。他在其《教育与社会学》一书中认为，教育在本质上是一种权威性活动。教师是社会道理意志的代言人；与此同时，教师必须是具有坚强意志和权威感的道德权威。维护教师的道德权威，一方面取决于教师自身的信念；另一方面由于教师是社会道德的代表。

教师威信是指教师具有的一种使学生感到尊严而信服的精神感召力量。它是通过教师的个性特点、学识水平和教育艺术等方面优良品质对学生的感染和感化，从而使学生对教师产生尊敬和信服的心理体验和态度取向。苏联教育家赞可夫说："假如没有威信，师生之间不可能有正确的相互关系，也就是少了有效地进行教学和教育工作的必要条件。"教育心理学认为，教育者的个人威信与教育效果呈现出较为明显的一致性。古人云："有威则可畏，有信则乐从，凡欲服从者，必兼备威信。"

"威信"不同于"威严"，"威信"能使学生信服，能使学生乐于亲近教师，能使学生积极吸纳教师各方面的影响来充实自己，发展自己，而"威严"则会使学生对教师产生惧怕心理并敬而远之。教师威信是教师在学生心目中的威望和信誉，使学生亲而近之。它通过教师的人格、能力、知识水平以及教育技术等在学生心理上产生信服而又尊敬的态度，实质上它反映的是一种健康的师生关系。对此，马卡连柯(A. C. Mokopehko)解释说："威信本身的意义，在于它不要求任何证明，在于它是一种不可怀疑的长者资望及其力量与品质。可以说，这种资望、力量与品质，连单纯的儿童的眼里也是明白的。"教师的威信是学生接受教育的基础和前提，是有效影响学生的重要条件。正如德国教育家赫尔巴特(J. F. Herbat)所说："绝对必要的是教师要有极高的威信，除了这种威信外，学生不会再重视任何其他的意见。"学生对有威信的教师的课，认真学习；对他的劝导，言听计从。反之，对那些没有威信的教师则会持相反的态度。

（二）教师威信的心理结构

威信是一种心理现象。一个教师在学生中享有较高的威望、声誉，受尊敬、信任和爱戴，常常表现为他的意见特别受学生重视；他的劝告、指示，学生乐意接受并执行；他的举止被学生当作学习的榜样；他的人格、学问对学生会发生深远的影响。教师的威信是由资望、力量和品质构成的。教师的资望、力量和品质互相联系、互相影响、互为补充，组成了一个完整的有机心理结构。而教师的品质则是构成教师威信的重要因素之一。

（三）教师威信在教育中的地位和作用

教师威信在教师的教书育人中起着主导作用，是提高教育质量的可靠保证。在教育工作中，同样一句话，有威信的教师讲了，学生热烈拥护，没有威信的教师讲了，学生听不进，而且反感。有威信的教师能被学生视为理想的榜样和行为的楷模，产生模仿的意向，这样教师的示范就能起到更好的教育作用。

有威信的教师对学生产生积极而有效的影响，主要原因有以下几点：①学生确信他们讲授内容和指导的真实性和正确性，从而增强接受学习和遵照执行的主动性；②教师的要求容易转化为学生的需要，有利于增强对学生优良品质的培养和塑造；③教师的表扬或批评能唤起学生相应的情感体验。有威信的教师的表扬不但能引起学生的愉悦感和自豪感，而且易于激发学生学得更好和做得更好的愿望。即使是他们对学生极其微弱的批评，也会在学生的内心引起强烈的震动，从而产生积极的肯定的反应；④学生把有威信的教师看成自己的榜样，教师的要求和示范也容易产生更大的教育效果。可见，教师威信的教育力量是无穷的。它的产生建立在学生对教师真诚的热爱和敬重的基础之上。所以教师要注意培养自己的威信，努力使自己成为学生心目中的典范和榜样，更好地发挥教书育人的作用。

二、小学教师威信的树立

教师威信不能强加也不能窃取，只能靠教师自身的优良素质才能获得。教师具有渊博的知识，具有了解和教育学生的能力，具有强烈的敬业精神和高尚的品德，在学生心目中留下良好的第一印象等等，都是教师获得威信的基础和保证。

(一)教师威信的发展过程

克利夫顿与罗伯兹对教师权威的构成进行研究，提出了教师权威与专业的权威源于教师的个人因素。教师权威作为教师对学生施加社会化影响的社会心理载体，既不单纯取决于教师群体(阶层)在教育系统中的地位(法定因素)，或在社会中的地位(传统因素)，也不单纯取决于教师个人的知识技能水平(专业因素)或人格魅力(感召因素)，而是取决于这四方面因素的合力。①

教师威信的形成是由"不自觉威信"向"自觉威信"发展的过程。一般地说，学生对未接触过的新教师，开始出于好奇和期望，总是乐于接近的。新教师在学生心目中是有一定的吸引力的，是有一定的"威信"的。但是，这是一种短暂的、不自觉的威信。随着学生对教师德才诸方面逐渐了解，师生之间情感的日益加深和融洽，以及教师工作的渐见成绩，学生对教师尊敬和信赖的程度，愈来愈高，教师威信也就从开始的"不自觉威信"发展成为"自觉威信"了，这才算是真正的威信。影响威信发展的因素是很复杂的，有时一开始新教师态度和蔼可亲，第一堂课上得很不错，或者某方面的特长给学生留下较好印象，引起学生"不自觉威信"，它可能发展成为"自觉威信"，也可能逐渐消失；如果一个新教师在之后的教学工作中敷衍塞责，不关心学生，对学生没耐心，甚至简单、粗暴，德才表现不好，令学生失望，就很难建立起真正的威信。

(二)教师威信形成的影响因素

影响教师威信的因素主要来自社会和教师个人两个方面。

一方面，随着国家和社会对教育工作的重视，对教师劳动的尊重，教师社会地位和物质待遇的提高等，都是有助于教师威信形成的社会条件。教育行政部门和校长支持教师的工作，关怀他们政治、业务水平的提高，认真解决他们工作、学习、生活上的实际困难等也是建立教师威信的重要条件。学生家长能够尊重教师的工作，协调教师教育好学生则是提升教师威信的重要保障。总之，在全社会都能形成尊师重教的氛围，必会提升教师职业的威信。

另一方面，就教师个人而言，其人格、专业素质、评价手段、师生关系等因素对教师威信的形成有较大影响。

(1)教师的人格。教师的人格是形成真正威信的基础，是学生内心尊敬、

---

① 黄芳．论教师威信的建立．现代教育论丛，2003(2)．

爱戴、信任和拥护的主要原因。热情、和蔼、诚实、谦逊、守信、公正等人格特性可以使学生对教师产生信任感，有助于教师威信的树立与提高。

（2）教师的专业素质。教师的专业素质包括教师的专业知识和专业技能。如果教师的专业素质不足以解决学生在学习中遇到的问题，不能充分满足学生的求知欲望，则难以得到学生对其教师资格的认可，也会因此"镇不住"学生。

（3）教师的评价手段。具体包括评价的时机是否适当、评价的场合是否适宜、评价的强度是否适中、评价的方式是否合适等，这些都关系到评价的效果，影响着学生对于教师所作评价的接受度，并因此而影响到教师的威信的建立与巩固。

（4）师生关系。师生关系良好时，学生乐于宽容、谅解甚至是接受教师偶尔出现的错误，尽管这种接受带有盲目性；师生关系恶化时，教师所施加的影响即便是正确的，学生也难以接受，或者以排斥的态度接受。

（5）教师在与学生的交往中能适当满足学生的需要。教师的威信是在与学生长期交往中形成的。教师能不断地满足学生各种合理的需要，是教师在学生中建立威信的心理基础。教师如果能处处为学生着想，爱护、体贴学生，师生情感融洽，教师威信就能迅速地在学生中建立起来。

（6）教师的仪表、生活、作风和习惯，也影响着教师威信的形成。教师是学生的榜样，其一举一动都会引起学生的注意和情绪反应。教师的仪表、风度、气质包括教师的穿着、举止、情态等一系列外部表现，不仅体现教师的心理面貌，而且直接关系到教师在学生心目中的形象，影响着教师的威信。

此外，较强的组织协调能力，能写会画、能说会唱的能力都会给小学教师的威信加分。

（三）教师威信的建立和维护

希望自己在学生中有较高的威信，这是所有教师追求的目标，也是每一个小学教师要从事好自己的教育教学工作必不可少的条件。教师威信的树立，是各种主、客观条件共同作用的结果。小学生相对于中学生具有更强的"亲师性""向师性"和"敬师性"，年龄越小的学生，其向师性越明显。小学儿童的多种特点决定了小学教师是他们心目中最有权威、最受崇拜的人，这就为小学教师威信的建立提供了自然的感情基础和客观有利条件。同时，教师的威信一旦形成，就具有一定的稳定性，但稳定是相对的、有条件的，不是一成不变的。因为形成教师威信的主客观条件是处于不断变化之中的，只要某一方面的条件发生了较大的变化，教师的威信就会受到影响。因此，教师威信形成之后，维护和发展已形成的威信是十分重要的。

1. 教师威信形成的途径

小学教师要形成和维护自己的威信，首先要珍惜"自然威信"的作用。所谓自然威信，是指在师生交往的初期，由于教师角色的特殊性，学生对教师有一种自然的信任和尊敬感从而建立起来的威信。这种威信也叫做教师的职业权威。教师在自然威信的基础上，应该做到以下几点：

(1)以身作则，处处为人师表，用优良的品德树立威信。优良的道德、品行、人格、作风等能够使学生产生敬重感，并形成一种感染力、影响力。汉代大儒董仲舒曾说："善为人师者，既美其道，又慎其行。"可以看出，教师的品德在传道授业解惑过程中的影响不容小觑。作为教师，必须用自己的人格魅力去影响和教化学生，只有教师在学生中做好了开头当好了榜样，才能规范学生，才能树立自己的威信。在教育教学中，教师要做到"言必行，行必果"。这个"言"是指教师和学生之间一起约定的科学合理的规定，"果"则是说，教师要带头遵守此规定并且要维护好此规定的严肃性，决不能虎头蛇尾，只要求，不落实。要让学生记住，教师是一个说到做到的人，在教师面前你没有空子可以钻，没有花招可耍。另一方面要作风民主，有错必改。教师要胸襟宽广，勇于作批评和自我批评，勇于坚持真理，承担责任，做学生最信任的、有真才实学的、光明磊落的教师。

(2)用精深广博、宽厚的学识树立威信。渊博的知识是教师威信的不竭源泉。学生尊重教师，既有尊重教师人格的因素，更重要的是尊重教师的知识。随着时代的进步，学生知识来源范围不断扩大，思想更加活跃，求知欲不断提高，他们对教师素质的要求也越来越高。因此小学教师必须不断学习，补充完善自己的知识体系，增加自己的知识储备，让学生感到自己有无穷无尽的知识和智慧，教师的威信才能提高。同时，教育工作是十分复杂的社会实践活动，有其特殊的规律。只有了解教育的客观规律，熟悉学生的心理特点，讲究科学的教育方法，掌握塑造学生心灵的钥匙，才能获得良好的教育效果。教师只有具备精深、广博、宽厚的知识和较高的教学能力，才能适应教学需要，才能在学生中树立和巩固自己的威信。

(3)用优良的心理品质和健康稳定的心态提升教师的威信。高尔基说过："谁不爱孩子，孩子就不爱他；只有爱孩子的人，才能教育孩子。"每个人回想自己的成长经历，就会发现自己的成长经历证明了这样的一个道理：只有充满爱和信任的教育，才能显示出无与伦比的力量，才能强烈地震撼学生的心灵，才能促使学生从内心深处对教师产生认同感，并诚心诚意地接受教师的教诲。爱是可以繁衍的，信任是可以延伸的。只有爱学生、信任学生的教师才能得到学生的爱和信任。爱和信任的同时存在，是建立师生之间良好关系的开始，也是教师在学生中间树立威信的开始。对学生和教育工作有深深的爱，有耐心，有坚强的意志，有积极进取的精神，真诚地与学生相处，勇于负责，富有批评和自我批评的精神，对工作、学生、生活充满热情，取得成绩不沾沾自喜，遇到不愉快的事不怨天尤人，不垂头丧气，永远保持乐观向上的心态。教师只有做到这些，学生才会信服。

(4)平等公正地评价学生。追求平等和公正，是人类的向往。只有让学生感受到教师的平等待生，他们才会敬重你，信赖你，才有可能向你敞开心扉，才能让你更准确地了解学生，及时改进自己的教育方式，更进一步地树立自己的威信。现代教师应该打破过去的那种狭隘的爱生观，尊重每一个学生，不分成绩优劣，不分家境贫富，不分男女性别，不分样貌美丑，把师爱的阳光更多地洒向每一个孩子。

2. 教师威信的维护和提升

教师的威信并非一成不变的，它可能会因为自己的努力继续保持，不断发展和提高，也会因为自己的某些不良的行为逐渐下降，甚至丧失。威信来之极难而失之极易，因此，教师应不断提高自身的综合素养，坚持做到：

(1)有坦荡的胸怀、实事求是的态度。有威信的教师并不是说必须是没有一点错误、缺点的完人。教师存在这样那样的问题是难免的，关键在于是否有坦荡的胸怀，是否敢于实事求是地承认并及时纠正自己的缺点错误。教师勇于向学生承认自己的缺点、错误，不但不会降低威信，还会提高在学生心目中的威信。

(2)正确认识和合理运用自己的威信。教师要维护和发展自己的威信，很重要的一点是必须对威信有正确的认识，把威信与威严严格区分开来。只有这样，教师才能正确维护自己的威信。否则，就可能出现教师为了维护自己的威信而不恰当地运用威信，损害学生的自尊心，挫伤学生的积极性和对教师的亲近感，最终导致教师威信的降低。

(3)不断进取的敬业精神。小学教师的职责是向少年儿童"传道""授业""解惑"，这要求教师根据社会要求和教育对象的变化，不断更新自己的知识、观点，提高自己的科学文化素质，满足学生不断发展变化的需要，使他们顺利成才。

(4)言行一致，做学生的楷模。一般来说，在小学生的心目中，教师是有丰富知识的人，是守纪律、讲文明、懂礼貌、有道德的典范。如果一个教师的言谈举止与学生心目中"教师形象"不相符，他在学生中的威信就会降低。只有这样，教师才能使自己在学生心目中具有较高的威信，永久的威信。

3. 小学教师威信形成的误区

教师威信形成的误区主要有以下几方面：①压服。有的教师主张严教可以树立威信，他们把教师的教育威信错误地理解为道貌岸然、神圣不可侵犯的"威严"。他们往往不了解也不尊重学生，对学生提出了许多不合理的要求，稍不如意，动辄凭借自己手中的权力管、卡、压学生，甚至无理处罚学生，使学生敢怒不敢言。其结果，只会使学生对教师敬而远之，不会形成教师的威信。②收买。有的教师为了在学生中树立自己的威信，施以小恩小惠，甚至以分数、当班干部作诱饵以收买威信。③夸夸其谈。有的教师为了获得威信，爱在学生中自我标榜、自吹自擂、虚张声势，以此来扩大自己的影响，钓取威信。凡此等等，不但不能帮助教师建立起威信，反而败坏了教师的信誉和形象。

第三节　小学教师的成长

一、何谓教师的职业生涯

(一)职业生涯的含义及特点

职业生涯是指一个人一生中所有与工作相联系的行为与活动，以及相关的态度、价值观、愿望等连续性经历的过程。职业生涯没有成功与失败的区别，也没有进步快慢之别。一个人的职业生涯受各方面的影响，如本人对终生职业生涯的设想与计划、家庭中父母的意见与配偶的理解与支持、组织的需要与人事计划、社会环境的变化等都会对职业生涯有所影响。职业生涯在一定程度上可以说是多方面相互作用的结果。

从职业生涯的定义分析，可以看出职业生涯具有以下几个特点：

①独特性。职业生涯是个人依据其职业理想、职业条件，为实现自我而逐渐展开的一种独特的职业生活历程。不同个体的职业生涯在形态上可能有类似之处，但实质上完全不同。

②发展性。职业生涯是一种发展、演进的过程，个体在不同的阶段会有不同的企求，这些企求会不断地变化和发展，个体也就会不断地成长；就整体而言，职业生涯是一个具有一定逻辑性的过程。

③终生性。职业生涯作为一种动态发展的历程，是根据个人在不同阶段的企求而不断蜕变与成长，直至终生。

④整合性。由于个人所从事的工作或职业往往会决定其生活状态，而且职业与生活两者之间又很难区别，因此职业生涯又具有整合性，涵盖人生整体发展的各个层面，而非仅仅局限于工作或职位。

⑤互动性。人的生涯是个人与他人、个人与环境、个人与社会互动的结果。个人的"自我"观念、主观能动性，所掌握的社会职业信息、所掌握的职业决策技术，对于其职业生涯有着重要的影响。①

（二）教师的职业生涯及特点

教师的职业生涯，是指一个人一生中所有与教师职业相联系的行为和活动，以及相关的态度、价值观、愿望等的连续性经历的过程，是一个人作为教师所从事教师职业的整个过程。

教师的职业生涯与其他职业生涯具有共同的特征，但也具有自身的特点。首先，教师的职业生涯是一种无生涯的工作，教师职业是没有身份高低之分的，所有教师身份都相同，即使从教几十年的教师，身份也始终如一。其次，教学是一项孤寂的专业工作，教师的主要工作就是教学，尽管也存在共同教学，但机会不多。在大部分的教学活动中，教师都必须以自己整个人投入其中，以自己的认知和观点来面对学生、解释教材、批改作业、评价学生的学习结果。也就是说，教学是教师自己策划、自己执行和自己考核的，这项工作一直持续到退休。再次，教师工作的对象同质性大于异质性。教师每天所面临的对象都是年龄相近的学生，其认知发展、人格发展、价值观等大都处于同一个发展阶段的特征中，因此具有较大的同质性。最后，与工作对象的年龄差距会逐渐加大。教师刚开始从教时，与学生的年龄差距小，随着教龄的增长，与学生的年龄差距会越来越大。

二、小学教师的专业成长

对于教师的职业生涯发展有两种研究取向：一是着重考察教师的职业素养、能力、成就、职位、事业等随时间轨迹而发生变化的过程，以及与其变化相对应的心理体验与心理发展历程。二是考察教师的职业理想、知识水平、教育观念和教学监控能力等随工作经验的累积是如何发生变化的。

（一）小学教师专业成长的含义

教师专业成长是一个现代流行的概念，它一般是指教师在整个工作生涯中，不断使自己的观念、情感、知识、技能等专业素质向着更为符合教育教学

---

① 黄希庭．心理学基础．上海：华东师范大学出版社，2008．

的规范、标准、要求迫近和追求成熟的过程，它既指专业素质各个方面（专业态度、专业知识、专业能力）的一起成长，也指一个有步骤和阶段性的成长过程。

教师职业生涯是教师专业发展的上位概念。它们的区别，只在于生涯包含的内容更广，它不仅对教师的专业发展提出目标，还从心理、生活、精神的层面提出目标，使发展目标带有情感和价值性。

(二)小学教师专业成长的内容

按照"教师＋专业发展"的方式，可以将教师专业发展理解为教师个体或群体如何获得专业知识、专业技能、专业情意，成长为专业人员的过程。本节主要阐述教师作为专业人员需要具备的素养。

1. 教师的专业知识

教师作为专业人员，必须具备从事专业工作所要求的基本知识。教师的专业知识是教师研究中较早的一个领域，早在 20 世纪 60 年代美国教师教育就作过"能力为本"的尝试，试图为教师的教学工作提供一个处方性的知识基础。但迄今为止，教师究竟应该具备哪些方面的专业知识还有不同的认识。但作为一名专业人员的教师，应该具备广博的文化知识、所教学科知识和教育学科知识三大方面是肯定的，更主要的是这三个方面的知识应该能够通过教育实习实践等方式、相互结合、有机融合起来。

(1)广博的科学文化知识。在拉丁文中"文化"一词的本义就是"培养"。文化知识本身具有陶冶人文精神、养成人文素质的内在价值。而教育工作的对象是有待进一步塑造的人，因此这必然要求教师必须具备广博的文化知识。教师应该广泛掌握人文科学、社会科学、自然科学等方面的知识，从而能够满足每个学生多方面的探究兴趣和多方面发展的需要；帮助学生了解丰富多彩的客观世界；帮助自己更好地理解所教学科知识；帮助自己更好地理解教育学科知识，如学习教育哲学就需要思维哲学、伦理学、社会哲学、认识论等学科的知识基础；提高在学生和家长中的威信。教师知识越多，他在学生及家长心目中的威信就越高。

(2)精深的学科知识。已有大量研究结果表明，教师学科知识的掌握程度与学生的学习成绩成正相关。一个合格的小学教师，对所教学科应有比较精深、坚实的专业基础知识，不仅要能透彻理解、全面掌握所教学科的基本概念、基本理论、基本结构和学科体系，而且能了解它的历史、现状、发展趋势以及与边缘学科的关系等。只有学科知识比较扎实的教师，才能准确地把握教材的重、难点，把握学科知识结构及其发展，把所教学科的知识教活、教好，使学生学得主动、扎实。因此，教师必须要精通所教学科的知识。雷诺兹认为学科知识主要包括：第一，内容知识，即各学科有关的事实、概念、原理、理论等。第二，实质知识，即一个学科领域的主要诠释架构与概念架构。第三，章法知识，即一个学科领域里新知识被引入的方式、研究者知识追求与探究的标准或思考方式等。第四，有关学科的信念，即对学科作用、地位、功能等方面的基本看法。第五，有关学科的最新发展、正在进行的研究以及最近取得的成果。[①]

（3）扎实的教育学科知识。教师不仅仅是专业学科的专家，更应该是一名教育家，不仅要知道教什么，更需要知道怎么教，后者就需要基于扎实的教育学科知识。常言道"学者未必是良师"。一个教师要成功地扮演好自己的角色，在掌握学科知识的基础上，更重要的是具备先进科学的教育理念与理论。因此教育学科知识是教师知识结构中不可或缺的重要组成部分，它主要包括教育学、教育心理学、教育技术学、学科教学论、课程与教学论、教育研究方法等教育学科课程知识。教师只有具备了扎实的教育知识，才能科学施教，科学育人。教育学科知识是决定教师工作成败的关键。但由于教育实践具有复杂性、情境性、即时性等特点，而教育学科知识往往带有一定的抽象性、普遍性的特点，两者之间必然存在一定的距离，理论与实践不是一一对应的关系。这就需要教师运用智慧，把抽象的、普遍的教育学科理论知识，在实践的场景中具体化、操作化，从中感知教育学科知识实践指导的作用与魅力。

2. 教师的专业技能

在关于教师专业技能的研究中，存在许多与之相仿的概念，比如教师基本功、教学技能、教学技巧、教学能力等。西方关于教师专业技能的研究盛行于20世纪60～70年代。美国的"能力本位师范教育""模拟教学""微格教学"等都是强调教师教育中发展教师教学技能的产物。我国师范院校经常提及的钢笔字、粉笔字、毛笔字（"三字"）和普通话（"一话"）即属于传统教师基本功的范畴。

美国佛罗里达州在70年代开展了一项教师能力的研究，提出了1276项能力表现。主要方面包括：量度及评价学生行为的能力；进行教学设计的能力；教学演作的能力；负担行政职责的能力；沟通能力；发展个人技巧；使学生自我发展的能力。[②]

---

① 教育部师范教育司. 教师专业化的理论与实践. 北京：人民教育出版社，2003.
② 郑肇桢. 教师教育. 香港：香港中文大学出版社，1987.

1992年国家教委师范司印发了《高等师范院校学生的教师职业技能训练基本要求试行稿》，1994年又颁布了《高等师范学校学生的教师职业技能训练大纲试行》，要求师范生在教育学、心理学和学校教育理论指导下，以专业知识为基础掌握从事学科教学的基本要求，形成独立从事学科教学工作的能力。这些技能主要包括以下五个方面：①教学设计能力；②应用教学媒体能力；③课堂教学技能；④组织、指导学科课外活动的技能；⑤教学研究技能。

3.教师的专业情意

如果说教师专业知识与专业技能强调的是知不知、会不会的话，那么教师的专业情意则强调的是愿不愿的问题。教师的专业情意，是教师基于对教师职业的价值、意义深刻理解的基础上形成的对这个职业的喜欢、向往的情感与态度，为教师开展教学与研究工作提供不竭的动力。

(1)专业理想。教师的专业理想是教师对成为一个成熟的教育教学专业工作者的向往与追求。它为教师提供了奋斗的目标，是推动教师专业发展的巨大动力。具有专业理想的教师对教学工作会产生强烈的认同感和投入感情，愿意终生献身于教育事业。具有专业理想的教师对教学工作抱有强烈的承诺。他们致力于改善教育素质以满足社会对教师专业的期望，努力提高专业才能及专业服务水准，努力维护专业的荣誉、团结、形象等。

(2)专业情操。教师的专业情操是教师对教育教学工作带有理智性的价值评价的情感体验。它是构成教师价值观的基础，是构成优秀教师个性的重要因素，也是教师专业情意发展成熟的标志。教师的专业情操包括：理智的情操，即由于对教育功能和作用的深刻认识而产生的光荣感与自豪感；道德的情操，即由于对教师职业道德规范的认同而产生的责任感与义务感。

(3)专业性向，教师专业性向是指教师成功从事教学工作所应具有的人格特征，或者说适合教学工作的个性倾向，包括心灵的敏感性、爱的品质、交流与沟通的意愿、对教育工作的兴趣等人格特质。教师专业性向是教师专业发展的心理前提与素质基础。如果教师的专业性向与教育工作所要求的性向是相反的话，那么就不可能成为一个合格教师。而如果教师具有适切的专业性向，则为其成为合格教师提供更大的可能性。特拉弗斯指出："对一个师范生来说，假如他个性里充满着潜在的敌意，那他就难以形成教师所应表现的那种热情的、有支持力的而又有条理的行为模式。"

(4)专业自我。现在人们越来越重视教师的自我意识或者说自我价值。教师的专业自我是教师个体对自我从事教学工作的感受、接纳和肯定的心理倾向。这种倾向将显著地影响到教师的教学行为和教学工作效果。高"自我"的教师，倾向于以积极的方式看待自己，能够准确地、现实地领悟他自己和所处的世界，对他人有深切的认同感，具有自我满足感、自我信赖感、自我价值感。

（三）小学教师专业成长的途径

身处信息科技迅猛发展的大环境中，小学教师如何才能够迅速地成长？专业成长之路究竟如何走？这是摆在每一位小学教师面前的重大课题。

教师的专业成长虽然在很大程度上受教师所处环境的影响，但更重要的是取决于自己的心态和作为。由于教育的动态性和拓展性，教育技能和素质只有在教育、教学实践中才能得到不断的发展和提高。教师专业化成长主要有以下几条路径。

1. 热爱事业，是教师专业成长的基础

要成为一名优秀教师，不仅需要有知识、有学问、不断自我更新，而且要有道德、有理想、有激情、有专业追求。这一切，首先取决于他对生活的热爱，对教育事业满怀真挚之情。只有热爱，才能在教育教学活动中逐渐获得职业的乐趣与幸福，获得自我价值实现的成就感；只有热爱，才能去关注学生的现在与未来，培养自己的专业精神和服务意识，产生不断提高自身素质、不断追求教育理想的需求；也只有热爱，才能在遭遇困惑、陷入挫折时，能坦然面对，坚持不懈。对事业的热爱，是发展型教师之根。

2. 勤奋读书，扩展专业的智慧

教师的专业成长是一个动态学习过程。在当前课程改革的情境中，作为课程改革的实施者，教师必须解决好自身的课程观、教育观、教学观、教师观、学生观、评价观、发展观、生态观等问题，而解决这一系列问题的首选办法就是静下心来读书。通过读书开阔视野，丰富理论知识，了解国际教育发展的新动态，了解学科发展的新趋势，掌握现代教育技术。俗话说"干一行，爱一行"，教师读书就要心系教育，围绕教育教学这个核心辐射开去，始终从教育者的视角去体验人事，吸纳营养，增长智慧，积淀专业底蕴。

3. 勇于实践，稳步发展

教师专业发展离不开真实的教学情境，实践是教师发展的基础。教师要处理好自身发展与教育教学常规制度的关系，处理好专业发展与教育教学实践活动的关系，充分认识它们二者的统一性，相信实践出真知，实践出智慧，实践出能力。事实证明，决定教师教学效果的，除专业知识外，更多的则是教师的教育教学实践经验。教师要积极投身课堂教学和科研活动之中，勇于探索创新教学模式，积累经验，提升实践能力。

4. 多反思，促成长

反思应贯穿教师专业成长的整个过程。这会使教师迅速聪明起来，成熟起来。教师不仅应该培植出反思意识，还要学会反思，善于反思，及时反思，持续反思。广思则能活，活思则能深，深思便能透，透思便能明。教师要随时从教育教学理念、课堂教学、教育事件、班级管理、工作态度、工作经验等方面进行反思，随时记录自己的学习心得、研究体会、成功经验、失败教训等。这样，以学习带反思，以反思促学习，在行动中反思，在反思中行动，就能不断自我调整、自我改进、自我建构、自我完善，实现专业成长，持续进步。小学教师专业发展的路径是很多的，关键是要进入专业发展的状态，以那种"展示自身的教育生命活力，追求自我的做人成功，追求自己的事业成功"的状态，积极通过"异养""自养"及其互动整合，就会迎来专业发展的良好前景。教师的专业成长是一个只有起点，没有终点的过程。

复习与思考

1. 作为一名优秀的小学教师应具备哪些心理品质？
2. 结合自己的体会谈谈对教师应扮演的多重社会角色应如何理解？
3. 举例说明教师该如何树立自己的威信？
4. 谈谈小学教师专业成长的必要性。

推荐阅读

1. 沈之菲. 教师的职业生涯. 长春：东北师范大学出版社，2001.
2. 董泽芳. 教育社会学. 上海：华东师范大学出版社，2009.
3. 陈用明. 现代教师论. 上海：上海教育出版社，2001.
4. ［美］杨 M.F.D 著，谢维和译. 知识与控制：教学社会学新探. 上海：华东师范大学出版社，2002.
5. 邓祖英. 如何建立教师的威信. 雅安职业技术学院学报，2007(2).

参考文献

1. 刘国权．小学教育心理学．北京：人民教育出版社，2004.

2. 刘华山，郭永玉．学校教育心理学．武汉：湖北人民出版社，1997.

3. 朱智贤．儿童心理学．北京：人民教育出版社，2003.

4. 林崇德．发展心理学．北京：人民教育出版社，2004.

5. 周宗奎，范翠英．小学教育心理学．武汉：湖北人民出版社，2000.

6. 李红．教育心理学．武汉：武汉大学出版社，2001.

7. 章志光．小学教育心理学．北京：中国人民大学出版社，1999.

8. 章志光．学生品德形成新探．北京：北京师范大学出版社，1993.

9 冯忠良等．教育心理学．北京：人民教育出版社，2010.

10. 张大均．教育心理学．北京：人民教育出版社，2011.

11. 朱智贤．儿童心理学．北京：人民教育出版社，2003.

12. 蒋艳菊．小学教育心理学．北京：光明日报出版社，2005.

13. ［美］阿妮塔·伍德沃克，陈红兵等译．教育心理学．南京：江苏教育出版社，2005.

14. 姚本先．儿童发展与教育心理学．安徽：安徽大学出版社，2002.

15. 莫雷．教育心理学．广州：广东高等教育出版社，2002.

16. 陈琦，刘儒德．当代教育心理学．北京：北京师范大学出版社，1998.

17. 吴增强．班主任心理辅导实务（小学版）．上海：华东师范大学出版社，2010.

18. 皮连生．教育心理学．上海：上海教育出版社，2004.

19. 夏凤琴．教育心理学．北京：高等教育出版社，2010.

20. 张大均，郭成．教育心理学纲要．北京：人民教育出版社 2006.

21. 黄甫全．小学教育学．北京：高等教育出版社，2007.

22. 彭小虎．小学生心理辅导．上海：华东师范大学出版社，2012.

23. 闫江涛．小学教育心理学教程．郑州：郑州大学出版社，2007.

24. 张红梅，刘亚．教师如何做好学困生转优．天津：天津教育出版社，2009.

25. 徐英俊．教学设计．北京：教育科学出版社，2001.

26. 皮连生．教学设计——心理学的理论和技术．北京：高等教育出版社，2000.

27. 迟艳杰．教学论．北京：高等教育出版社，2009.

28. 皮连生，刘杰．现代教学设计．北京：首都师范大学出版社，2010.

29. 杨庆余．小学数学课程与教学．北京：中国人民大学出版社，2010.

30. 张华．课程与教学论．上海：上海教育出版社，2000.

31. 李朝辉．教学论．北京：清华大学出版社，2010.

32. 韩桂凤．现代教学论．北京：北京体育大学出版社，2003.

33. 沈德立．小学儿童发展与教育心理学．上海：华东师范大学出版社，2003.